Marta Rodríguez

CHARLOTTE PERRIAND & KAZUYO SEJIMA
UNA REVOLUCIÓN SUTIL

```
Rodríguez, Marta
   Charlotte Perriand & Kazuyo Sejima : Una revolución sutil / Marta Rodríguez . -
1a ed . - Ciudad Autónoma de Buenos Aires : Diseño, 2021.
   268 p. ; 21 x 15 cm. - (Textos de arquitectura y diseño / Camerlo, Marcelo)

   ISBN 978-1-64360-302-5

   1. Arquitectura . 2. Investigación. 3. Historia. I. Título.
   CDD 720.1
```

Textos de Arquitectura y Diseño

Director de la Colección:
Marcelo Camerlo, Arquitecto

Diseño de Tapa:
Liliana Foguelman

Diseño gráfico:
Cecilia Ricci

Hecho el depósito que marca la ley 11.723

La reproducción total o parcial de esta publicación, no autorizada por los editores,
viola derechos reservados; cualquier utilización debe ser previamente solicitada.

© de los textos, Marta Rodríguez
© de las imágenes, sus autores
© 2020 de la edición, Diseño Editorial
© del retrato de la autora, Tony Endieveri

I.S.B.N. 978-1-64360-302-5
ISBN EBOOK: 978-1-64360-303-2

Noviembre de 2021

Marta Rodríguez

CHARLOTTE PERRIAND & KAZUYO SEJIMA
UNA REVOLUCIÓN SUTIL

CHARLOTTE PERRIAND
& KAZUYO SEJIMA.
UNA REVOLUCIÓN SUTIL

ÍNDICE

8   PRÓLOGO POR DANA BUNTROCK

12   FOREWORD FOR DANA BUNTROCK

16   INTRODUCCIÓN

22   DE LA ERA DE LA MECÁNICA A LA ERA DE LA ELECTRÓNICA
24   Internacional o Transnacional: Francia, Japón y Viceversa
58   Le Corbusier en "Líneas Simples": Toyo Ito
78   Charlotte Perriand Moderna, Kazuyo Sejima Nómada

114   *CHAISE LONGUE* (1928) Y PAO I (1985)
116   La Aventura del Mobiliario
140   Productos para la Nueva Mujer
162   Objetos Transnacionales y Nomadismo Urbano

186   DE LA SILLA A LA CIUDAD
188   Charlotte Perriand: Los Refugios y la Casa del Sahara, Arquitectura Petite
204   Kazuyo Sejima: Plataformas y Casa en un Huerto de Ciruelos
224   Arquitectura y Cuerpo: A través del Espejo de Sejima

254   EPÍLOGO

258   BIBLIOGRAFÍA

PRÓLOGO

Navidad del 2012. Un almuerzo delicioso y ligeramente achispado en Tokio. Éramos tres: el prestigioso arquitecto Toyo Ito (a quien conozco desde hace ya un par de décadas), yo, y una española encantadora: Marta Rodríguez.

Marta llegó para trabajar conmigo por primera vez a Berkley, California, en el 2011. Uno de sus mentores en Madrid, Juan Antonio Cortés, pensaba que yo podía enriquecer un tema de tesis provocativo que quería desarrollar. Yo no estaba tan segura. Inicialmente me resistí porque las ideas de Marta me resultaban bastante extrañas. Charlotte Perriand y Kazuyo Sejima eran muy diferentes, ya fuera por las épocas en las que les tocó vivir, las naciones donde nacieron, o las oportunidades arquitectónicas y las comunidades que las rodeaban. Sugerir que estas dos mujeres eran almas gemelas a pesar de sus diferencias me parecía demasiado superficial. Los de mi generación, pioneros incansables que derribamos las puertas de la arquitectura en los años setenta y ochenta, somos algo susceptibles frente a conceptos como este.

Sin embargo, cuando llegó el momento de sentarme y presentarle al Sr. Ito a la carismática Señora Rodríguez (aún no Dra. Rodríguez), yo ya había pasado todas las semanas del último año y medio sosteniendo las conversaciones más alocadas. Ahora sí estaba convencida.

Marta me traía fotografías escogidas con el buen ojo de la excelente diseñadora que es. Al mostrarme el trabajo de Sejima y Perriand lado a lado, Marta insistía en que había más que una mera semejanza. Yo exigía pruebas más profundas. Marta entonces iba a hurgar incansablemente entre los vastos tesoros de las bibliotecas y archivos ocultos en la Universidad de California. Dos semanas o un mes después, aparecía en mi soleado jardín trasero, vestida de punta en blanco, trayendo consigo un caudal de información irrefutable en cartas, dibujos y otras cosas para demostrar que estas dos mujeres parecían tener, realmente, una sorprendente proximidad. Con el tiempo, Le Corbusier y Toyo Ito también se convirtieron en parte de la historia que Marta deseaba contar y que ahora, finalmente, cuenta aquí.

Nunca me acostumbré a su manera de dar siempre en el blanco y una vez más me deslumbró en nuestro almuerzo navideño. Yo me enorgullezco de mi persistente estudio de los principales arquitectos de Japón. He seguido a varios de ellos a obras remotas a lo largo del país, bebí a la par de los grandes arquitectos e ingenieros de Tokio, sin que a mí se me subiera a la cabeza, y leí hasta el agotamiento libros y ensayos. Una vez hasta tuve el placer de dejar atónito a Kisho Kurokawa, durante una entrevista pública en Chicago, porque saqué a relucir detalles de ciertas historias extrañas y fascinantes que yo había escuchado sobre sus comienzos, las cuales supongo que él creía que ya todos habían olvidado. Aun así, Marta trajo a nuestro almuerzo una historia; una que yo nunca antes había escuchado.

En la década de los setenta, un momento nefasto para Japón en el que la falta de fondos provocaba escasez no sólo de combustible sino hasta de papel higiénico, Ito, junto con Osamu Ishiyama y una banda de compañeros de copas empobrecidos, decidieron crear una arquitecta francesa ficticia con la esperanza de vender algunos de sus muebles "desconocidos hasta el momento" a un precio elevado, piezas que habían diseñado ellos mismos. De algún modo, Marta había redescubierto esta historia que los demás habían dejado pasar (el mismo Ito se sorprendió al principio con el recordatorio). Observarlo mientras le relataba a Marta los pormenores de esta historia es algo que no olvidaré jamás. Rejuveneció varios años riéndose de sus propios recuerdos y pude ver su costado lúdico, propio de los setenta y ochenta, que nunca había tenido oportunidad de disfrutar de primera mano. Una vez más, la magia de Marta.

Este mes (abril de 2020), el Centro de Estudios Japoneses de la Universidad de California, en Berkeley, el cual presido, fue copatrocinador de una gran cena para Ezra Vogel, por desgracia cancelada debido al coronavirus. Lamento no haber podido compartir con él cómo su enorme éxito *Japan as No.1* (Japón como el No. 1) se integra entre estas tapas con un libro titulado *Sex and Consumerism* (Sexo y consumismo). En este último se ve la foto de una joven montada a horcajadas sobre un flotador rojo, inflado y claramente fálico. (adelante, hojeen el libro y encuéntrenla. ¿Quién podría resistirse? Los espero). No me atreví a enviarle esta foto a Ezra, pero debo confesar que sí se la envié a su hijo, mi colega Steve.

Esto es lo primero que sorprende de este volumen provocador, con una cuidadosa investigación: tiene chispa. Y sensualidad. Y exuberancia. Hay flores y platillos voladores y muchas de las expresiones de libertad que se extienden a lo largo del siglo XX. Encontrarán a Kazuyo Sejima y a Charlotte Perriand al comienzo de sus carreras –también a Toyo Ito– desarrollando ideas que más tarde solidificarán en algo importante. El trabajo embrionario de estos innovadores fue a menudo extraño de la mejor manera posible. Marta celebra su impertinencia expresada a través de pequeñas y estravagantes estructuras que los demás hemos olvidado.

Marta ha denominado a los muebles poco convencionales y a las cabañas elementales diseñadas con tanta elegancia "Arquitectura Petite". Demuestra con claridad cuán tontos hemos sido al pasar por alto la importancia de estos primeros intentos. Resulta que las cosas pequeñas no son insignificantes. De hecho, en este libro está la inspiración que necesitamos hoy en día.

Porque escribo esto en tiempos sombríos. Miles mueren a diario, la bolsa de valores colapsa. El trabajo de Corb, Ito, Sejima y Perriand enfrentó desafíos tan grandes como los que estamos viviendo. Habría sido comprensible que los jóvenes arquitectos empacaran sus cosas y se convirtieran en contadores. Sin embargo, en los años 20, Francia se quitó de encima la guerra y una pandemia de influenza, y artistas de todo el mundo llenaron París generando una era de inmensa locura y creatividad. De la misma manera, aunque Japón estaba destrozado por la crisis del petróleo de 1970, a fines de los ochenta, Tokio se había convertido en un centro de atracción internacional.

En lugar de morir en tiempos difíciles, la arquitectura cobró vida con extraordinaria ferocidad, cada pequeña oportunidad de construir de nuevo, sin importar cuán modesta fuera, se llenó de ambiciones estimulantes. Marta no pudo haber escogido un mejor momento para recordarnos que se acercan días mejores. Búsquenlos primero en las cosas pequeñas.

Dana Buntrock
Tomoye Takahashi Endowed Chair in Japanese Studies
Professor, Dept of Architecture +
Chair, Center for Japanese Studies
University of California, Berkeley

April 7, 2020

FOREWORD

Christmas Day, 2012. A delightful, slightly tipsy Tokyo lunch. There were three of us: the esteemed architect Toyo Ito (who I'd known for a couple decades), myself, and a charming Spaniard: Marta Rodriguez.

Marta first came to work with me in Berkeley, California in 2011. She wanted to pursue a provocative dissertation topic, one her mentor in Madrid, Juan Antonio Cortés thought I might be able to strengthen. I wasn't as sure; initially resisting Marta's ideas because they seemed so odd. Charlotte Perriand and Kazuyo Sejima were so unalike—whether the eras in which they lived, the nations where they were born, or the architectural opportunities and communities around them. Suggesting these two were sisters under the skin seemed so damned superficial. Gals my age, tough pioneers who broke down the doors of architecture in the 1970s and '80s, get a little huffy about concepts like this.

But by the time I was sitting down to introduce Mr. Ito to the charismatic Ms. Rodriguez (not yet Dr. Rodriguez), I'd spent every week for a year and a half in the craziest conversations. I was now convinced.

Marta would bring me photographs—she has the keen eye of a fine designer, which she is. Sharing Sejima and Perriand's work side by side, Marta would argue for more there than mere resemblance. I would demand deeper evidence, so Marta would go off to our vast University of California treasure houses—the libraries, the archives—digging relentlessly. Two weeks or a month later she would turn up in my sunny backyard dressed to the nines and carrying a treasure trove of unassailable information—letters, drawings, other extraordinary ways that these two women did, in fact, seem to have surprising propinquity. And over time, Le Corbusier and Toyo Ito also became part of the story that Marta wanted to tell—and does so, finally, here.

I never got used to the way her arrows always hit their mark. I was again dazzled at our Christmas lunch. I pride myself in my tenacious study of Japan's leading architects. I've followed many to remote construction sites across Japan, drank Tokyo's leading architects and engineers under the table, read my quarries' many books and essays. I once had the pleasure of flabbergasting Kisho Kurokawa during a public interview in Chicago, drawing out for the audience details of many odd and intriguing stories I'd heard from his early days, ones I guess he believed we'd all forgotten. And yet Marta brought one along to the lunch I'd never heard before.

In the 1970s—a grim time in Japan, the country lacking the funds for fuel and even toilet paper in short supply—Ito, along with Osamu Ishiyama and a band of broke drinking buddies created a fictitious French female architect with the hopes of selling some of her "hitherto-unknown" furniture at a premium. Goods they had in fact designed themselves. Somehow, Marta had figured all this out when everyone else had let the memory slip. (Even Ito was initially surprised to be reminded.) Watching him tell Marta how this tall tale came to be was something I will not forget; years dropped away as he laughed at his younger self. I saw a playful side well-known in the 1970s and early '80s, one which I'd never had the opportunity to appreciate firsthand. Marta's magic, yet again.

This month (April 2020) the Center for Japanese Studies at the University of California, Berkeley, which I chair, was to co-host a large dinner for Ezra Vogel—alas, cancelled because of the coronavirus. I regret not being able to share with him how his blockbuster *Japan as No. 1* is paired between these covers with a book titled *Sex and Consumerism*. *Sex* sports a photo of a buoyant young woman astride a red, swelling, and clearly phallic inflatable. (Go ahead—flip through the book and find it. How can you resist? I'll wait.) I didn't dare send a photo directly to Ezra, but confess I did send it to his son, my colleague Steve.

That's the first thing that might surprise you about this carefully researched and thought-provoking volume: there's sizzle. And sensuality. And exuberance. There are flowers, and flying saucers, and a great many expressions of freedom extending across the twentieth century. You'll encounter Kazuyo Sejima and Charlotte Perriand at the beginning of their careers—and Toyo Ito, too—developing the ideas that ultimately solidified into something serious. These innovators' embryonic work was often odd, in the best way. Marta celebrates their impertinence, expressed through many small, quirky structures the rest of us forgot.

Marta's dubbed the unconventional furniture and elemental cabins designed with so much panache "Petite Architecture." And she clearly demonstrates why we've all been idiotic to overlook the value of these early efforts. It turns out small things are not unimportant. In fact, inside these covers is the inspiration we all need today.

Because as I write this, times are bleak. Thousands die each day; stock exchanges are flailing. Corb's, Ito's, Sejima's, and Perriand's work all followed times as challenging as those we face today; everyone would have understood if young architects simply packed it in and became accountants. Instead, France in the 1920s shook off war and a flu pandemic; artists from around the world flocked to Paris, generating one of its most crazy and creative eras. Japan reeled after the 1970s Oil Shocks, but by the late 1980s, Tokyo was an international hotspot.

Instead of dying during tough times, architecture sprung to life with extraordinary ferocity, each tiny opportunity to build again, however modest, packed with exciting ambitions. Marta's inspiring timing could not be better, reminding us that better days are ahead. Look for them first in the little things.

Dana Buntrock
Tomoye Takahashi Endowed Chair in Japanese Studies
Professor, Dept of Architecture +
Chair, Center for Japanese Studies
University of California, Berkeley

April 7, 2020

INTRODUCCIÓN

Desde la década de 1980, ha habido un consenso, tanto en la prensa como en los círculos académicos, en cuanto a la singularidad de la arquitectura concebida en Japón, frente a aquella en Occidente. Hoy en día, son muchos los que siguen considerando a Japón como líder en materia de arquitectura global, papel respaldado por la atención y admiración occidental. Así lo corrobora el hecho de que en los últimos diez años cuatro Premios Pritzker de Arquitectura han sido otorgados a arquitectos japoneses.

Diversas investigaciones han ahondado en las razones de este carácter único. Su éxito se ha atribuido a una reinvención basada en el constante respeto a la tradición, la laxitud de la normativa urbana, así como al alto precio del suelo y de los impuestos de sucesión que incentivan la creatividad en solares de reducidas dimensiones. También se ha referido a la necesidad de atender a unas condiciones sísmicas desafiantes, así como al hecho de ser el resultado de un proceso colaborativo, donde arquitectos, fabricantes e ingenieros trabajan en equipo desde la gestación del proyecto[1].

El presente texto desvela un argumento diferente: la singularidad de la arquitectura hecha en Japón desde la década de 1980 ha sido impulsada por la transformación en materia de mobiliario que tuvo un auge exponencial desde mediados de la década de 1970 y Kazuyo Sejima ha sido la líder silenciosa capaz de motivar un cambio de paradigma más allá de fronteras y tiempos, gracias al carácter experimental e innovador de su obra, basado en la equivalencia entre edificio y mueble.

A lo largo de la década de 1970, cuando en Japón no había dinero para los grandes proyectos debido a la crisis económica, la atención se enfocó en el desarrollo de mobiliario. Incluso los arquitectos decidieron embarcarse en el proyecto del interior doméstico. Los diseñadores japoneses fueron entonces capaces de ofrecer una repuesta única en materia de mobiliario, mas allá de los modelos postmodernos vigentes a

---

[1] Para ampliar esta información, consultar: Dana Buntrock, *Japanese Architecture as a Collaborative Process. Opportunities in a Flexible Construction Culture* (Londres: Taylor and Francis Group, 2002).

nivel global. El mobiliario, y en particular la silla, eran objetos foráneos en la cultura nipona, lo cual favoreció que se diseñasen como si fueran obras de arte. Un ejemplo paradigmático en este sentido fue la Silla de Cristal que Shiro Kuramata proyectó en 1976, la cual investigaba el límite estructural del vidrio, huía de toda aspiración de confort y abogaba por la ironía funcional del mueble.

Aquella experimentación sin precedentes en la concepción de mobiliario se trasladó a la arquitectura a lo largo de la siguiente década, cuando los diseñadores de interiores adquirieron aún más relevancia, en un momento de efervescencia social, económica y cultural. Entonces, Japón anhelaba un papel protagonista en el discurso arquitectónico global —más allá del intento fallido que supuso el Movimiento Metabolista en la década de 1960— y el éxito internacional del mobiliario japonés se presentaba como el lugar idóneo para comenzar.

Sejima fue pionera a la hora de desdibujar las fronteras entre edificio (*immeuble*) and mueble (*meuble*) a finales de la década de 1980. Experta en vivienda y mobiliario, ella proyecta casas como si diseñase muebles. El cuerpo humano informa sus edificios como si estuviese dando forma a una silla. Su arquitectura es, por tanto, resultado de un proceso de diseño de dentro hacia fuera, que conlleva unas características particulares: se concibe como un escenario abierto donde la fluidez es casi ilimitada; su flexibilidad se debe a una ambigüedad funcional deliberada, así como a la multiplicación espacial; una innovación técnica, a nivel de detalle, cuestiona el límite estructural y constructivo de ciertos materiales —en ocasiones importados de otras industrias—; y juega a la ambivalencia de escala que, junto a la negación de jerarquía de límites, cuestiona el carácter formal y monumental del resultado final.

Estas cualidades, presentes en la obra de Sejima desde finales de la década de 1980, se reconocen en el trabajo de una serie de jóvenes arquitectos japoneses 'sucesores'; no sólo en la obra de Ryue Nishizawa y Junya Ishigami, también en el trabajo de Sou Fujimoto, Tato Architects, Studio Velocity, ON Design Partners, Kumiko Inui, Suppose Design Office, Yuko Nagayama, Shingo Masuda y Katsuhisa Otsubo Architects y Tezuka Architects, entre otros.

Más aún, no era la primera vez que ocurría una revolución sutil promovida desde ámbito del mueble, en particular de la silla. De manera muy similar sucedió en Europa —en particular en Francia y Alemania— a principios de la década de 1930, motivada por los avances en diseño de mobiliario que habían tenido lugar desde mediados de la década de 1920. En aquel momento, cuando no había dinero para la gran arquitectura, todo arquitecto moderno aspiraba a diseñar una silla. Un ejemplo elocuente en este sentido fue la Silla Wassily (1925) de Marcel Breuer. Por aquel entonces, se incorporaron nuevos materiales, como el acero tubular, importados del diseño de la bicicleta; a su vez, se huyó, en cierta medida, de la comodidad, en busca de una limpieza de formas que, junto con la aspiración de ligereza, amplificaban el carácter escultórico de objeto. Estos diseños tuvieron un impacto directo en la arquitectura experimental, desarrollada principalmente en Francia, desde mediados de los años treinta. Charlotte Perriand fue, entonces, pionera a la hora de equiparar mueble y edificio. Ella usaba técnicas y materiales innovadores —importados de otras industrias—, así como la aplicación de conceptos de movilidad en su arquitectura, concebida desde la experiencia del individuo: su movimiento, escala y conciencia corporal.

El presente libro documenta, investiga, precisa y compara la trayectoria profesional de estas dos arquitectas —discípulas de dos grandes 'maestros'—, así como sus "vidas paralelas",[2] en lugares y tiempos alejados, pero en periodos de cambios culturales y sociales similares. La historia se narra en paralelo e incluye material inédito fruto de entrevistas con Kazuyo Sejima, Toyo Ito, Haijime Yatsuka, Yasushi Zenno, Nagisa Kidosaki, Kiyoshi Sey Takeyama y Tomohiko Yamanahsi. El estudio se nutre de dos viajes de investigación a Japón y dos estancias de investigación, una en Berkeley y otra en París. El texto incluye un relato de ficción denominado "Reuniones Adèle", que vincula de manera novelesca a Charlotte Perriand y a Kazuyo Sejima, a través de Toyo Ito.

[2] En sus *Vidas paralelas* (escrito entre el 96 y el 117 d. C.), Plutarco nos relata una serie de biografías de famosos griegos y romanos, elaborada en forma de parejas —siempre una vida griega y una romana—, con el fin de establecer una comparación.

Perriand y Sejima iniciaron su carrera trabajando para arquitectos que aspiraban a hacer evolucionar su disciplina, apoyándose en los avances tecnológicas de la época. Le Corbusier y Toyo Ito fueron conscientes del amplio espectro de posibilidades el mercado de la vivienda que ofrecía e invitaron a Perriand y a Sejima, respectivamente, a transformar el interior doméstico. Realizaron entonces dos prototipos en consonancia con la era de la máquina y la era de la electrónica, según cada caso: la *Chaise Longue* (1928) y Pao I (1985). Perriand estuvo a cargo de la *Chaise Longue* francesa y Sejima del Pao japonés, que coincidían en ser objetos transnacionales, productos para la nueva mujer, así como embriones de un paradigma espacial novedoso al cual denomino Arquitectura Petite.

Con el tiempo, ambas arquitectas fueron críticas con aquellos prototipos, a la vez que cuestionaron las limitaciones de la tecnología en la evolución arquitectónica. Se enfocaron en el cuerpo humano como generador de sus proyectos y se inspiraron en los avances en el diseño de mobiliario que las precedía, para proyectar sus primeras viviendas: Refugios y Plataformas, respectivamente. Éstas coincidían en ser casas para el disfrute del tiempo libre y ejemplos de Arquitectura Petite: mobiliario habitable que propone una transformación urbana alternativa a *Bigness*[3]. *Petite* aboga por una relación íntima entre cuerpo y edificio, se concibe al nivel de detalle del diseño de muebles, pero sus implicaciones y alcances son de escala urbana.

De esta manera, Perriand y Sejima han trascendido el dogma arquitectónico imperante y han llevado a cabo una revolución sutil, desde la liberación a la que aspiraban como mujeres en un mundo profesional ampliamente dominado por hombres. En concreto, a lo largo de toda la trayectoria profesional de Sejima observamos tres elementos fundamentales —presentes ya desde finales de la década de 1980— que también se reconocen en el trabajo de Perriand: continuidad, ambivalencia de escala y conciencia corporal. Éstos ayudan a entender las particularidades de la arquitectura concebida hoy en Japón, así como el carácter de

---

[3] Rem Koolhaas: "Bigness or the Problem of Large", *S, M, L, XL* (Nueva York: Monacelli Press, 1994), 495-516.

la propia ciudad de Tokio, dado que "en Japón la casa es la ciudad". A su vez, cuestionan ciertos supuestos comúnmente asociados a la arquitectura japonesa contemporánea, como su carácter minimalista o su sencillez espacial; desvelando, por el contrario, cualidades que la aproximan a lo decorativo.

Perriand y Sejima fueron capaces de diseñar de la silla a la ciudad —al proponer una transformación urbana que comienza en el interior doméstico—, con una postura de diálogo cultural y disciplinar y priorizando la liberación del individuo. Esta perspectiva es relevante cuando aspiramos a proyectar entornos saludables que ofrezcan soluciones a los retos sociales y ecológicos actuales. Su enfoque nos recuerda el cometido del cuerpo y su relación con el espacio natural en la innovación arquitectónica. En última instancia, su trabajo cuestiona la tarea de la arquitectura en la evolución futura de nuestros hábitats, tanto urbanos como rurales.

DE LA ERA DE LA MECÁNICA A LA ERA DE LA ELECTRÓNICA

INTERNACIONAL O TRANSNACIONAL: FRANCIA, JAPÓN Y VICEVERSA

Mapa Japón-Europa, comparación climática, Guía de Japón de McGraw-Hill, década de 1960.

Este libro aborda el concepto de transnacionalismo como un fenómeno asociado a los flujos circulares de la arquitectura entre Japón y Occidente.[4] Se incluye dentro de lo que Portes, Guarnizo y Landolt denominaron "transnacionalismo sociocultural",[5] más en concreto, dentro del ámbito de las actividades relacionadas con las exposiciones de carácter internacional y, por ello, vinculado a la arquitectura (des)montable o temporal. Lo transnacional en arquitectura se plantea como contrapunto a lo internacional. Mientras que el Estilo Internacional aglutinaba a la arquitectura más purista del Movimiento Moderno, lo transnacional refiere a la arquitectura de fusión Japón-Occidente. Este hecho es particularmente evidente en el caso del intercambio artístico entre Francia y Japón, donde los conceptos de "origen" y "destino" nunca han estado definidos con claridad. El contexto en que se desarrolla este libro es transnacional y también transhistórico: el intervalo temporal y geográfico comienza en la década de 1920 (la más internacional para Francia), como origen de un flujo cultural circular que "desembocó" en la década de 1980, la más transnacional en el panorama arquitectónico japonés.

Tiene mucho sentido analizar lo transnacional en relación con la arquitectura japonesa y la lectura que Occidente hizo de su tradición arquitectónica. El Movimiento Moderno se apoyó en lo japonés para defender sus nuevas tesis, en particular encumbró la Villa Katsura (1620-1663) como paradigma de la arquitectura doméstica japonesa tradicional. A continuación, Occidente promocionó lo moderno en Japón y el país nipón lo asumió como "occidentalización". En 1960 Japón trató de crear su propio movimiento de vanguardia aprovechando la crisis del ciam.

[4] En el entendido que Occidente es una formación ideológica, geográfica, cultural y simbólica.
[5] En su artículo introductorio al volumen especial sobre transnacionalismo de *Ethnic and Racial Studies*, en 1999, Portes, Guarnizo y Landolt, realizan una primera tipologización de actividades transnacionales. Según los autores, existen tres grandes tipos de transnacionalismo de acuerdo al sector de la actividad transnacional: el transnacionalismo político, el económico y el sociocultural. Para más información ver Cristina Blanco: "Transnacionalismo. Emergencia y fundamentos de una nueva perspectiva migratoria", *Papers* 85 (2007), 13-19.

Tras el fracaso del Movimiento Metabolista en 1970, el país asiático incorporó de nuevo lo postmoderno, pero esta vez con la confianza de ser "número uno". Así, en la década de 1980 comenzó a exportar a Occidente su arquitectura doméstica experimental.

Utilizando como referente la metodología de Xuefei Ren en su libro libro *Building Globalization: Transnational Architecture Production in Urban China* (2011), divido el contexto de intercambio arquitectónico entre Japón y Occidente en los siguientes periodos:

- Periodo de modernización u occidentización de Japón (1860-1960).
- Periodo de pretransnacionalismo (década de 1960).
- Periodo de postmodernización de Japón (1969-1980).
- Periodo de transnacionalismo asociado a la globalización (década de 1980).

El análisis de los vínculos transnacionales de Japón con Francia se presenta como un caso emblemático a la hora de comprender la arquitectura doméstica japonesa contemporánea desde el discernimiento de sus raíces occidentales. De hecho, en Occidente, fue Francia quien acogió las primeras muestras de arquitectura japonesa, con motivo de la Exposición Universal de 1867. Más tarde, París recibiría, de nuevo, el primer edificio moderno japonés construido fuera de Japón en 1937. Francia fue el hogar Le Corbusier, el arquitecto moderno más influyente en Japón, y a su vez, París fue donde Charlotte Perriand —arquitecta moderna con mayor influencia en Japón en el sector del diseño interior— comenzó su carrera.

Aproximación al concepto de transnacionalismo

El concepto de transnacionalismo utilizado en esta publicación tiene un carácter atemporal asociado al nomadismo;[6] está relacionado con periodos de intenso crecimiento económico; es relativo a la pequeña es-

---

[6] Mientras que "nomadismo" ("el carecer de domicilio" que refería Heidegger en *Ser y Tiempo*) se asocia al flujo de personas únicamente, el "transnacionalismo" puede referir a la cultura, los objetos, modelos, etcétera.

cala arquitectónica, donde es más libre la experimentación; y vinculado a exposiciones de carácter internacional, donde se exhibe arquitectura transitoria.

La "historia transnacional" es resultado de flujos circulares entre dos entidades culturales alejadas desde un punto de vista cultural, social, geográfico y hasta temporal. Lo transnacional tiene que ver con "un viaje de ida y vuelta y vuelta",[7] donde "origen" y "destino" quedan diluidos por la propia historia.

Los arquitectos o diseñadores transnacionales son personajes, normalmente discípulos de grandes maestros de la arquitectura, que sufren un encuentro transformador (en japonés *de-ai*) por el contacto con otra cultura arquitectónica *avant la lettre* (sin necesidad de viajar); los que viajan son objetos, proyectos, modelos o ideas, y producen una arquitectura de fusión entre ambas entidades culturales, en este caso Japón y Occidente. Los arquitectos transnacionales tienen mayor capacidad de transformación que sus maestros, normalmente fieles defensores de sus ideas dogmáticas.

En relación con la arquitectura japonesa, lo transnacional supone una superación de lo occidental como "conquistador", que tradicionalmente ha identificado "modernización" con "occidentalización." Desde Japón, transnacionalismo en arquitectura se considera como "superación" del concepto de Estilo Internacional.

> La década de los ochenta en Japón es el periodo más transnacional de la historia de la arquitectura del país nipón.[8] Dana Buntrock

Lo transnacional se aborda como "estilo" sin jerarquía o equivalencia entre Japón y Occidente, así como de adecuación a la globalización; está asociado a las tecnologías de la comunicación. Se analiza en dos momen-

---

[7] Marta Rodríguez, "Charlotte Perriand. Un mestizaje Europa-Japón", en Pilar Garcés y Lourdes Terrón, *Itinerarios, viajes y contactos Japón-Europa* (Nueva York: Peter Lang Publishing Group, 2013), 775-785.
[8] Dana Buntrock, conversación con la autora, Berkeley, septiembre de 2011.

tos donde los medios de comunicación jugaron un papel protagonista: la década de 1920 en Francia, cuando nació la cultura de masas, y la de 1980 en Japón, cuando los medios de comunicación llegaron a generar incluso la propia imagen de Tokio.[9] El transnacionalismo implica un *desdibujamiento* o, quizá, mejor dicho, un reordenamiento de las distinciones binarias culturales, sociales y epistemológicas del periodo moderno, ahonda en signos e identidades que nacen fuera de los proyectos nacionales.

> Prefiero los elementos híbridos a los "puros", los comprometidos a los "limpios", los distorsionados a los "rectos", los ambiguos a los "articulados" [...] Defiendo la vitalidad confusa frente a la unidad transparente. Acepto la falta de lógica y proclamo la dualidad. [...] Prefiero "esto y lo otro" a "o esto o lo otro", el blanco y el negro, y algunas veces el gris, al negro o al blanco.[10] Robert Venturi

El concepto de mestizaje constituye un rasgo particular del transnacionalismo,[11] entendido como la mezcla de culturas distintas, pero también como el hecho de despojarse de la identidad propia para hacer nacer un nuevo producto, más rico que los conceptos de partida. Así, Venturi defiende la vitalidad confusa frente a la identidad transparente. Tiene que ver con el desplazamiento de todo centro, se sitúa en el espacio *in-between* o de intersección, fruto del intercambio previo. Para que se dé el mestizaje debe haber un encuentro o *de ai*[12] inicial; éste suele ser transformador. El término transnacional está relacionado con "dualismo" y con una "distinción borrosa" entre entidades culturales distantes —geográfica y culturalmente.

En el transnacionalismo sociocultural, asociado a las exposiciones de carácter internacional, antes de que se trasladen los personajes, viajan los "objetos pequeños". En otras palabras, es una travesía circular de arquitectura desmontable. Además de la Exposición Universal de París de

---

[9] En la década de 1980, los directores de cine estadounidenses vieron a Japón como el futuro. Por ejemplo, en *Blade Runner* de 1982, Ridley Scott presentaba a Tokio como la ciudad del futuro.
[10] Robert Venturi, *Complejidad y contradicción en la arquitectura* (Barcelona: Gustavo Gili, 2006), 25-26.
[11] Para más información, ver: Rodríguez, "Charlotte Perriand. Un mestizaje Europa-Japón", 775-785.
[12] Del japonés, significa la armonía del encuentro entre los oponentes.

1897 —donde se construyó el primer edificio japonés en Occidente— y la Exposición Universal de París de 1900 —donde Francia se mostró como potencia mundial en arte—, las exposiciones que tuvieron protagonismo en la historia transnacional que conecta la década de 1920 en Francia con la de 1980 en Japón fueron las siguientes:

- 1925, Exposición de Artes Decorativas (*Exposition Internationale des Arts Décoratifs et Industriels Modernes*) de París.

- 1929, Exposición Salón de Otoño, Exposición de la Chaise Longue de Le Corbusier, Pierre Jeanneret y Charlotte Perriand.

- 1937, *Exposición* Internacional de París (*Exposition Internationale des Arts et Techniques dans la Vie Moderne*).

- *1941, Exposición Contribución al equipamiento interior de la vivienda, Japón 2601. Selección, tradición, creación (Tokio y Osaka).*

- 1955, Exposición Proposition d'une Synthèse des Arts, Paris 1955: Le Corbusier, Fernand Léger, Charlotte Perriand en los almacenes Takashimaya de Tokio.

- 1960, World Design Conference en Tokio (WoDeCo).

- 1970, Expo "70, *Exposición* General de primera categoría" de Osaka.

- 1985, Exposición "Cosas Cambiantes, Cosas que no Cambian y Diseño Japonés Parte 2" en Shibuya Seibu, Tokio.

- 1989, Exposición "Transfiguration for Europalia 89", en Bruselas.

Periodo de modernización u occidentalización de Japón, 1860-1960. El concepto de *japonisme*

La modernización de Japón, que comenzó hacia 1850, fue de hecho una occidentalización.[13] Fumihiko Maki

---

[13] Fumihiko Maki, "Making Architecture in Japan", en Dana Buntrock, *Japanese Architecture as a Collaborative Process. Opportunities in a Flexible Construction Culture* (Londres: Taylor and Francis Group, 2002), XIII.

En el prólogo del libro de Dana Buntrock, *Japanese Architecture as a Collaborative Process. Opportunities in a Flexible Construction Culture*, titulado "Making Architecture in Japan", Fumihiko Maki hace referencia al curioso hecho de que Japón hizo un proceso selectivo en su occidentalización: miró a Francia para el arte, a Alemania para la medicina y la tecnología, y a Inglaterra para la construcción naval.

"Japonisme" se utilizó por primera vez como un término en 1872 por el crítico de arte francés Philippe Burty (1830-1890) para designar a un nuevo campo de estudio —artístico, histórico, etnográfico [...] Este nuevo movimiento fue muy frecuente durante la década de 1860 como arte japonés vertido en Francia.[14]

La primera presencia de arquitectura japonesa en Occidente tuvo lugar en Francia, en la Exposición Universal de París de 1867, sólo una década después de la apertura de Japón (1854). En aquel momento, los grabados japoneses estaban por todas partes. El interés por las artes decorativas japonesas había mostrado un desarrollo paralelo en Inglaterra, en especial a raíz de la Exposición Universal de Londres de 1862, donde el arte y las artesanías japonesas habían sido una de las principales atracciones y se convirtieron posteriormente en fuente de inspiración, particularmente en el terreno de la pintura. La Exposición del 1867 supuso "la primera revelación completa de arte japonés".[15] El repentino aumento de *japonisme* después de 1867 da fe de su importancia; la apreciación de lo japonés se vio estimulada a partir de entonces. A su vez, Japón envió por vez primera una delegación a participar en la Exposición de París, lugar que reunió a numerosos viajeros japoneses por primera vez en Occidente.

Un año más tarde, a raíz de los disturbios internos de 1868, el gobierno japonés se embarcó en un sendero de occidentalización que hizo al país cada vez más accesible a los visitantes extranjeros. Entre los primeros

---

[14] Helen O. Borowitz, *Japonisme: Japanese Influence on French Art 1854-1910* (Cleveland: Cleveland Museum of Art, 1975), XI.
[15] James L. Bowes, *Notes on Shippo: A Sequel to Japanese Enamels (1895)* (Kessinger Publishing, 2010), 18.

en viajar a Japón estuvieron los franceses Henri Cernuschi, economista liberal y coleccionista de arte asiático, y Théodore Duret, crítico de arte, quienes hicieron su viaje en 1871-1872. En 1869 se produjo una importante muestra de las artes orientales, incluyendo objetos de arte japoneses, patrocinada por la principal organización francesa de artes decorativas, L'*Union centrale des Beaux Arts appliqués* à l'*industrie*. Dos años más tarde, otra relevante exposición de arte japonés fue organizada por Cernuschi, quien acababa de regresar de Asia, con una rica colección de objetos.

Esto refleja el hecho de que Francia continuaba liderando, a finales de la década de 1860, la muestra de objetos japoneses de arte en exposiciones públicas que ayudaron a avivar la llama del *japonismo*. El francés se familiarizó con los principios del diseño interior japonés a través de pabellones de exposiciones. En la década subsecuente, otras importantes muestras celebradas fuera de Francia, como la Exposición de Viena en 1873 y la de Filadelfia en 1876, fueron notables en su exhibición de arte japonés. En 1878, París volvería a acoger una Exposición Universal, incluyendo muestras de arte e industria japoneses.

La primera gran exposición retrospectiva de arte japonés en el mundo occidental se inauguró en París, el 10 de abril de 1883, en la galería de Georges Petit, en la Rue de Sèze. Las Exposiciones Universales de París de 1867 y 1878 incluyeron piezas de arte e industria, pero no tenían la escala ni el alcance de la exposición de impresiones japonesas en la Galería Georges Petit, donde se podían encontrar por doquier.[16]

La época descrita marca el inicio de lo que podríamos considerar una "construcción de lo japonés" por parte de Occidente, en particular desde el punto de vista francés, en relación con las artes decorativas.

Japonismo no se limitó, como podríamos haber pensado, a un corto periodo a mediados o finales del siglo xix, sino que se extendió a lo largo de toda la historia moderna de las artes decorativas francesas. Japonis-

---

[16] P.D. Gate, "Japanese Influence on French Prints 1883-1910", en *Japonisme: Japanese influence on French art 1854-1910* (Cleveland: The Cleveland Museum of Art, 1976), 53.

mo se convirtió en un elemento básico en la infraestructura de la cultura occidental. El arte japonés demostró ser lo suficientemente diversificado y adaptable que su interpretación podría cambiar con las décadas y proporcionar una fuente constante de inspiración y autoridad.[17]

En el ámbito arquitectónico cabe destacar que el primer edificio japonés construido en Occidente fue diseñado por carpinteros japoneses en París en 1867. De hecho, la profesión de arquitecto en Japón no existió hasta la llegada del inglés Josiah Conder, contratado como primer profesor de Arquitectura en 1877. Los primeros estudiantes de Conder se graduaron en 1879 y terminaros sus estudios en Inglaterra. En paralelo, el arquitecto Charles Rennie Mackintosh (1868-1928) fue uno de los primeros que se dejó influir por el japonismo en Europa.

El personaje clave en la construcción moderna del concepto de "arquitectura japonesa" en Occidente fue Bruno Taut con su interpretación de la Villa Katsura. Apoyados en la descripción de Taut del palacio japonés, los maestros del Movimiento Moderno vieron la sublimación de la arquitectura japonesa e hicieron una lectura intencionada, que soporta ciertos aspectos del Movimiento Moderno en referencia a lo japonés.

> Fue Taut quien llamó la atención del mundo hacia el Palacio Independiente de Katsura y el Santuario de Ise como maravillas arquitectónicas al nivel del Partenón.[18] Michael F. Ross

En 1933, el arquitecto alemán Taut emigró a Japón y se quedó prendado con la arquitectura tradicional del país. Le impresionó en especial la Villa Imperial Katsura, la cual describió como *"Japan's architectural wonder of the world"*. Un año más tarde, publicó *Nippon. Japan Seen through European Eyes (1934)*, donde dedicó dos capítulos a explicar el significado universal de Katsura. Según el historiador Manfred Speidel, Taut vio el palacio del siglo xvii como maravillosa encarnación y refuerzo de sus propias ideas

---

[17] M. Eidelberg y W.R. Johnston: "Japonisme and French Decorative Arts", en *Japonisme: Japanese influence on French art 1854-1910*, 154.
[18] Michael F. Ross, *Beyond Metabolism: The New Japanese Architecture* (Nueva York: Architectural Record Books, 1978), 5.

Villa Katsura en *Houses and People of Japan*, Bruno Taut, 1937.

arquitectónicas.[19] Poco después, grandes maestros de la arquitectura moderna, como Adolf Loos, Walter Gropius, Mies van der Rohe y Le Corbusier sintieron profunda admiración por la arquitectura y el arte japoneses. Influidos por el libro *Houses and People of Japan*[20] (Tokio, 1937) —escrito por Taut tras pasar tres años en Japón — vieron en la Villa Katsura la exaltación de una arquitectura de contención formal y exquisita relación con la naturaleza, que alentaría su idea de la arquitectura moderna.

El propio Kisho Kurokawa en su libro *Intercultural Architecture: the Philosophy of Symbiosis*[21] (1991) argumenta que la construcción de lo japonés en Occidente se remonta al encuentro de Bruno Taut primero, y más tarde al de Walter Gropius[22] con el palacio de Katsura.

Kurokawa se refiere a la lectura "interesada" de Taut y Gropius sobre la Villa Katsura, en relación a su simplicidad, silencio y espacio puro, como

---

[19] Manfred Speidel, "Bruno Taut and the Katsura Villa", en *Katsura Imperial Villa*, ed. Virginia Ponciroli, 320-325.
[20] Bruno Taut, House and People of Japan (Tokio: Sanseido Co., 1958).
[21] Kisho Kurokawa, *Intercultural Architecture: the Philosophy of Symbiosis* (Nueva York: Van Nostrand Reinhold Company, 1985).
[22] En 1960, los arquitectos Walter Gropius y Kenzo Tange contribuyeron con sus ensayos al libro *Katsura: tradición y la creación de la arquitectura japonesa* (New Haven: Yale University Press, 1972).

ícono o imagen ideal de la arquitectura Moderna, la cual había nacido de la industrialización y producción en masa, donde las líneas rectas sustituían al pasado decorativo. Más aún, Kurokawa argumenta que ambos arquitectos modernos pasaron por alto importantes características del palacio que evidenciaban su rica decoración.

> La atención de los arquitectos japoneses hacia su propia tradición fue en primer lugar trazada a través de los comentarios de aquellos europeos, que elogiaron Katsura y el Gran Santuario de Ise como modelos de la arquitectura Moderna y luego regresó rápidamente a casa través de Occidente. [...] Pero es importante señalar que los juicios de Taut y Gropius, hacia obras de la arquitectura japonesa, se hicieron en el contexto de la arquitectura moderna.[23] Kisho Kurokawa

Sin embargo, antes de las publicaciones de Taut, un puñado de arquitectos japoneses se habían trasladado a Europa con el objetivo de formarse trabajando. Fue el caso de Kunio Maekawa, quien en 1928 llegó al estudio parisino de Le Corbusier, donde trabajó hasta 1930. Durante los dos años de Maekawa en el Atelier de Sèvres, otros dos japoneses, Tsuchihashi Nagayoshi y Makino Masami colaboraron en la oficina por cortos periodos.[24] Más tarde, Junzo Sakakura —quien llegó a París en 1930 para relevar a Maekawa bajo la batuta de Le Corbusier— inició su particular periplo en el Atelier en 1931, donde colaboró hasta 1936.

Junzo Sakakura fue el protagonista del segundo de los hitos cruciales en la relación arquitectónica de Japón y Occidente, en concreto de Japón y Francia. Sakakura fue responsable de la construcción del considerado primer edificio moderno japonés fuera de Japón: el Pabellón Japonés en la Exposición Internacional de París de 1937. El pabellón de Sakakura fue la primera obra de un arquitecto japonés reconocida en la escena internacional.

Mary McLeod afirma que el problema de la creación de una representación definitiva de la estética japonesa y de Japón como nación de

---

[23] Kurokawa, *Intercultural Architecture*, 11.
[24] Jonathan M. Reynolds, *Maekawa Kunio and the Emergence of Modernism in Japanese Architecture* (Oakland, University of California Press, 2001), 57.

Kunio Maekawa y Charlotte Perriand, Atelier de Sèveres de Le Corbusier. París, 1930

estética había sido negociado de forma continua entre Japón y Occidente desde mediados del siglo xix. En la Exposición Internacional de París de 1937 se dio un giro definitivo en este sentido. Descrito en la edición de septiembre de 1937 de *Architecture d'Aujourd'hui* como a la vez el más moderno y el más típicamente nacional de la exposición, el pabellón de Sakakura establecía un acuerdo duradero entre Occidente y Japón, al ser calificado como "el más esencialmente japonés y a la vez el más moderno". McLeod también apunta que la versión de la tradición arquitectónica japonesa que Sakakura presentó en París y los acontecimientos que condujeron a su diseño, ayudaron a iluminar el lugar de Perriand en la historia del diálogo estético entre Japón y Occidente.[25] En última instancia, Sakakura fue la pieza clave que hizo posible el viaje de Charlotte Perriand a Japón en 1940, contratada como asesora de arte industrial por el Ministerio de Comercio e Industria de Japón.

Aunque Maekawa y Sakakura fueron "emisarios" de Le Corbusier en Japón, la verdadera embajadora transnacional de las ideas arquitectónicas

---

[25] Mary McLeod, *Charlotte Perriand. An art of living*, (Nueva York: H.N. Abrams y Architectural League of New York, 2003), 110.

Perriand en el fotomontaje del Pabellón Japonés en París, Junzo Sakakura, 1936.

lecorbusianas fue Charlotte Perriand, contratada por el Ministerio de Comercio e Industria japonés como sucesora de Bruno Taut en Japón.[26] De hecho, Perriand restableció el vínculo Francia-Japón de manera completa, esto es, aunando artes decorativas, arquitectura y equipamiento. Más aún, Perriand difumino la relación entre conquistador y conquistado culturalmente, gracias a su contacto previo con lo japonés en París, en el ambiente internacional del atelier de Le Corbusier. Su trabajo supuso el nexo crucial entre Japón y Francia en arquitectura, diseño interior y productos industriales. En última instancia, Charlotte Perriand se convertiría en el vínculo moderno de arquitectura mueble entre Francia y Japón.

Tras una década colaborando con arquitectos japoneses en el Atelier *de Sèvres* de Le Corbusier, en 1940, el gobierno japonés contrató a Perriand como Consejera Técnica en Artes Industriales. La invitación formó parte de una serie de contratos de diferente índole que el gobierno Meiji hizo a especialistas occidentales como consultores, para ayudar a construir la

---

[26] En 1933 Bruno Taut fue invitado a Japón por la Kokusai Nihon Kenchiku Kai (Asociación Internacional de Arquitectura de Japón) y pasó a ofrecer asesoramiento al gobierno patrocinado por el Instituto Industrial japonés.

infraestructura necesaria para el desarrollo industrial de Japón, a través del estudio de diseños y técnicas occidentales. Emplearon a una occidental, defensora de la utilización de materiales modernos, de la producción en serie y el diseño racional,[27] quien, en palabras del propio Kenzo Tange, lograría la fusión de identidades culturales europea y japonesa.

Tange acredita a Perriand como la primera arquitecta capaz de fusionar Occidente y Japón. De hecho, fue la primera arquitecta transnacional Francia-Japón, esto fue posible porque ella viajó a Japón tras haberse "transformado" en el ambiente internacional del atelier de Le Corbusier en París.[28] La primera manifestación de su transnacionalismo en Japón se aprecia en su primera exposición: *Contribución al equipamiento interior de la vivienda, Japón 2601. Selección, tradición, creación*, organizada junto a Junzo Sakakura en 1941. Allí Perriand presentó una reinterpretación en bambú de la *Chaise Longue* de Le Corbusier, Perriand y Jeanerete de 1928. La *Chaise Longue en Bambú* (prototipo de 1941), que utilizó un material tradicional, se convirtió en el primer objeto transnacional Japón-Francia en la historia del diseño arquitectónico interior.

En 1955, Junzo Sakakura argumentaba que "los esfuerzos modernos de la arquitectura en Japón se habían dado por vez primera después de la Segunda Guerra Mundial". Esta teoría la defendía el propio Kenzo Tange: "la arquitectura japonesa moderna definitivamente tiene sus orígenes en los años después de la Guerra". La cuestión es, sin embargo, hasta qué punto la arquitectura japonesa tomó nota en aquel momento de los métodos de diseño modernos, basados en la tradición, que Perriand había estado proponiendo desde antes de la guerra.

Perriand fue la única arquitecta occidental invitada a participar en las reuniones previas a la WoDeCo de 1960, la cual supondrá el inicio del

---

[27] Peter McNeil, "Myths of Modernism: Japanese Architecture, Interior Design and the West, c. 1920-1940", *Journal of Design History* vol. 5, núm. 4 (1992), 281-294.
[28] En los archivos de la Fundación Le Corbusier, en París, reposa un documento con más de cien nombres y datos de colaboradores que trabajaron, durante diferentes periodos, desde 1924 hasta 1965, en el célebre *atelier* del maestro suizo-francés. Un listado depurado aparece publicado en las páginas preliminares de las diferentes ediciones del libro *Le Corbusier 1910-1965*. http://dearq.uniandes.edu.co/news/2013/dearq-14-colaboradores-le-corbusier

cambio en la historia de la arquitectura en Japón. Antes de 1960, lo occidental se asimilaba como lo moderno. El Metabolismo, como primer movimiento de vanguardia puramente japonés, representaba una crítica al progreso asociado a lo occidental, a lo moderno y, por tanto, a lo internacional. Así, el Metabolismo, nacido con cierta reafirmación de lo nacional, pero con la ambición de trascender internacionalmente, fue, en realidad, un movimiento arquitectónico con connotaciones transnacionales.

El reconocimiento de Tange hacia Perriand, después de visitar la exposición organizada por ella en Tokio en 1955, *Proposition d'une Synthèse des Arts*, así como la colaboración de ambos a finales de la década de 1950, evidencian el papel protagónico de Perriand como precursora e inspiradora del periodo que denominamos pretransnacionalismo, que se dio en la arquitectura japonesa en la década de 1960.

Francia internacional, años 1920

La década de 1920 fue probablemente la más emocionante del siglo XX en Europa, en particular para Francia, que congregó a un gran numero de intelectuales en su territorio. El periodo posterior a la Primera Guerra Mundial resultó perfecto para romper con el pasado y empezar a pensar en un nuevo futuro. Francia había sido el país más destruido de Europa. Desde el ámbito artístico, la aspiración era construir una nueva sociedad, superando "los prejuicios de la tradición". En París se concentraron artistas e intelectuales de todo el mundo, en busca del particular efecto de libertad y complicidad que los locos *años* veinte ofrecían en *La Ville-Lumière*.

Fue un periodo de gran prosperidad y dinamismo en los campos social y artístico. En Francia, la economía comenzó a florecer en 1924 y hasta 1930, lo que se conoció como *Dorados años veinte*. Esta prosperidad fue posible gracias a un crecimiento industrial sin precedentes apoyado en la tecnología moderna. El progreso industrial se logró, principalmente, mediante la producción masiva de automóviles. Henry Ford llevó a cabo la revolución de las técnicas de producción en masa y en aquellos años se dio la mayoría de perfeccionamientos. La prominente industria del automóvil en Francia propició la creciente importancia de estos medios de transporte en la sociedad francesa. Como consecuencia de la nueva era industrial, el consumismo se impulsó en los años veinte. La radio inauguró la era de los medios de comunicación y de la cultura de masas; y se inventó la televisión en 1926.

La industria fascinó a los arquitectos, quienes comenzaron a hablar de la era de la máquina, en particular Le Corbusier, quien recogería sus ideas maquinistas en su *Vers une architecture* en 1923. La Exposición de Artes Decorativas de París de 1925 marcó un hito importante en este sentido. En 1924 Le Corbusier y Pierre Jeanneret establecieron su oficina de arquitectura en el número 35 de la rue de Sèvres. La Exposición de 1925 supuso el gran lanzamiento internacional de Le Corbusier, gracias a su pabellón de *L'Esprit Nouveau*. A partir de ese momento, se incorporaron a su atelier parisino arquitectos de todo el mundo. En 1928, Albert Frey llegó al estudio de Le Corbusier desde Suiza; el mismo año, José Luis Sert entró a trabajar allí; y así una larga lista de colaboradores, todos extranjeros, con la única presencia francesa de Charlotte Perriand.

En los años veinte ya no era posible concebir la vida sin el progreso técnico. La evidencia de que las nuevas condiciones sociales y técnicas de la época exigían profundas transformaciones en las formas de vida era cada vez mayor.[29] Una arquitectura diferente debía nacer para dar respuesta a los cambios y ofrecer una mejora en las condiciones de vida. La "nueva arquitectura" de Le Corbusier —junto con la de Ludwig Mies van der Rohe y Walter Gropius en Alemania, o Theo van Doesburg en Holanda— pasó a ser conocida como el Estilo Internacional. La Exposición Internacional de Arquitectura Moderna celebrada en el Museo de Arte Moderno, en Nueva York, titulada *The International Style*, organizada por Henry-Russell Hitchcock y Philip Johnson en 1932, recogía la producción arquitectónica de la segunda mitad de la década de 1920. El objetivo de Hitchcock y Johnson era definir un estilo para la arquitectura moderna, haciendo esto mediante la inclusión de arquitectos específicos, sobre todo europeos.

---

[29] María Melgarejo, *La arquitectura desde el interior, 1925-1937. Lilly Reich y Charlotte Perriand* (Barcelona: Fundación Caja de Arquitectos, 2011), 52.

Exposición de París de 1925

La Exposición Internacional de Artes Decorativas y Aplicadas se inauguró, oficialmente en París, el 28 de abril [...] Francia ha tomado la decisión de mostrar al mundo lo que es capaz de producir en los campos del arte moderno y demostrar que no ha perdido nada de su antiguo dominio de buen gusto.[30]

La Exposición Internacional de Artes Decorativas e Industriales Modernas se celebró en París entre los meses de abril y octubre de 1925. El principal objetivo de la exposición, organizada por el Ministerio de Comercio e Industria francés, "era reafirmar la hegemonía de Francia en el campo del diseño, frente a la superioridad evidente de Alemania". El éxito comercial obtenido por Alemania había sido obvio en la Exposición de Artes Aplicadas celebrada en Munich, en 1908, así como en el Salón de Otoño de 1910. Lo que se denominó la "amenaza alemana" fue el detonante que impulsó a Francia a adaptar sus diseños a los nuevos medios de producción en serie.[31] La negativa de Alemania a participar en la exposición de 1925 ayuda a entender por qué la estética de la Bauhaus no logró infiltrarse en Francia.

Las pretensiones francesas, en particular de la ciudad de París, eran las de recuperar el liderazgo cultural a nivel mundial. El éxito de la Exposición de 1900[32] había supuesto la coronación de París como capital cultural del mundo. La añoranza de aquel protagonismo convirtió a la Exposición de 1925 en un pretexto de reafirmación nacional francesa a nivel internacional.

La agenda de la Exposición Internacional de Artes Decorativas e Industriales Modernas se estableció: mostrar al mundo el gusto francés, una vez más a la vanguardia en la evolución de un nuevo estilo internacional.[33]

---

[30] "The París Exposition", en *Advocate of Peace through Justice*, vol. 87, núm. 6, 323-325.
[31] Melgarejo, *La arquitectura desde el interior,* 21.
[32] La Exposition Universelle de París de 1900 fue una gran celebración del arte moderno, la industria y el comercio en la tradición de las ferias del gran mundo; sobre todo, celebró los logros de Francia.
[33] Arthur Chandler: "The Art Deco Exposition", *World's Fair magazine*, vol. VIII, núm. 3, disponible en: http://www.arthurchandler.com/1925-art-deco-exposition.

Cabe destacar el cambio de nomenclatura de "universal" a "internacional" en el título oficial de la Exposition Internationale des Arts Décoratifs et Industriels Modernes. El cambio, en sí mismo, refiere a un retorno a las aspiraciones de exposiciones anteriores. Universal significa todo incluido, tanto en cuanto al público al que iba dirigida la exposición, como por el hecho de abarcar todas las formas de pensamiento en su exposición de productos industriales y artísticos. La palabra internacional, sin embargo, revela una nueva perspectiva nacionalista. Mientras que los intereses nacionales siempre habían estado presentes, de manera abierta o encubierta, en cada exposición desde la de París en 1798, el nacionalismo asumió en 1925 la primera fila y sustituye el afán de universalidad por el de inter-nacionalizar, con el objetivo de posicionar a Francia como el orquestador de estilos internacionales.[34]

Periodo de pretransnacionalismo en Japón, años 1960

La década de 1960 supuso el cambio de la "occidentalización" a lo "transnacional" en la arquitectura en Japón. El manifiesto *Metabolism* de 1960 marcó el punto de inflexión, como inicio del primer movimiento arquitectónico japonés, y es considerado el último movimiento de vanguardia en la arquitectura.[35] A partir de ese momento, Kenzo Tange personificó la transformación y Kisho Kurokawa comenzó a defender el concepto de "simbiosis" aplicado a las relaciones culturales-arquitectónicas de Japón con Occidente.

Este periodo en la arquitectura japonesa se ha identificado con el Metabolismo, movimiento que releyó a Katsura e Ise —promovidos por Occidente como símbolos japoneses de anticipación a la modernidad— en clave nacional. Tange personificó el ideal de fusión de lo japonés y lo

---

[34] Arthur Chandler: "The Art Deco Exposition", *World's Fair magazine,* vol. VIII, núm. 3, disponible en: http://www.arthurchandler.com/1925-art-deco-exposition.
[35] "Puede que sea el último movimiento de vanguardia en arquitectura", así lo describe Hans Ulrich Obrist, en Rem Koolhaas y Hans Ulrich Obrist, *Project Japan: Metabolism Talks,* (Colonia: Taschen, 2011), 18.

occidental. A través de él, el Metabolismo integró referencias francesas de Le Corbusier, Perriand, Yona Friedman y Jean Prouvé, entre otros. El intercambio circular se hizo evidente cuando Japón comenzó a exportar nuevos modelos arquitectónicos a través, primero, de la WoDeCo (1960) y, a continuación, de las Olimpiadas de 1964.

> En 1960, un confidente Japón inicia una Conferencia Mundial del Diseño como un escenario para que sus propios talentos emergentes puedan enfrentar la vanguardia internacional.[36]

Michael F. Ross, al comienzo de su libro *Beyond Metabolism: The New Japanese Architecture*[37] (1978), afirma que "Japón [llama] por primera vez la atención del mundo de la arquitectura en el año 1960 con la presentación simultánea del *Plan para Tokio* de Kenzo Tange y la publicación del *Metabolism 1960* por cinco jóvenes diseñadores". El Movimiento Metabolista claramente dirigió sus esfuerzos hacia una audiencia internacional. No es casualidad que eligieran la WoDeCo como la ocasión para dar a conocer su manifiesto. Así, el año 1960 marcó el inicio de una década de enorme optimismo en la economía y en la arquitectura en Japón.

Japón fue el escenario, a lo largo de la década, de acontecimientos que ayudaron en su promoción en el extranjero,[38] a la vez que se dio un rápido desarrollo de la nación nunca antes visto. El gobierno central hizo hincapié en la importancia de potenciar la economía, por lo que la mejora del sistema industrial se convirtió en prioridad de la política nacional. La década de 1950 fue decisiva para el futuro del Japón moderno. El protagonismo de Charlotte Perriand en aquel proceso, en cuanto a su papel en la historia del diseño interior en Japón, fue indiscutible, en concreto en lo referente al nacimiento de la figura profesional del diseñador industrial en los años sesenta.

---

[36] Koolhaas y Ulrich, *Project Japan*, 13.
[37] Michael F. Ross, *Beyond Metabolism: The New Japanese Architecture* (Londres: Architectural Record Books, 1978)
[38] Raffaele Pernice, *Metabolist Movement between Tokyo Bay Planning and Urban Utopias in the Years of Rapid Economic Growth 1958-1964* (Tokio: Waseda University, 2007), 2.

A finales de los cincuenta, "Japón comenzó a gestar su primer movimiento arquitectónico de vanguardia," con el pretexto de que Tokio acogería la Conferencia Mundial de Diseño (WoDeCo) en 1960. El Metabolismo emergió en sintonía con una ola de tendencias en la arquitectura de aquel momento —Yona Friedman, Cedric Price o Archigram— que iba más allá del legado del ciam y coincidía con un momento de reafirmación nacional de la posguerra. Los metabolistas eran un grupo ideológicamente heterogéneo: los arquitectos Kikutake, Kurokawa, Otaka, Maki, el crítico Kawazoe, el diseñador industrial Ekuan y el diseñador gráfico Kiyoshi, con un líder común: Tange. Juntos redactaron un manifiesto *Metabolism 1960: Proposals for a New Urbanism* como suma de artículos independientes acerca del futuro de la ciudad y la arquitectura.[39]

Los metabolistas, curiosamente, se apoyaron de nuevo en una lectura interesada de la Villa Katsura y el templo de Ise, promocionados por Taut años atrás como arquetipos de la arquitectura japonesa tradicional. La Villa Katsura en Kyoto (cuyo principal edificio fue construido desde 1617) y el Santuario de Ise (estructura dedicada a la religión sintoísta indígena desde finales del siglo vii) se convirtieron en iconos mundiales representativos del espíritu moderno de la arquitectura tradicional japonesa. Ambas construcciones fueron presentadas por Taut como anticipatorias de la arquitectura funcionalista del Movimiento Moderno. Katsura y los monumentos de Ise fueron los principales modelos y fuentes de inspiración propuestos, una vez más, por los metabolistas, como representación de la esencia de la arquitectura tradicional japonesa.

El historiador Jonathan M. Reynolds sostiene que el Templo de Ise —a partir del cual Tange modeló su Hiroshima Peace Memorial Museum (1955)— había jugado siempre un papel importante en la legitimación de la institución imperial. Esto continuó incluso después de la Restauración Meiji, cuando el país se transformó en una nación moderna. Historiadores de la arquitectura en el periodo previo a la Guerra, entre ellos Chuta Ito, presentaron a Ise como la piedra angular de la cultura nacional, alabándolo como

---

[39] Marta Rodríguez: "Arquitectura Metabolista *petite*: Las raíces francesas de las cápsulas móviles de Ekuan", en *Pasajes Arquitectura y Crítica* 124 (2012), 74-77.

Santuario de Ise, finales del siglo VII.

"arquitectura que manifiesta el espíritu de sencillez que caracteriza al pueblo japonés". Tal retórica nacionalista era común en los años entreguerras, cuando se convirtió a Ise en una importante herramienta ideológica del gobierno para movilizar al pueblo japonés a una guerra total y justificar la invasión de otros países. No es de extrañar que Tange emplease ese arquetipo arquitectónico a la hora de diseñar un monumento estatal.

El Metabolismo fue un movimiento de simbiosis entre tradición y modernidad. Sus propuestas se basaban, por un lado, en el rechazo al funcionalismo y las directrices de la Carta de Atenas —base del diseño de la planificación urbana del Movimiento Moderno— a la vez que proponía una crítica al sistema cultural occidental y se enfocaba en ofrecer respuestas desde la exclusividad de la cultura nativa japonesa. Kisho Kurokawa fue uno de los más críticos con la influencia cultural de Occidente en el mundo y en Japón. Reafirmó el Metabolismo como una creación pura de la cultura japonesa junto con las formas modernas del mundo mecánico, las ciencias, la ingeniería y los procesos de producción industrial. Kurokawa habló por primera vez de asimilación crítica de la cultura occidental y propuso el concepto de "simbiosis" frente al de "dualismo". Aquella simbiosis que anhelaba desmontar la "dualidad

Occidente-Japón" —asociada con lo que está bien y lo que está mal—, a su vez, anticipaba lo que denominamos el pretransnacionalismo de la arquitectura japonesa durante la década de 1960.

En su aclamado libro *Project Japan*, Rem Koolhaas se refiere a la confesión que le hiciera Hiroshi Hara sobre que antes de Tange, el modernismo en Japón había sido simplemente equipararse con el funcionalismo como un concepto opuesto al "tradicionalismo". Fue Tange el primero que manifestó su intención de "crear un nuevo estilo de modernismo japonés asimilando la tradición".[40]

> La derrota de la modernidad es un gran tema común de nuestra época, pero Japón tiene la tarea adicional de liberarse de la ideología de la occidentalización.[41] Kisho Kurokawa

Tange representó lo nuevo, esto es, lo moderno concebido en Japón. Buscó la integración o mezcla entre tradición y modernidad; se convirtió en figura central en el debate entre una tradición puramente japonesa y el Estilo Internacional que llegaba desde occidente —lo que precisamente había anticipado el trabajo de Perriand en la década de 1950 en Japón. El Metabolismo, bajo los auspicios de Tange, paradójicamente, se concibió como un nuevo estilo "nacional", reflejo del acuerdo entre la tradición japonesa y el nuevo espíritu de la era moderna.

> Tange consiguió establecer "Japan-ness" en la arquitectura moderna.[42] Arata Isozaki

Hasta entonces *Japan-ness* había sido entendido meramente como un tipo de "gusto" asociado con la simplicidad, humildad, pureza, ligereza y austeridad sofisticada (*shibusa*), así lo explica Isozaki en su libro *Japan-ness in Architecture*[43] (2006).

---

[40] Arata Isozaki, en Koolhaas y Ulrich Obrist, *Project Japan*, 24-54.
[41] Kurokawa, *Intercultural Architecture*, 46.
[42] Arata Isozaki, en Koolhaas y Ulrich Obrist, *Project Japan*, 24-54.
[43] Arata Isozaki, *Japan-ness in Architecture* (Cambridge: The mit Press, 2006).

> Desde su creación, la problemática de la "Japan-ness" ha pertenecido a una mirada externa.[44] Arata Isozaki

En realidad, la palabra "arquitectura", en japonés, *kenchiku*, junto con otras como *geijutsu* (arte), *kukan* (espacio), *bi* (belleza), *shakai* (sociedad), *ai* (amor) y *rekishi* (historia) —sin la cuales la conversación cotidiana en japonés sería totalmente imposible— siempre han pertenecido a una idea externa. Hajime Yatsuka, en la reseña que escribe acerca del libro de Isozaki, llega a afirmar que "la historia de la arquitectura japonesa es una invención del Japón moderno".[45] La identidad arquitectónica japonesa se concibió a lo largo del siglo XX. Tange fue el primer "maestro" y el Metabolismo el gran intento de proponer un movimiento de vanguardia japonés.

> El Metabolismo no sólo fue un movimiento de propaganda japonés de posguerra, sino un movimiento transnacional que incluía componentes europeas y en particular francesas.[46]

Las referencias francesas en las ideas del Metabolismo provienen de Le Corbusier y Charlotte Perriand principalmente, quienes influyeron directamente en el cerebro del movimiento: Kenzo Tange. Otras fueron transmitidas directamente a través Jean Prouvé, quien dictó la charla "Industrialización de la Arquitectura" en la WoDeCo de Tokio, 1960; y gracias a Yona Friedman, invitado a participar en la Expo '70. A éstas se unieron las teorías transferidas por el artista Taro Okamoto, con quien Tange tuvo una estrecha relación. Okamoto había estudiado arte en París junto a los surrealistas y en la escuela abstracta; también se asoció con el grupo de Bataille. A su vuelta a Tokio, poco antes de la guerra, inició un movimiento *avant-garde*. Gracias a él, Tange fue influenciado por el estilo europeo de vanguardia. Así, mientras que *Ikoijima* de Taro Okamoto fue un ejercicio artístico, el *Plan para Tokio* (1960) de Tange fue una reinterpretación de la *Ville Radieuse* (1935) de Le Corbusier.[47]

---

[44] Isozaki, *Japan-ness in architecture*, 3-4.
[45] Hajime Yatsuka, "Arata Isozaki's Initiation into Postmodernism Author", en *AA Files* 58, 68-71.
[46] Rodríguez: "Arquitectura Metabolista petite" 74-77.
[47] Toshiko Kato, en Koolhaas y Ulrich Obrist, *Project Japan*, 84-101.

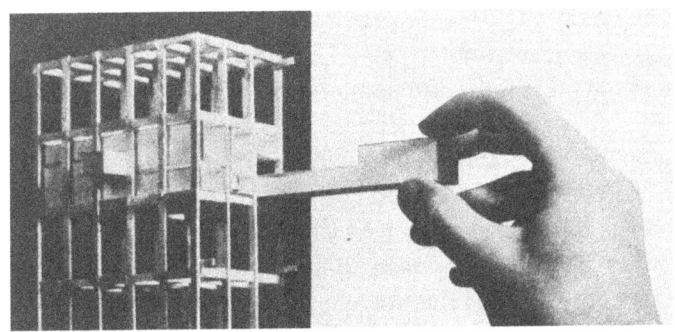
Unite d'Habitation, Le Corbusier, 1947.

El Metabolismo formó parte de una ola de movimientos de vanguardia que pretendían romper con el Estilo Internacional e ir más allá de los postulados del ciam, entre ellos el Team 10 y Archigram. Tanto Archigram como el Metabolsimo coincidían en el hecho de inspirarse en la revolución espacial y la innovación tecnológica asociada a ella.

Paradójicamente, Le Corbusier fue el gran referente ideológico del Metabolismo. Las teorías de Le Corbusier tuvieron un alto peso específico, gracias al papel de sus discípulos "transformados" en París —Junzo Sakakura, Kunio Maekawa y Charlotte Perriand— en la formación del movimiento. El joven Tange, mientras trabajaba para Maekawa, pasaba sus tardes en la oficina Sakakura en Tokio. De hecho, "el síndrome de Le Corbusier" y sus modelos se hizo patente en muchos de los proyectos construidos del Metabolismo. Por ejemplo, la famosa idea lecorbusiana de deslizamiento de una caja prefabricada en un esqueleto estructural —ideada para su Unité d'Habitation y que nunca se puso en práctica en Marsella— fue el modelo conceptual profético de las "células prefabricadas", que varios arquitectos japoneses de la época reencarnarían, por ejemplo, Kisho Kurokawa en su Torre Nagakin Capsule en 1972.[48]

---

[48] Para más información, consultar Michael F. Ross, *Beyong Metabolism*, 11.

Todo esto confirma que el Metabolismo fue un movimiento pretransnacional: nació como crítica a Occidente y como reafirmación nacional, basada en la relectura con intención nacionalista de Katsura y de Ise; tiene una doble influencia occidental, como parte de una ola de movimientos surgidos tras la desintegración del ciam, en crítica al Estilo Internacional; a la vez, se apropia de conceptos que provienen directamente de Le Corbusier y de Charlotte Perriand y de esta manera hace suyas interpretaciones de lo japonés hechas desde Occidente; por último, como movimiento avant-garde, exporta sus ideas a Occidente. El Movimiento Metabolista supuso la primera manifestación pretransnacional en la historia de la arquitectura en Japón, con la excepción del trabajo de Perriand, desde antes de la Segunda Guerra Mundial.

Después del momento de esplendor de los Juegos Olímpicos de Tokio de 1964, las aspiraciones arquitectónicas japonesas de la década anterior colapsaron de repente en 1970, con la ambiciosa Expo '70 —bajo el auspicio del grupo metabolista—, que puso punto final a una década de intento de reafirmación de lo nacional en la arquitectura de Japón.

Expo '70, Japón internacional

La Expo '70 de Osaka —la primera exposición internacional en Japón y en Asia— supuso una oportunidad para la exaltación de las ideas metabolistas, a la vez que significó un amargo final para el Grupo. La exposición fue la última ocasión oficial para alabar de manera optimista la estética metabolista y mecanicista del mundo industrial. La Expo de Osaka puso punto final a la ambiciosa década del milagro japonés. Este evento dio paso a una nueva década de cuestionamientos en el ámbito arquitectónico, así como de crítica a lo nacional. En paralelo, dio paso a un periodo de fructífera experimentación en materia de mobiliario y espacio doméstico, que precedería a la época más aperturista de la historia de Japón, los "dorados" ochenta.

Como una apoteosis, la Expo '70 fue también el comienzo de una decadencia [...] suspendiendo indefinidamente la utopía.[49]

La Expo '70 fue la gran oportunidad de Tange, quien ideó el plan maestro de la Exposición, junto a Isozaki, y se ocupó de la mecánica de la Plaza Festival y sus instalaciones eléctricas y electrónicas. Junto a él, Kiyonori Kikutake proyectó la Landmark Tower.[50] Fue la ocasión para Japón de mostrar al mundo sus avances y la reivindicación de lo japonés. A su vez, la Expo '70 fue el canto del cisne de los metabolistas y sus especulaciones urbanas heroicas. Además de la conclusión de la utopía de los planes urbanos, significó también el final de las megaestructuras, a raíz de la depresión y la crisis económica y cultural que barrió el mundo en la década de 1970.

En la década de 1970, la problemática arquitectónica japonesa se vio agravada por la crisis del petróleo —primero en 1973 y a continuación en 1978— y las recesiones económicas: ya no había dinero para la gran arquitectura. La ideología moderna de "progreso" parecía en quiebra y surgían los antimodernistas y los antimetabolistas, críticos con el proyecto de ciudad. Las megaestructuras del Metabolismo y sus planes urbanos fueron considerados "modernos", inoperativos y por tanto rechazados.[51]

La década de 1970 fue un periodo de transición.[52] Koji Kamiya

La Expo evidenció el fracaso de la utopía tecnológica, de escala urbana y monumental, que junto con el referente ideológico lecorbusiano —formalista y carente de sensibilidad humanista— pusieron en entredicho ciertas ambiciones metabolistas, como la capacidad de adaptación y transformación de su arquitectura, de acuerdo a conceptos de "renovación natural".

---

[49] Koolhaas y Obrist, *Project Japan*, 507.
[50] Udo Kultermann, New Japanese Architectur (Santa Bárbara: Praeger, 1960), 282.
[51] Sin embargo, la pequeña escala del metabolismo, promovida primero por Kenji Ekuan y a continuación por Kisho Kurokawa y su "Capsule Declaration" (1969) —que promovía una arquitectura hedonista para el *Homo Movens*— sobrevivirá y será reinterpretada en los años ochenta por el propio Toyo Ito.
[52] Koji Kamiya, en Koolhaas y Obrist, *Project Japan,* 47.

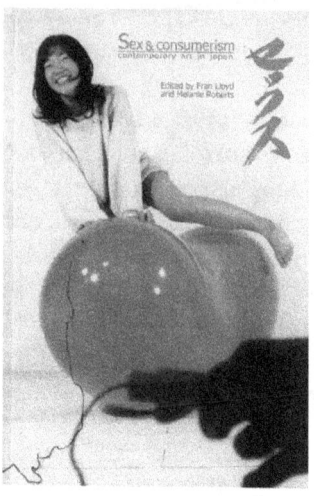

Japan as Number One, Ezra Vogel, 1979.

Sex and Consumerism, Fran Lloyd y Melanie Roberts, 2001 (acerca de la década de 1980).

La práctica metabolista, en general ejecutada a través de su dependencia aplastante de las más avanzadas tecnologías industriales, resultó ser pesada y monumental y, paradójicamente, tan rígida y autoritaria como la de sus homólogos contemporáneos modernos. Por esta razón, el Metabolismo, en la arquitectura japonesa, se empezó a considerar como una extensión del Movimiento Moderno.

> En la década de los setenta caímos del paraíso al infierno, por la crisis del petróleo; en la pared de mi despacho colgué un cartel de la película *Easy Rider*, esa en la que los protagonistas decían aquello de "nosotros no tenemos futuro" [...] "Abrí el estudio en un momento en que a menudo no se veía claro qué futuro le esperaba a la arquitectura o cuál podía ser el papel de los arquitectos en la sociedad.[53] Toyo Ito

---

[53] Toyo Ito: "My personal History in Architecture", Conferencia Círculo de Bellas Artes de Madrid, noviembre de 2009.

Los dos arquitectos líderes del mundo arquitectónico de la década de 1970 en Japón fueron Arata Isozaki y Kazuo Shinohara. Ambos enfrentaron la década de manera muy diferente, mientras que Isozaki, formado entre metabolistas, la afrontó en un sentido pesimista; Shinohara, considerado "antimetabolista",[54] la vio como un periodo ideal para la innovación en materia de arquitectura doméstica.

Tras la puesta en duda de los ideales del Metabolismo, la década de 1970 fue testigo, por tanto, de la unificación de una nueva generación de arquitectos japoneses bajo la tutela de Shinohara, cuya obra podría denominarse proto-postmoderna. Aquellos arquitectos —entre ellos Toyo Ito— tuvieron una actitud crítica ante el grave deterioro de las condiciones urbanas en aquel momento y con la ciudad como proyecto. Fue el tiempo idóneo para el florecimiento de nuevos conceptos de mobiliario, así como para una amplia reflexión acerca de la vivienda unifamiliar, cuestión clave para entender tanto la obra de Kazuyo Sejima, como la arquitectura que se hace hoy en Japón.

El libro *Japan As Number One: Lessons for America*, escrito por Ezra F. Vogel,[55] se convirtió en un *best-seller* en Japón y contribuyó a devolver la confianza al país nipón. En el libro, el doctor en sociología por la universidad de Harvard, Vogel, explica las causas del éxito japonés después de la Segunda Guerra Mundial, en particular después de la salida de los Estados Unidos del país nipón. Esta publicación inspiró una nueva reafirmación de "lo japonés", una vez más, desde una mirada exterior, gracias al texto de un americano. *Japan As Number One* puso fin a una década crisis y reflexión, y abrió las puertas al tiempo más aperturista y transnacional en la historia de la arquitectura japonesa: la década de 1980.

Por primera vez en los ochenta, Japón exportó al mundo sus propias ideas arquitectónicas.[56] Tomohiko Yamanashi.

---

[54] Toyo Ito, en Koolhaas y Obrist: *Project Japan*, 241.
[55] Ezra F. Vogel, *Japan As Number One: Lessons for America* (Cambridge: Harvard University Press, 1979).
[56] Tomohiko Yamanashi, conversación con la autora, Berkeley, agosto de 2012.

Japón transnacional, años 1980

> Durante la década de 1980, como la construcción experimentó un auge en Japón, la atención internacional también creció. Más arquitectos visitaron Japón, y la publicación en los edificios japoneses se disparó.[57] Dana Buntrock

La década de 1980 abrió un nuevo capítulo de producción arquitectónica transnacional, con la influencia de teorías occidentales y un gradual "retorno" de arquitectos foráneos. El postmodernismo se hizo popular en Japón en esta década, a través de conferencias y publicaciones, como el artículo "Unbuilt England"[58] — el cual recogía proyectos diseñados por varios arquitectos extranjeros, incluido Rem Koolhaas— que tuvo un gran impacto en Japón a finales de la década de 1970. A su vez, la repentina afluencia de arquitectos occidentales a Japón en la década de 1980 se debía al hecho de que aquellos —principalmente europeos—necesitaban un lugar donde desarrollar sus ideas y la efervescencia de burbuja inmobiliaria de Japón, junto con la informalidad de la normativa urbanística japonesa, convertían al país asiático en un lugar idóneo.

> En términos de complejidad, uno puede aprender más de Tokio que de Las Vegas.[59] Atsushi Katagi

Tras un periodo de acuciado escepticismo acerca de la identidad japonesa —asociada con la tradición— a lo largo de la década de 1970, desde principios de la década de 1980 los directores de cine norteamericanos presentaron a Tokio como la ciudad del futuro en sus películas de ciencia ficción. Nuevamente, Occidente interpretaba lo japonés como lo adelantado a su tiempo: la diferencia se presentaba presentada como el futuro. Aquello inspiró a los arquitectos occidentales a fijarse en Japón y a los japoneses a construir e imaginar ambientes futuristas para la vida "real."

---

[57] Dana Buntrock, "Collaborative Production: Building Opportunities in Japan", *Journal of Architectural Education (1984-)*, vol. 50, núm. 4, (1997), 219-229.
[58] De Peter Cook en *A+U: Architecture and Urbanism* núm. 10, (1977), 3-123.
[59] Atsushi Katagi, "Against the Consumption of Architecture", *Japan Architect* núm. 379/380 (1988), en referencia al libro de Venturi *Complexity and Contradiction in Architecture* de 1966.

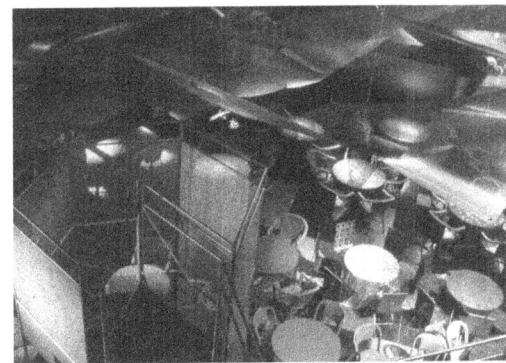

Restaurante Nómada, Toyo Ito, 1986. Cortesía de Toyo Ito & Associates, Architects.

Blade Runner (1982) de Ridley Scott, considerada el primer *film* postmoderno, fue un hito en este sentido, al revelar magistralmente la gran dicotomía cultural japonesa: un imaginario tecnológico imbricado con espacios tradicionales. La película, que presentaba a Tokio como la ciudad del futuro,[60] sugería el carácter postmoderno de la ciudad, previo a la postmodernidad. La cinta se convirtió en película de culto entre los arquitectos. De hecho, proyectos como el interior del *Restaurante Nómada* (1986) de Toyo Ito, hacían habitables, de manera casi literal, los escenarios ficticios de *Blade Runner*.

Isuko Hasegwa, también por aquel entonces, introducía el carácter futurista y de ciencia ficción como elemento esencial, incluso en su arquitectura domestica. En proyectos como el Atelier in Tomigaya (1884-1986), ella utilizó estrategias materiales y de alteración de escala que convertían a la casa en un escenario ideal de ciencia ficción.

Estos ejemplos demostraban un enfoque postmoderno único en de la década de 1980, la más transnacional para la arquitectura construida en

---

[60] Aunque se ubica en la ciudad de Los Ángeles en 2019, sus referentes han sido identificados con el barrio de Shinjuku en Tokio.

Japón. Fue en los ochenta, cuando por vez primera Japón influyó realmente en Occidente. Los arquitectos japoneses empezaron a promover sus ideas, a la vez que numerosos extranjeros llegaron a Japón. Se dio un verdadero flujo de ideas, cuyo origen fue difícil desgranar.

En aquel momento, Tokio no sólo era la capital del país, sino también el centro neurálgico de una economía cada vez más transnacional. Con una vasta concentración de organizaciones empresariales internacionales y bancos, así como instituciones científicas, educativas y culturales, en la década de 1980 Tokio fue superando en nuevos trabajos a Londres, como la mayor ciudad del mundo informativo.[61]

Japón ofrecía la oportunidad para los arquitectos extranjeros de hacer realidad sus ideas. En aquel momento, Toyo Ito afirmaba que los arquitectos venían de Occidente a Japón porque ahí ellos podían construir sus bocetos, mientras que en sus países carecían de esta posibilidad. La década de 1980 supuso el inicio de la ola de esplendor transnacional, que también brindó la oportunidad para los arquitectos japoneses de construir en el extranjero, lo cual tuvo su punto más álgido en la década de 1990.[62]

Los jóvenes arquitectos europeos que únicamente se habían dedicado a hacer proyectos, sin tener oportunidad de realizar obras, de repente, construyeron edificios comerciales en Tokio. Tanto es así que, en Tokio, cambió definitivamente la relevancia de la arquitectura en la sociedad, así como el significado de la profesión de arquitecto.[63] Toyo Ito

---

[61] Botond Bognar, *Beyond the Bubble. The New Japanese Architecture* (Viena: Phaidon Press, 2008), 10.
[62] Nagisa Kidosaki: Entrevista de la autora, College of Environmental Design, Universidad de California en Berkeley, 10 de agosto de 2012. Nagisa Kidosak (n. 1960) es arquitecta por el Shibaura Institute of Technology Department of Architecture de Tokio desde 1984. Trabajó en Arata Isozaki & Associates durante un año y en Toyo Ito & Associates desde 1985 a 1989, coincidiendo con Sejima durante dos años. Estableció su propia firma 1993 Wasa Kidosaki en 1993. En la actualidad su práctica como arquitecta con la enseñanza a tiempo parcial en las universidades de Nihon, Tama Art y Tokyo University of Science.
[63] Toyo Ito, "Una arquitectura que pide un cuerpo androide", en "Escritos", *Colección de Arquitectura* (2000), 49.

Hacia mediados de la década, los consumidores japoneses mejor informados fueron tomando conciencia de la brecha que persistía en los niveles de vida entre Japón y otros países industrializados, a pesar de los avances en sus ingresos, y por estos motivos comenzaron a ser exigentes. Los japoneses habían tenido éxito en su inquebrantable búsqueda del desarrollo económico y el país comenzó a ser capaz de asumir las diferencias de opinión y gusto. La gente podía darse lujos y expresar su individualidad. En 1985, algunos occidentales como Nigel Coates ya estaban trabajando en interiores, pero no fue hasta alrededor de 1987 que los clientes japoneses empezaron a buscar a diseñadores de prestigio internacional para los proyectos arquitectónicos.[64]

Los arquitectos occidentales trabajaron en Japón, en cantidad significativa, durante aproximadamente siete años. La era de la burbuja —un periodo con bajos tipos de interés y especulación intensa que duró desde 1985 a 1990— auspició un frenesí de construcción. Así, arquitectos famosos de Europa y América fueron reclutados para proyectos con presupuestos generosos del sector privado en todo el país.

En aquel momento, arquitectos japoneses bien conectados, como Arata Isozaki, intercedieron en nombre de los occidentales, como lo hizo Arata Isozaki en el proyecto Nexus World Kashii. Nombró a seis arquitectos que participarían en el desarrollo de 192 unidades residenciales: Steven Holl, Rem Koolhaas, Mact Mark, Osamu Ishiyama, Oscar Tusquets y Christian de Portzamparc. Nexus World Kashii se completó en 1991, justo al final de la era de la burbuja. Al igual que Koolhaas, Norman Foster completó su primera obra en Japón: un edificio de oficinas de 21 pisos cerca de la estación de Ochanomizu en Tokio, en 1991. Por otro lado, algunos arquitectos japoneses trabajaron en el extranjero: Isozaki construyó el Museo de Arte Contemporáneo (1986) en Los Ángeles y Tange completó el Centro oub de Singapur (1986).

La exportación de arquitectura es siempre un proceso híbrido, con un amplio espectro de resultados: desde la imitación directa a la genealo-

---

[64] Hiroshi Watanabe, "Taken out of Context Western Architects in Japan", *Design Quarterly* 161 (1994), 2-27.

gía arquitectónica apenas perceptible.[65] En la década de 1990, los límites ideológicos entre los arquitectos japoneses e internacionales se hicieron más borrosos, señal de una lógica transnacional de producción arquitectónica, caracterizada por la integración del mercado mundial y el trabajo de diseño. La producción de arquitectura de estos años operó de acuerdo a una lógica transnacional posible por la globalización y los nuevos desarrollos de tecnologías de la comunicación.

> La ciudad japonesa es el laboratorio urbano óptimo, por definición experimental, representa el contexto ideal en el que los arquitectos deberían trabajar.[66]. Eleni Gigantes

La burbuja japonesa estalló en 1991, en coincidencia con la Guerra del Golfo y el colapso de la URSS. El desplome de los precios de las acciones se produjo a lo largo de 1990 y llevó la crisis inmobiliaria de Japón en 1991. Sin embargo, la experimentación e innovación arquitectónica —enfocada en la pequeña escala doméstica— se volvieron casi inevitables en Japón, hasta que el terremoto y el tsunami de 2011 presentaron, nuevamente, una oportunidad para la reflexión arquitectónica en el ámbito de discrepancia entre individualidad y colectividad.

---

[65] Xuefei Ren, *Building Globalization: Transnational Architecture Production in Urban China* (Chicago: University of Chicago Press, 2011), 42.
[66] Eleni Gigantes, "Lifestyle Superpower: Urban Japan as Laboratory of the Limits of Reality" *Telescope* (invierno de 1993), 165.

LE CORBUSIER EN "LÍNEAS SIMPLES": TOYO ITO

Fachada del edificio PMT-Nagoya de Toyo Ito encerrada en un marco colocado encima de una "chimenea" en la Francia del siglo XVIII. Cortesía de Toyo Ito & Associates, Architects.

"No sé por qué, pero mi actividad transcurre siempre al lado de Le Corbusier",[67] así comenzaba Toyo Ito su artículo "Simple Lines for Le Corbusier", escrito en 1994. Sin embargo, ya desde principios de la década de 1980, Ito había "asumido su misión" de idear una nueva estética, de acuerdo con la era de la electrónica y en sustitución de la era de la máquina.

La década de 1980 en Japón, al igual que la de 1920 en Francia, fue un momento de desarrollo tecnológico y revolución social, que demandaba experimentación en el ámbito arquitectónico. Le Corbusier y Toyo Ito iniciaron ambas décadas, respectivamente, con la ambición de crear "nueva arquitectura" de acuerdo con los nuevos estilos de vida. A principios de la década de 1920, Le Corbusier enunció una revolución en la concepción del espacio doméstico: máquinas de habitar y equipamiento, en lugar de casas y muebles. Toyo Ito, por su parte, afrontó la década de 1980 proponiendo arquitectura para la era de la liberación de ese espacio: casa nómada y premobiliario inteligente.

Desde principios de la década de 1980, Toyo Ito asumió la misión de traducir el mensaje mecanicista de Le Corbusier de acuerdo a la nueva era de la electrónica. Anhelaba superar la referencia a la máquina, en cuanto a la simbiosis entre forma y función. Su experimentación en materia doméstica, a lo largo la primera mitad de la década, lo condujo a concebir una "arquitectura de líneas simples". Desde el Proyecto Dom-ino (1980) hasta la Casa en Magomezawa (1986), la obra de Ito experimentó una paulatina liberación de la formalidad lecorbusiana —basada en una sociedad de la producción— en favor de una arquitectura sin forma —en consonancia con una sociedad de consumo.

El proyecto que supuso un punto de inflexión en esa evolución fue la Casa en Hanakoganei (1983), que introdujo una serie de maniobras arquitectónicas que Ito implementó posteriormente en Silver Hut (1984), Pao I (1985) y en la Casa Magomezawa (1986). Estos tres proyectos aglu-

---

[67] Toyo Ito, "Simple Lines for Le Corbusier", en Adrea Maffei (ed.), *Toyo Ito. Works, Projects, Writings* (Milán: Phaidon Press, 2006), 340-341.

tinan las características definitorias de la arquitectura de líneas simples de Toyo Ito. Su aspiración última, al igual que la de Le Corbusier seis décadas antes, fue diseñar una "nueva arquitectura" acorde con los avances tecnológicos del momento.

Era de la electrónica versus era de la máquina

Le Corbusier emitió un enorme mensaje hacia el cuerpo de la era mecánica. Mi tarea es traducir estos mensajes a la era electrónica, ésa es la versión de la arquitectura de Le Corbusier con toda su robustez, en líneas simples".[68] Toyo Ito

Toyo Ito (nacido en 1941) se formó en la década de 1960, en plena efervescencia del Movimiento Metabolista. Terminó su etapa universitaria en coincidencia con los Juegos Olímpicos de Japón, durante el apogeo de la figura de Kenzo Tange. Trabajó con el metabolista Kiyonori Kikutake hasta 1969. En 1971, tras el fracaso de las ideas utópicas del Movimiento Metabolista en la Expo '70, Ito inició su trayectoria independiente, creó su oficina URBOT (Urban Robot), junto a Yoshiro Sofue y Midori Nada. Era un tiempo de crisis para la arquitectura japonesa, el propio Arata Isozaki afirmaba que: "los arquitectos japoneses ya no tenían futuro".

Pronto Toyo Ito se dejó influir por las ideas "revolucionarias" de Shinohara, se unió a una generación de arquitectos muy críticos con la ciudad como proyecto. Quienes, con su arquitectura introvertida, negaron no sólo la ciudad, sino también cualquier relación con la sociedad. A su vez, Ito fue crítico con el Metabolismo, consideraba que sus ideas seguían dentro del ámbito estético de la máquina. En 1979, Ito cambió el nombre de su oficina a Toyo Ito & Associates, coincidiendo con el inicio de la década de mayor esplendor para el país nipón en la historia moderna, tanto desde el punto de vista económico como tecnológico y social y, por ende, arquitectónico.

En plena euforia de la era de la electrónica, cuando Tokio era vista como "la ciudad del futuro", Toyo Ito se cuestionó la vigencia de las teorías

---

[68] Ito, "Simple Lines for Le Corbusier", 340-341.

arquitectónicas modernas de principios de siglo, basadas en el culto a la máquina. Al igual que Le Corbusier sesenta años antes, Ito se preguntó, ¿qué clase de arquitectura estaría en sintonía con los desarrollos tecnológicos del momento?

El mundo de las máquinas ejerció una fascinación particular en la mayoría de los arquitectos modernos. Desde principios de la década de 1920, Le Corbusier se apoyó en la estética de la máquina para idear una nueva arquitectura. Se asoció con el pintor Amédée Ozenfant y desarrollaron sus teorías puristas a través de la publicación de artículos en la revista fundada por ambos: *L'Esprit Nouveau*. En 1923 Le Corbusier recopiló sus artículos en un libro titulado *Vers une architecture*, como introducción a sus teorías acerca de una nueva arquitectura en la era de la máquina. Esto se traducía en la aplicación del taylorismo en la arquitectura doméstica, con su famoso eslogan: "la casa es una máquina para habitar", a la vez que definía el concepto de "equipamiento" en sustitución de los términos mobiliario y decoración.

En la década de 1980, Japón asumió el liderazgo en alta tecnología, en las áreas de electrónica de consumo, la industria de fabricación de automóviles e, incluso, robótica. Era el momento de la era de la información en una sociedad movida por el consumo. Toyo Ito manejó un concepto de información que se encontraba en el corazón de aquella ciudad cambiante: *súper-Tokio* fue la transformación de Tokio en información. Tokio representaba el futuro que Ridley Scott imaginaba en *Blade Runner* (1982): una ciudad virtual o de individuos virtuales. Poco antes, Paul Virilio en su *Esthétique de la disparition* (1980) afirmaba: "la vivienda es tan sólo la anamorfosis de un umbral. Mal que les pese a los nostálgicos de la historia, Roma no está ya en Roma; la arquitectura no mora en la arquitectura sino en la geometría, en el espacio-tiempo de los vectores; la estética de lo edificado se disimula en los efectos especiales de la máquina de comunicación, artefactos de transferencia o transmisión".[69] Roma estaba entonces en Tokio y así lo reflejaba el cine americano desde principios de la década.

---

[69] Paul Virilio, *Esthétique de la disparition* (Paris: Balland, 1980), 111.

En aquel estado cambiante de las cosas, Toyo Ito se fijó en la fascinación que el mundo de las máquinas ejerció sobre Le Corbusier y asumió que esa relación cercana entre arquitectura y tecnología era deseable. A principios de los ochenta, cuando la tecnología de vanguardia era la electrónica, Ito asumió la misión de traducir el mensaje mecanicista de Le Corbusier de acuerdo a la nueva era.

Mientras Le Corbusier aspiró a concebir "edificios como máquinas", donde la forma seguía a la función, en la arquitectura de Ito —de acuerdo con la tecnología de la electrónica— la relación entre forma y función desaparecía; su arquitectura se desmaterializaba o incluso aspiraba a desaparecer. Con la ambición de "construir una sociedad de la modernidad", en consonancia con los avances de la industria, basada en la producción y apoyada en la familia, Le Corbusier llegó a considerar a las máquinas como modelo para su arquitectura racional y paradigma de belleza. En el mundo acelerado y fluctuante de la década de 1980 en Japón, con habitantes cada vez más individualistas y hedonistas, Ito aspiró a satisfacer los deseos de aquella sociedad consumista gracias a una arquitectura en consonancia con la tecnología de la electrónica; anhelaba proyectar la imagen física de la era digital.

Ito publicó una serie de artículos, desde mediados de la década de 1980, donde explicaba sus teorías sobre una nueva arquitectura para la era de la electrónica: "Hacia la arquitectura del viento" (1985), "Una arquitectura que pide un cuerpo androide" (1988), "Un jardín de *microchips*. La imagen de la arquitectura en la era microelectrónica" (1993) o "Arquitectura en una ciudad simulada" (1991), por citar algunos. En todos ellos, mencionó reiteradamente a Le Corbusier, evidenciando que su actividad había estado siempre ligada al arquitecto suizo-francés. El punto de transmutación de la arquitectura formalista de Le Corbusier en la de líneas simples de Ito sucedió a lo largo de la primera mitad de la década de 1980.

Aquella liberación de la rigidez impuesta por las teorías lecorbusianas se reflejó en sus diseños de vivienda, desde el Proyecto Dom-ino (1980) hasta la Casa en Mamomezawa (1986), con el importante hito de la Casa en Hanakoganei (1983).

Dom-ino de Toyo Ito versus Dom-Ino de Le Corbusier

"Se considera a Le Corbusier el arquitecto moderno más influyente en la historia de Japón".[70] Sus teorías mecanicistas rigieron los postulados de la arquitectura japonesa por más de medio siglo. A pesar de que no visitó el país asiático hasta 1955, su filosofía de diseño estuvo presente en Japón desde la década de 1920, primero a través de sus publicaciones[71] y más tarde por medio de sus aprendices formados en París. Kunio Maekawa, Junzo Sakakura y Takamasa Yoshizaka trabajaron en el Atelier de Sèvres; Kenzo Tange se inspiró en el maestro suizo-francés para liderar el Movimiento Metabolista; Kisho Kurokawa proyectó su Nakagin Capsule Tower (1972) basado en el sistema que Le Corbusier ideó para la Unite d'habitation de Marsella (1946-1952); formalmente continuó inspirando a arquitectos japoneses desde Kazuo Shinohara hasta Tadao Ando; más velada pero no menos crucial es su huella en la trayectoria profesional de Toyo Ito y Kazuyo Sejima.

Mientras que en la década de 1970 Toyo Ito siguió postulados próximos a Shinohara, diseñando una arquitectura formalista e introvertida que negaba la ciudad y la sociedad —cuyo ejemplo paradigmático fue la casa White U (1976)—, en 1980 decidió cambiar de actitud con su Proyecto Dom-ino. Si la Casa White U se inspiró formalmente en la Villa Savoye (1929) —como advirtió Kikutake—,[72] el Proyecto Dom-ino (1980) de Ito se apoyó conceptualmente en la *maison* Dom-Ino de Le Corbuiser de 1914.

Tras la Primera Guerra Mundial, Le Corbusier se dio cuenta que la gran prioridad era el realojamiento de la población y para ello era fundamental la

---

[70] Hajime Yatsuka, entrevista con la autora, Tokio, 21 de diciembre de 2012.
[71] La obra de Le Corbusier viajó a Japón a través de sus numerosas publicaciones. *L'art décoratif d'aujourd'hui* (1925) fue traducido por Kunio Maekawa en 1930. Los clientes japoneses se vieron influidos por la arquitectura exterior a través de *Kenchiku-zasshi* (revista de arquitectura) que ilustraba la arquitectura occidental desde 1913. Para más información ver: Peter McNeil, "Myths of Modernism: Japanese Architecture, Interior Design and the West, c. 1920-1940", *Journal of Design History*, vol. 5, núm. 4 (1992), 281-294.
[72] "Hay un *collage* en el cual se superponía una fotografía de una porción del segundo piso de la Villa Savoye con la casa White U. El día que White U apareció en las revistas, recibí una llamada de Kikutake quien decía: 'Esa casa es fantástica. Me recuerda a la Villa Savoye'. Esa es la razón por la que creé el fotomontaje en el momento de la exposición". Toyo Ito, *Toyo Ito 1971-2001* (Tokyo: TOTO Publishing, 2013), 39.

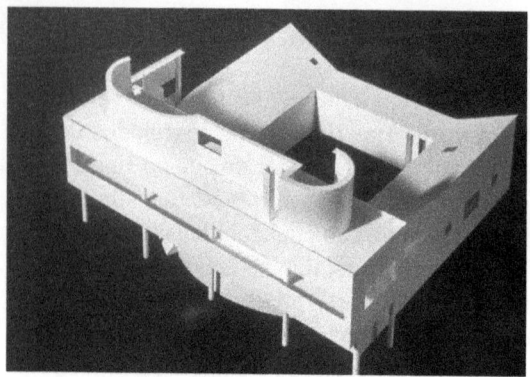

Fotomontaje de la Casa White U y la Villa Saboya, Toyo Ito, 1976. Cortesía de Toyo Ito & Associates, Architects.

racionalización de la construcción, a través de viviendas estandarizadas de bajo costo. Esto lo motivó a desarrollar patentes sobre diversos sistemas de construcción prefabricados de hormigón. El resultado más significativo de este interés fue el llamado sistema Dom-Ino (1914) que consistía en una losa horizontal de hormigón lisa, con pilares de hormigón retranqueados desde el borde de la losa, de manera que las fachadas pudieran ser independientes. El sistema implicaba la posibilidad de planificación libre del interior, así como la apertura (o cierre) de la fachada, según el antojo del usuario. Aquello interesó especialmente a Ito, quien llegó a proponer en su proyecto Dom-ino (1980) distintas opciones de amueblamiento y soluciones para la cocina. El proyecto Dom-ino de Toyo Ito supuso el inicio de la ansiada liberación de la manipulación formal impuesta por la función.

> Para mí, este proyecto (Dom-ino) fue el punto de arranque para comenzar a revisar una vez más la ciudad que iba cambiando rápidamente, y para considerar de nuevo la arquitectura desde el punto de vista de la vida urbana[73]. Toyo Ito

---

[73] Toyo Ito, "Líneas simples para Le Corbusier", en José María Torres Nadal (ed.), *Toyo Ito, Escritos* (Murcia: Colegio Oficial de Aparejadores y Arquitectos Técnicos Librería Yerba, 2000), 151-160.

Proyecto Dom-ino, Toyo Ito, 1980. Cortesía de Toyo Ito & Associates, Architects.

La Dom-Ino de Le Corbusier aglutinaba sus cinco puntos para una nueva arquitectura y encerraba la posibilidad de producción en serie. Ito no sólo se inspiró en la patente de Le Corbusier sobre sistemas de construcción prefabricados de hormigón, sino que utilizó el mismo nombre, Dom-ino, el cual parece derivar de la combinación de las palabras domicilio e innovación. Ito se interesó en él por el hecho de que ofrecía al usuario la oportunidad de elegir. Consciente del creciente poder femenino en el Japón de los ochenta y cuestionando su papel como arquitecto-autor, Toyo Ito publicó su proyecto Dom-ino en la revista femenina *Croissant*,[74] "buscando conocer la opinión de las amas de casa". Kazuyo Sejima —entonces becaria en la oficina de Ito— estuvo al cargo del proyecto y diseñó los folletos de promoción del mismo, publicado en una revista que, en aquel tiempo, estaba enfocada a mujeres trabajadoras treintañeras.

[74] *Croissant* 94 (1981) Heibon Shuppan.

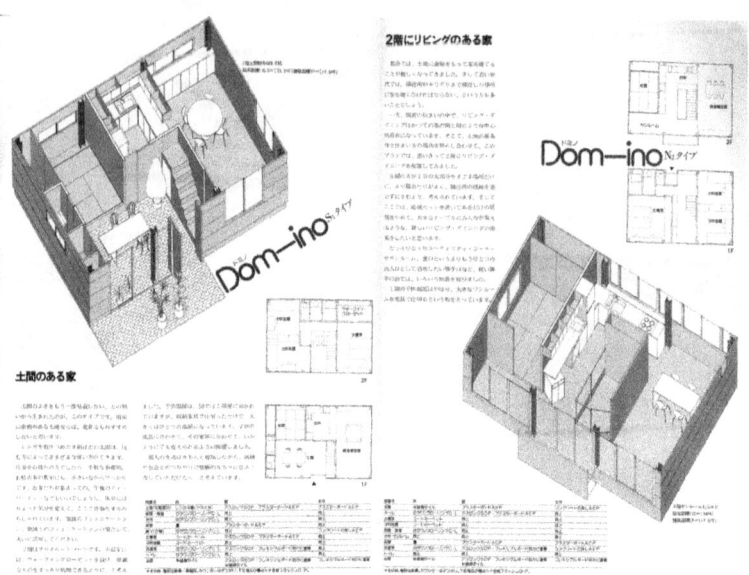

Proyecto Dom-ino, Toyo Ito, 1980. Cortesía de Toyo Ito & Associates, Architects.

El proyecto Dom-ino de Ito "tenía el propósito de intentar la comercialización de una vivienda pequeña hecha de hormigón armado y bajo coste".[75] A raíz del éxito de la publicación, Ito diseñó una serie de proyectos, entre ellos la Casa en Koganei (1980) y la Casa en Umegaoka (1981-1982), que continuaban fieles a los postulados estéticos de Le Corbusier. El único proyecto construido fue la Casa en Umegaoka, similar formalmente a la *Maison du Tonkin* (1924) —donde por vez primera Le Corbusier puso a prueba su sistema Dom-Ino— y a la Casa Guiette (1926).

Mientras que la Dom-Ino de Le Corbusier pretendía desarrollar "una nueva moral urbana", la de Toyo Ito trataba de descubrir cómo debían ser "las casas de la nueva era". A su vez, si la Dom-Ino de Le Corbusier buscaba afrontar las ruinas de la ciudad tras el desastre de la guerra, la Dom-ino de Ito aspiraba a afrontar las ruinas de las propuestas urbanas metabolis-

---

[75] Toyo Ito, "Hacia una arquitectura del viento", en Torres Nadal, *Toyo Ito, Escritos*, 21-44.

Villa Savoye, Le Corbusier, 1929-1931.   Casa en Umegaoka, Toyo Ito, 1982.

tas utópicas. A pesar de la aspiración inicial de ofrecer libertad al usuario, el proyecto Dom-ino (1980) derivó en una arquitectura introvertida en relación con la ciudad. De hecho, la similitud de los interiores de la Casa en Umegaoka (1982) y la Villa Savoye (1929) evidencian el hecho de que Ito seguía atrapado en las convenciones del paradigma dominante, lo que Fumihiko Maki denomina "el síndrome de Le Corbusier".[76]

Casa HanaKoganei versus el Diario de Adèle

Fue en la primavera del año 83 cuando se terminó la Casa de Hanakoganei. Creo que en esta obra pude, por primera vez, realizar un proyecto sin estar sujeto a manipulaciones formales.[77] Toyo Ito

---

[76] Fumihiko Maki, "The Le Corbusier Syndrome: On the Development of Modern Architecture in Japan", en *Nurturing Dreams: Collected Essays on Architecture and the City* (Cambridge: The MIT Press, 2015), 180-192.
[77] Ito, "Hacia una arquitectura del viento", 21-44.

Casa en Hanakoganei, Toyo Ito, 1982-1983

Durante la construcción de la Casa en Umegaoka (1981-1982), Ito comenzó a diseñar la Casa Hanakoganei (1982-1903). Este proyecto marcó un punto de inflexión en la relación de Ito con Le Corbusier —se liberó de la formalidad impuesta por la máquina— y en la transformación de su obra hacia líneas simples. A su vez, en la Casa en Hanakoganei, Ito introdujo una serie de estrategias, como la apertura hacia el exterior, que más tarde implementaría en los proyectos Silver Hut (1983-1984) y la Casa en Magomezawa (1985-1986).

Toyo Ito empleó dos sistemas estructurales en la Casa Hanakoganei: uno pesado en la planta baja (hormigón armado) y otro ligero para el resto (madera y metal). Al mismo tiempo, la vivienda estaba compuesta por dos espacios: uno abierto bajo una cubierta en bóveda rebajada y un espacio cerrado con un tejado a dos aguas. Lo interesante es el espacio abierto, dado que, por primera vez, Ito utilizó una bóveda y se abrió al exterior, tanto a la ciudad como a la naturaleza. Otro aspecto muy interesante que esta vivienda introduce es una componente de temporalidad material y formal. La estructura metálica confeccionaba una cubrición con aspecto provisional, como los hangares o los invernaderos, antecedente de las cubiertas de Silver Hut y la Casa en Magomezawa.

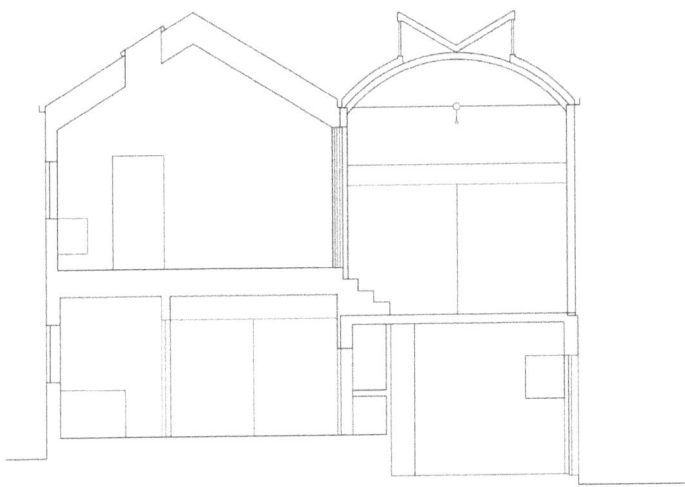

"Adèle's Dream", Toyo Ito, 1984. Dibujo de la autora.

Lo intrigante es que, en el año 1984, Toyo Ito publicó las imágenes y los planos de la Casa en Hanakoganei en la revista *Japan Architect*, junto a un artículo con el título "Adèle's Dream",[78] donde escribió:

> El croquis había sido garabateado en un apartamento en París en un sombrío día de invierno. Un fuerte deseo de un sol resplandeciente y aire fresco debió haber ocupado la mente de Adèle. [...] Tratando de crear un espacio abierto, un espacio como el que soñó Adèle, donde fluye abundantemente los rayos de sol y el viento sopla a través como si se tratara del exterior.

Justo en 1983, Ito inició un grupo de investigación privado en su oficina, junto con otros arquitectos de su generación, que duró hasta 1984. Entre los participantes en aquellas reuniones denominadas Reuniones Adèle[79]

---

[78] Toyo Ito, "Adèle's Dream; Architects: Toyo Ito, Architect and Associates", *Japan Architect* vol. 59, núm. 323 (marzo de 1984), 49-54.
[79] Adèle Hugo fue el nombre de la hija de Víctor Hugo, cuya historia de vida real se cuenta en la película *L'Histoire d'Adèle H.* (1975).

estaban: Itsuko Hasegawa, Kijo Rokkaku, Osmu Ishiyama y Riken Yamamoto. El objetivo del grupo era reflexionar acerca de mobiliario y nuevos estilos de vida en la ciudad de Tokio. Para ello estudiaron los diseños de una colaboradora de Le Corbusier en las décadas de 1920 y 1930 en París, "alguien como Perriand",[80] en palabras del propio Toyo Ito. Imaginaron los diseños que Adèle solía garabatear en un café parisino que Le Corbusier y Picasso frecuentaban. La Casa en Hanakoganei era "la casa soñada por Adèle", cuyos bocetos Ito supuestamente encontró en su diario.

El interés de la sociedad japonesa por el interior doméstico en la década de 1980 —fruto del despegue del consumismo del arte de la vida— motivó el redescubrimiento de la figura de Charlotte Perriand entre los arquitectos y diseñadores japoneses. Ellos buscaban referentes para afrontar el diseño de su arquitectura doméstica, y la aportación de Perriand había sido crucial desde antes y después de la Segunda Guerra Mundial. Su papel como arquitecta francesa, colaboradora de Le Corbusier, vínculo entre Occidente y Japón;[81] su actitud de integración de las ideas mecanicistas de Le Corbusier con la filosofía del movimiento Mingei; y su "vida de arte", se presentaron en la década de 1980 en Japón

---

[80] Toyo Ito, entrevista personal con la autora, Tokio, 20 de diciembre de 2012.
[81] Aunque normalmente se les atribuye a Sakakura y a Maekawa el papel de emisarios de las teorías de Le Corbusier en Japón, Charlotte Perriand se convirtió en la verdadera embajadora de las ideas del maestro suizo-francés en el país nipón, en especial sobre arquitectura doméstica. Perriand estableció un diálogo o intercambio durante casi medio siglo. Contratada por el Ministerio de Comercio e Industria Japonés, sucesora de Bruno Taut en Japón, su postura de integración se hizo evidente en la exposición *Contribución al equipamiento interior de la vivienda, Japón 2601. Selección, tradición, creación*, la cual organizó junto a Junzo Sakakura en 1941. En 1955 —coincidiendo con la visita de Le Corbusier a Japón con motivo del encargo del Museo de Arte Occidental de Tokio—, Perriand organizó la exposición *Proposition d'une synthèse des arts, París 1955: Le Corbusier, Fernand Léger, Charlotte Perriand*. Ésta mostraba la obra de Le Corbusier, junto a la de Fernand Léger y Charlotte Perriand en los grandes almacenes Takashimaya de Tokio, y marcó un interés renovado por el arquitecto francés y su obra en Japón. El broche final sería la conferencia que Perriand impartió en Japón en 1987, con motivo del centenario del nacimiento de Le Corbusier, junto a una exposición organizada en su nombre. Para más información, consultar: Marta Rodríguez, "Charlotte Perriand. Un mestizaje Japón-Europa", en Pilar Garcés y Lourdes Terrón (eds.), *Itinerarios, viajes y vontactos Japón-Europa* (Berna: Perter Lang AG, 2013), 775-785.

Charlotte Perriand, 1927.

Silver Hut, Toyo Ito, 1984. Cortesía de Toyo Ito & Associates, Architects.

como nicho de inspiración para la creación de mobiliario, nuevos modos de vida y arquitectura.

Curiosamente, las teorías mecanicistas de Le Corbusier tuvieron detractores en Francia, desde principios de la década de 1930, entre las filas de los miembros de la uam, instigadas por su propia colaboradora Charlotte Perriand. Las afinidades de apreciación sensual de los miembros de la uam manifestaban un retorno común a "elementos sensoriales", en contraste con el dogmatismo rígido impuesto por Le Corbusier.[82] En particular, Perriand argumentaba que Le Corbusier estaba demasiado interesando en asociaciones estéticas y simbólicas con la máquina, en lugar de enfocarse en la exploración de nuevas posibilidades técnicas o en la experimentación con las propiedades físicas de los materiales.

---

[82] Para ampliar esta información, consultar: Caroline Constant, *Eileen Gray* (Londres: Phaidon, 2000), 139.

Toyo Ito se fijó en Perriand —quien a principios de 1928 transformó el espacio de la galería de *la Maison* La Roche de Le Corbusier—, en coincidencia con su ambición de crear una "nueva arquitectura" como superación de la era de la máquina y liberación de su *alter ego*, Le Corbusier.

Pao I: icono de la era de la electrónica

Mientras que el problema de la época en la Francia de la década de 1920 era la producción, en el Japón de la década de 1980 era el consumo. Le Corbusier describió la casa-máquina[83] como un objeto de producción en masa, inspirado en la industria del automóvil y basado en el mecanismo familiar. Aplicó un análisis taylorista a los componentes del interior, proponiendo el concepto "equipamiento" en sustitución de la palabra mobiliario, a fin de eliminar lo decorativo del hábitat humano. En el Tokio de los ochenta, ciudad efímera y provisional, pueblo ficticio, donde la vida parecía pseudoreal, la existencia era nómada. Toyo Ito habló entonces de conceptos como la libertad (individual), la comodidad o el placer, en sintonía con una sociedad cada vez más hedonista. La casa nómada era en realidad la negación de la necesidad de una casa para la sociedad japonesa de la época, basada en el individuo aislado.

En lugar de la máquina de habitar, Toyo Ito —que compartía con Marshall McLuhan (1911-1980) la idea de que la arquitectura debe funcionar como la forma extendida de la piel— propuso el concepto de la casa nómada o casa como vestido: cubrición o envolvente a la manera de un ropaje metálico. El individuo se libraba de la rigidez formal y funcional de la casa-máquina, dado que simplemente necesitaba una envolvente ligera. Ito planteó una nueva arquitectura como protección metálica, liviana y abstracta, que superaba el concepto de arquitectura *cyborg* de Kurokawa, y la arquitectura androide de Archigram.

---

[83] La fórmula de las "máquinas de habitar" ayudó a Le Corbusier y a algunos otros arquitectos a reconsiderar el diseño y la construcción de la casa. Le Corbusier defendía "el problema de la vivienda es el problema de la época". Le Corbusier: *Vers une architecture* (París: G. Cres, *1923*), 210.

Justo en el ecuador de la década de 1980, Ito diseñó Pao I: Prototipo de Instalaciones Compactas para la Mujer Nómada de Tokio. El proyecto se mostró en 1985, con motivo de una exposición en los grandes almacenes Seibu, en la zona comercial de Shibuya en Tokio. Pao I incorporaba tres tipos de "(pre)mobiliario inteligente": para la moda, para el aperitivo y para la inteligencia. La casa explotaba, desaparecía en una suma de muebles inteligentes, que no sólo se abría a la ciudad, sino que se dispersaba por ella: la ciudad era la casa.

El concepto de *Pao* se movió entre lo real y lo virtual, entre lo primitivo y lo tecnológico. Con la pretensión de la desaparición del objeto arquitectónico, Pao I se fabricó con alambre colgado, anillos de tubo de acero y tela translúcida. La arquitectura se desmaterializaba para albergar a un sujeto con un cuerpo virtual. Pao I (1985) representó el paradigma de la arquitectura de líneas simples, caracterizada por su naturaleza efímera. El proyecto Pao I se convirtió en icono de la era de la electrónica, por tratarse del paradigma de una arquitectura sin forma: una cubierta que consistía en un armazón metálico de cables con retales de tela translúcida, lo cual permitía una total permeabilidad entre exterior e interior (social y urbano). Era un paraguas que no protegía de la lluvia, del sol o del viento, y se alejaba de la formalidad de la Casa Paraguas de Shinohara (1961).

Ito utilizó el círculo en un sentido purista, como generador tanto de los objetos como de la cubrición o envoltura de tela, a la manera en que Le Corbusier, Jeanneret y Perriand lo usaron para diseñar la *Chaise Longue*.[84] Al igual que Le Corbusier encomendó a Perriand el diseño de la *Chaise Longue* (1928) —icono de la era de la máquina[85]—, Toyo Ito puso a Kazuyo Sejima al frente del diseño de Pao I (1985) —emblema de la era de la electrónica. Tanto Perriand como Sejima posaron como modelos habitando ambos objetos, con el fin de promocionarlos.

[84] "El círculo se utiliza de manera casi obsesiva en un desplazamiento vertical que genera todo el conjunto. Los círculos dialogan con el cuerpo humano, se acoplan, parten de él o lo envuelven. Tanto el armazón como los objetos tienen una dimensión antropométrica y las formas se distancian del cuerpo para permitir su movimiento como un ropaje tridimensional". Marta Rodríguez, "Arquitectura *Petite*: Charlotte Perriand & Kazuyo Sejima. Una Historia Transnacional", (Madrid: Universidad Politécnica de Madrid, etsam, 2013).
[85] Para más información, consultar: Marta Rodríguez, "Petite Architecture", en Denna Jones (ed.), *Architecture: The Whole Story* (Londres: Thames & Hudson, 2014), 460-461.

Pao I representó la conquista de la arquitectura en la era de la electrónica, donde se daba una disociación entre forma y función. Su carácter provisional y ligero implicaba la movilidad, como residencia transportable, de acuerdo a una tecnología digital cambiante. Ito propuso una revolución del espacio doméstico: el espacio privado que se desarrolla en el ámbito público. Diseñado para un tipo de vida informal, el de la mujer japonesa hedonista que anhelaba un nuevo sitio desde donde posicionarse frente al mundo, su casa se desperdigaba por la ciudad para favorecer el consumo. Aquellos nómadas[86] a los que aludía Toyo Ito, sólo necesitaban su ropa para derivar a través de la megalópolis de Tokio; su nomadismo se daba en los espacios de la moda y vivían su vida cotidiana como un sueño. La arquitectura de Pao I adquirió la simplicidad a la que Ito aspiraba, como refugio temporal para los miembros de la nueva sociedad japonesa integrada por nómadas urbanos habitando una enorme *desiring machine* (Tokio).[87]

Silver Hut y la Casa en Magomezawa: arquitectura de líneas simples

Toyo Ito definió el "cuerpo real" como la suma del ser corporal, y el "cuerpo virtual", formado por la acción de la información. Mientras que *Pao* era la vivienda para los habitantes urbanos que disponían de un cuerpo virtual, Ito describió en su artículo "Líneas simples para Le Corbusier" que su intención había sido que: "Silver Hut estuviera precisamente en el punto de cruce de la vivienda de los residentes con cuerpo real y, por otro lado, del *Pao* donde viven los nómadas".[88]

---

[86] El concepto nómada inspiraría su restaurante Nómada (1986), escenario idóneo de *Blade Runner* (1982), construido en sólo dos meses y derribado tras poco más de medio año.
[87] Ito tomó prestado el término nómada y su nueva interpretación a partir de los escritos de los filósofos franceses Gilles Deleuze y Félix Guattari, como *Mil mesetas: Capitalismo y esquizofrenia*, y lo aplicó a las condiciones urbanas japonesas. Para más información, consultar: Botond Bognar, *Beyond the Bubble: The New Japanese Architecture* (Londres: Phaidon Press Ltd., 2008), 39.
[88] Ito, "Líneas simples para Le Corbusier", 151-160.

White U y Silver Hut, Toyo Ito, emplazamiento urbano en Tokio.

Es en mi obra Silver Hut donde yo quería que se plasmara, precisamente, la diferencia entre mi obra y la de Le Corbusier.[89]. Toyo Ito

Ito comenzó a diseñar Silver Hut (1983-1984) —su propia casa— poco después de la Casa Hanakoganei (1982-1983). La obra supuso una evolución: su liberación de la formalidad funcionalista lecorbusiana. Silver Hut se posicionó justo en el solar contiguo a la casa White U (1976). Frente a un proyecto cerrado, Ito construyó uno abierto a la sociedad y al entorno, con una cubierta que flotaba. La condición desmontable y temporal impregnaba el conjunto, gracias a una estructura, una cubierta y un cerramiento metálicos. "Ito, por aquel entonces, estaba interesado en la ligereza y en la luz (*lightness and light*), le interesaba el color plata (*silver*), el cual refleja la luz, da luz y es ligero. De hecho, su casa es *silver*

---

[89] Ito, "Líneas simples para Le Corbusier", 151-160.

Casa en Magomezawa, Toyo Ito, 1985-1986.

porque es como el brillo del sol, el color más claro porque es brillante, no es blanco o negro, es el color más luminoso".[90]

Las aspiraciones de Toyo Ito tuvieron su culminación en la Casa en Magomezawa (1985-1986). Ésta se liberaba de la formalidad impuesta por la estructura. Un andamiaje provisional construía la imagen final de la casa y generaba espacios de indefinición funcional. La casa en Magomezawa estaba dividida en dos estructuras: una de hormigón enterrada y otra metálica, más ligera y simple que la de la Casa en Hanakoganei. A su vez, la fachada como andamiaje provisional y estructural se disociaba de la forma del edificio, como una evolución de Silver Hut. En la Casa en Magomezawa había una mayor simplicidad en la estructura y la forma "desaparecía." La confusión entre interior y exterior era total, la casa se abría a la ciudad y a la sociedad. El aire y la luz atravesaban el edificio confeccionado por líneas simples. De hecho, se asemejaba a un diagrama que aglutinaba todas las características de la arquitectura de líneas simples de Toyo Ito.

[90] Kidosaki, entrevista, 10 de agosto de 2012.

En un contexto volátil, la arquitectura de Toyo Ito se libera de su existencia formal. Se detectan una serie estrategias o características que el autor utilizó para concebir sus edificios, acordes con la era de la electrónica, para ello, el arquitecto japonés se apoyó en la ambigüedad formal y funcional: si se anula la forma, se elimina su relación con la función y viceversa. En este sentido, la materialidad era un aspecto clave; frente a la formalidad del hormigón, las líneas simples del metal, que confieren translucidez y transparencia. La apertura del interior al exterior y la permeabilidad del objeto ante los agentes atmosféricos también posibilitan la confusión formal. El papel de Kazuyo Sejima en la oficina de Ito fue crucial a la hora de concebir una arquitectura de líneas simples.

Gracias a una estrategia que cuestionaba la condición de durabilidad y proponía el carácter provisional de las estructuras propias de refugios temporales de invernaderos: habitar la cabaña urbana; estructuras como los andamiajes temporales que se disocian del espacio habitado y crean espacios intermedios con indefinición formal y funcional. Frente al eslogan lecorbusiano, *"L'architecture est le jeu magnifique des formes sous la lumière"*,[91] la luz y el aire atraviesan los edificios de Ito, quien usa materiales reflectantes y futuristas: el color plateado refleja la luz, a la vez que es ligero.

Ito ensayó las siguientes estrategias arquitectónicas: desmaterialización, permeabilidad interior-exterior, indefinición funcional, provisionalidad, liberación formal respecto a la estructura, ligereza y arquitectura como vestido. Kazuyo Sejima ayudó a Ito en su misión de traducir la era de la máquina en la era de la electrónica, durante el periodo de 1980 a 1986. Ella colaboró en los cinco proyectos que definieron la transfiguración de "Le Corbusier en líneas simples": Dom-ino, casa en Hanakoganei, Silver Hut, Pao I y la Casa en Magomezawa. Conocedora de la obra de Le Corbusier, Charlotte Perriand y Eleen Gray, Sejima no sólo inspiró y estuvo al cargo del diseño de Pao I, sino que también fue responsable del proyecto de la Casa Hanakoganei haciendo posible el sueño de Adèle en Hanakoganei —la casa para sus padres[92].

---

[91] Le Corbusier, *L'Art décoratif d'aujourd'hui* (París: Éditions G. Crès, 1925).
[92] Kazuaki Hattori, entrevista con la autora, Tokio, 28 de diciembre de 2012.

CHARLOTTE PERRIAND MODERNA, KAZUYO SEJIMA NÓMADA

Taburetes de acero tubular y mesa de níquel. Apartamento ático en Place Saint-Sulpice, Perriand, 1927.

Casa Pequeña, Kazuyo Sejima & Associates, 1990.

En momentos y lugares distantes, pero próximos en cuanto a la liberación social de la mujer trabajadora, ésta adquirió poder como consumidora directa del espacio doméstico. En la primera mitad de las décadas de 1920 en Francia y de 1980 en Japón, las mujeres fueron las nuevas clientas, tanto de mobiliario como de vivienda; este hecho impulsó un nuevo protagonismo de la mujer en la arquitectura, notorio en la segunda mitad de ambas décadas.

Le Corbusier y Toyo Ito fueron conscientes del amplio espectro de posibilidades que el mercado de la vivienda ofrecía en aquel momento. Ambos ofrecieron la oportunidad de colaboración a Charlotte Perriand y a Kazuyo Sejima, respectivamente, quienes encarnaban a la mujer moderna y a la mujer nómada, para las que trataban de proyectar su "nueva arquitectura". Ellas aprovecharon la oportunidad para convertirse en un nuevo tipo de arquitectas: diseñaron desde un juego de té hasta una silla de madera, desde un espejo hasta el más tecnológico de los interiores metálicos, desde una pequeña casa hasta un gran edificio a escala urbana. Ambas fueron pioneras tanto a la hora de proponer proyectos —ya fuera de mobiliario o de arquitectura— a la medida de su propio cuerpo, como de utilizar su imagen como reclamo publicitario para promover sus creaciones.

Nueva feminidad y consumo

La emergencia de lo que en la prensa francesa de la década de 1920 se denominó "nueva mujer", en relación con el movimiento de reforma del espacio doméstico, tuvo lugar de un modo similar en los años ochenta en Japón. El poder económico de la mujer, unido a un protagonismo mediático, la condujo a ostentar un papel principal como consumidora directa de espacio doméstico, en ambos lugares y tiempos apartados. Esto desafió la experimentación arquitectónica en materia de vivienda, desde el interior, en la segunda mitad de ambas décadas, hecho que permitió un cambio en los roles de las mujeres en la profesión, quienes fueron invitadas a colaborar con "maestros" de la arquitectura.

En la década de 1980 en Japón, al igual que había ocurrido en la de 1920 en Francia, los cambios industriales y postindustriales, respectivamente, propiciaron una revolución social en favor de una sociedad más igualitaria, donde la mujer adquirió libertad, como fruto de las nuevas posibilidades de trabajo. Lo anterior favoreció su poder como agente de consumo directo, a la vez que adquirieron relevancia en los medios de comunicación.

En ambos casos, los cambios sociales estuvieron asociados a la revolución femenina y ésta tuvo eco en la revolución arquitectónica, que ocurrió de manera casi paralela. También se comenzó a hablar de un nuevo nomadismo asociado a la vida urbana: de fin de semana en el caso francés, debido a las novedosas vacaciones pagadas para la clase obrera; y un nomadismo asociado a la liberación del concepto de *Oyome*[93] en el caso japonés, traducido en la necesidad de atender los deseos de la nueva "familia nuclear", que comenzaba a disfrutar de viajes de fin de semana fuera de la ciudad.

La sociedad del momento requería una reflexión acerca de los nuevos estilos de vida que en arquitectura pasaban por una reforma doméstica. Tradicionalmente, la mujer había sido la responsable del "arte de vivir" y entonces, universitaria y urbana, ostentó un papel protagonista como arquitecta. En un inicio, el nuevo rol femenino estaba relacionado con el diseño industrial del espacio doméstico. Como veremos, Perriand y Sejima se beneficiarían de este hecho para proponer su experimentación basada en la negación de la jerarquía entre arquitectura y mobiliario.

Nueva mujer francesa y arquitectura

> La imagen de la mujer como guardiana de la estética de la casa (*femme au foyer*) se intensificó en Francia durante el clima conservador de la posguerra.[94]

La década de 1920 en Francia fue denominada los *Années Folles*. Comenzaron después de la Gran Guerra y terminaron con la crisis económica

---

[93] Tradición japonesa donde la joven esposa vive bajo las órdenes de la madre de su marido y convive con los progenitores de éste.
[94] Mary McLeod, *Charlotte Perriand. An art of living* (Nueva York: H.N. Abrams y Architectural League of New York, 2003), 11.

de 1929. Tras la dureza del conflicto bélico, los franceses abrazaron la década de 1920 como la oportunidad perfecta para comenzar a pensar en un nuevo futuro; la ocasión para un estilo de vida diferente y moderno, que trataba de construir una nueva sociedad superando "los prejuicios de la tradición". París fue el epicentro de esta mentalidad. El cambio más importante fue para la mujer. El ocio y el consumo comenzaron a formar parte de la vida habitual. La industria del automóvil —medio de transporte que era todo un símbolo de modernidad y elegancia— se encontraba en pleno desarrollo y democratización. París fue testigo del surrealismo, del *Art Déco* y de una transformación radical en la moda femenina. Todo ello impulsó una nueva libertad para la mujer, que se convirtió en una de las principales protagonistas de la década.

En los medios de comunicación franceses se comenzó a abordar el concepto de *femme nouvelle*, asociado a una revolución femenina: una mujer con mayor libertad en la sociedad, activa e independiente, fruto de su inclusión en el mundo laboral. Ellas habían comenzado a trabajar a finales del siglo xix. La Guerra motivó que la mujer sustituyera al hombre en las fábricas. Después, las mujeres, mayor en número, exigieron el derecho al trabajo y así los roles tradicionales se vieron alterados. Esto tuvo como reflejo el nacimiento de una ola de feminismo en Europa de 1880 a 1930. El Congreso de las Mujeres en Zúrich en 1919 fue un hito importante en este sentido. En Francia, la Unión Nacional para el Voto de las Mujeres *(Union Nationale pour le Vote des Femmes)* estuvo activa desde 1925 y durante la década de 1930.[95]

La costura francesa se sumó a la nueva ola feminista y marcó la tendencia en la moda del momento. Así, los primeros pasos para la liberación de la mujer se tradujeron en un cambio en la ropa: de pesada a ligera, de rígida a fluida, de formal a relajada. Diseñadores de la época como Jean Patou, Lanvin Jeanne, Paul Poiret o Coco Chanel se encargaron de crear una fantasía visual de libertad femenina. En 1917, Paul Poiret despojó a la mujer del constreñimiento del corsé. Pocos años después,

---

[95] Marie Kennedy y Chris Tilly Source, "Socialism, Feminism and the Stillbirth of Socialist Feminism in Europe, 1890-1920", *Science & Society,* vol. 51, núm. 1, 6-42.

Vista trasera de un vestido de Paul Poiret, 1927.

Coco Chanel las vistió con un material elástico y suave llamado jersey. El fenómeno se hizo visible también en el contexto más amplio de la vida y las artes. De hecho, la ligereza asumida por la moda más tarde se trasladaría al mobiliario y a la arquitectura.

La mujer francesa no sólo se vio libre de la opresión del corsé, de los sombreros grandes y de los vestidos pesados, sino que alteró por completo su imagen: se cortó el cabello y comenzó a fumar en público. La imagen de la mujer moderna estaba asociada a cierto aire andrógino, como parte de su liberación. A lo largo de la primera mitad de la década, numerosas imágenes mostraban a aquella nueva mujer en revistas y otras publicaciones, desde los maniquíes de Poiret a las fotos de la modelo Lee Miller tomadas por Man Ray.

La *femme* de París se había asociado tradicionalmente al buen gusto. La nueva imagen andrógina anunciaba una ruptura de la alianza entre gracia femenina, espacio interior y artesanía refinada francesa, imperante desde el siglo xviii. A finales del siglo xix el escritor y coleccionista Octave Uzanne denunció la sencillez de las *femmes nouvelles* en perjuicio de las artes decorativas francesas, que carecían de forma femenina y ornamento. En su obra *La femme à París, nos contemporaines*,[96] Uzanne afirmaba que aquella sobriedad socavaba el estilo de una mujer parisina orgánica y decoradora, a la vez que discutía las implicaciones de esta nueva postura en los órdenes urbanos y nacionales. Él celebraba la capacidad de la mujer para adornar su propio cuerpo y los espacios interiores, a los que pertenecía naturalmente, sumando los conceptos: decorativo y mujer decorada.[97]

La prosperidad económica, vinculada a la nueva era industrial, estimuló el consumismo en la segunda parte de la década de 1920. La radio abrió la era de los medios de comunicación y de la cultura de masas, lo cual intensificó la autoridad de la mujer como consumidora de "arte de la vida" y, en última instancia, como diseñadora y arquitecta.

En la segunda mitad de la década, *The Golden Twenties*, la prensa, el cine y la literatura se refirieron a la "nueva mujer" en Francia como independiente y libre de participar en la vida urbana. Las mujeres ganaron entonces una nueva importancia en las artes decorativas. Además de Perriand, Eileen Gray, Hélène Henry, Lucie Holt Le Son o Lucie Renadot[98] fueron algunas diseñadoras de renombre, mujeres que adquirieron creciente relevancia en el panorama del arte decorativo francés.

Mujer moderna y arquitectura

La supervivencia del Movimiento de Artes y Oficios (*Arts and Crafts Movement*) después de la Primera Guerra Mundial, sirvió de marco para el

---

[96] Octave Uzanne, *La femme à París, nos contemporaines* (París: Libraires-Imprimeries Réunies, 1894)
[97] Silvana Rubino, "Bodies, Chairs, Necklaces: Charlotte Perriand and Lina Bo Bardi", *Cuadernos Pagu, Campinas* 34 (2010), 331-362.
[98] McLeod, *Charlotte Perriand. An art of living*, 59.

trabajo de las mujeres profesionales y aficionadas en la arquitectura, así como de las artes aplicadas.[99]

A principios del siglo XX, los debates en torno a la mujer y la arquitectura se centraron en las diferencias de género socialmente construidas que asignaron la práctica de la arquitectura a los hombres; hasta que las condiciones fruto de la Primera Guerra Mundial y el movimiento sufragista se combinaron para forzar una revaluación del papel de la mujer en la profesión. La mujer no participó en la arquitectura en número considerable hasta la década de 1920; su lugar en la profesión coincidía con la definición de Robert Atkinson, director de la Architectural Association School of Architecture en 1917: las mujeres encontrarían oportunidades, por sus habilidades, más particularmente en la arquitectura decorativa y doméstica, en lugar de la planificación de los edificios de diez a doce pisos de altura.[100]

Para superar el ámbito de lo decorativo, las mujeres se asociaron con hombres arquitectos, de ahí las historias de famosas parejas de "maestros" y arquitectas colaboradoras: Alvar Aalto y Aino Aalto, Mies van der Rohe y Lilly Reich, Walter Gropius y Truus Schröder-Schräder, Jean Bacovici y Eileen Gray, Ernest May y Schütte-Lihotzky, Gerrit Rietveld Schröder y Truus-Schräder y Le Corbusier y Charlotte Perriand, entre las más reconocidas en Europa en aquel momento.

En la Francia de la preguerra, Charlotte Perriand y la diseñadora irlandesa Eileen Gray fueron las únicas mujeres trabajando en arquitectura.[101]

Eileen Gray se formó en la Escuela Slade de ucl como artista y se convirtió en arquitecta autodidacta y diseñadora con un intenso interés en los materiales. En 1917, la edición en inglés de *Vogue* publicó un artículo que ensalzaba el valor de sus lacas, mostrando el prematuro protagonis-

---

[99] Lynne Walker, "Golden Age or False Dawn? Women Architects in the Early 20th century", en *https://historicengland.org.uk/content/docs/research/women-architects-early-20th-centurypdf/*
[100] Walker, "Golden Age or False Dawn?".
[101] Jaques Barsac, "The Life and Work of Charlotte Perriand", en *Charlotte Perriand et le Japon* (París: Norma, 2008), 264-265.

mo de Gray en los medios de comunicación, que supuso el inicio de una carrera aclamada por la crítica de vanguardia.

Perriand es la única diseñadora que ha conseguido alcanzar ese enfoque global hacia la vivienda, el manejo de la planificación urbana y la arquitectura, diseño de interiores y equipamiento [...] "de las cucharas de té a la planificación", según sus propias palabras.[102]

Charlotte Perriand, como haría más tarde Kazuyo Sejima, comenzó su rol en la profesión asociado al diseño de mobiliario e interior doméstico y de ahí trascendió a la realización de proyectos a escala urbana, lo que la convirtió en "diseñadora total": "de la silla a la ciudad".[103] Inspiradas en el mundo de la moda que las precedía, tanto Perriand como Sejima utilizaron su propia imagen, no sólo como reclamo publicitario para sus creaciones sino como unidad de medida para el desarrollo, primero de su mobiliario, y más tarde de su arquitectura. Ambas fueron también precursoras a la hora de incorporar modelos foráneos en su proceso de diseño, como veremos, convirtiéndose en pioneras de un intercambio transnacional.

Mujer liberada japonesa

El contexto de acelerado crecimiento económico y desarrollo postindustrial de la década de 1980 favoreció la liberación de la mujer en Japón, en una sociedad donde, por sus particularidades históricas y culturales, el feminismo había evolucionado de manera diferente, en relación con Occidente. La mujer japonesa inició su liberación del concepto de *Oyome* en la década de 1960, sin embargo, seguía abandonando su trabajo después de tener al primer hijo. Fue en la década de 1980, cuando la mujer universitaria comenzó a enfocarse en su carrera y a vivir de manera más independiente.[104]

---

[102] Barsac, "The Life and Work of Charlotte Perriand", 264-265.
[103] Reinterpretando las palabras de la propia Perriand: "de la planificación urbana a las cucharas de té", citada por Barsac: "The Life and Work of Charlotte Perriand", 264-265.
[104] La era de la burbuja, que duró de 1986 a 1991, supuso un gran crecimiento económico

Las mujeres japonesas obtuvieron el sufragio en 1946,[105] pero la igualdad en Japón se ha entendido de manera muy diferente que en la sociedad occidental. El movimiento internacional por la liberación femenina de las garras de los roles tradicionales arribó a las costas de Japón en la década de 1960. Sin embargo, no fue hasta el Decenio de las Naciones Unidas para la Mujer, en 1975, que se estableció el movimiento por los derechos de la mujer en la línea de dignidad en Japón,[106] iniciativa que se convirtió en la primera señal real de cambio para las mujeres japonesas.

Posteriormente, la mujer japonesa —en especial aquellas que tenían un título universitario— comenzó a trabajar aprovechando el auge económico postindustrial. Es a esta generación de mujeres a la que Sumiko Iwao, en su libro *The Japanese Woman. Traditional Image and Changing Reality*, denomina "la primera generación nacida después de la Guerra", cuya movilización culminó con la Ley de Igualdad de Oportunidades Laborales (EEOL) en 1986, que permitió a la mujer trabajar en igualdad de horario que los hombres.

Las mujeres japonesas habían comenzado a aparecer como agentes de consumo en la década de 1960, pero fue la burbuja la que alentó este hecho de manera exponencial. Para millones de amas de casa, que formaban el movimiento de consumidores japoneses, el consumo se insertaba dentro de un universo más amplio de valores cívicos, que combinaba las ideas de ciudadanía, identidad nacional y el interés orgánico de los productores y consumidores.[107] El consumo era la actividad principal a la

---

sobre una base postindustrial. Los cambios en Japón se vincularon al hecho de pasar de una economía industrial a una de servicio e información, basada en la sociedad de consumo avanzada. La etapa postindustrial se relacionaba con los cambios en la estructura industrial japonesa, Toyota implementó el sistema jit (*Just In Time*) en la década de 1970, eliminando lo innecesario. A fines de 1970 y principios de 1980, jit fue objeto de gran interés en todo el mundo. La revolución favorecida por jit fue equiparable a la eficacia impulsada por Taylor, con el fin de eliminar residuos y con el objeto de "perder peso".

[105] Sólo un año después que las mujeres francesas, pero existía una gran diferencia entre el movimiento feminista en Occidente y la sociedad japonesa.

[106] Sumiko Iwao, *The Japanese Woman. Traditional Image and Changing Reality* (Nueva York: Free Press, 1993), 12.

[107] Patricia Maclachlan, *Consumer Politics in Postwar Japan*, citada por Frank Trentmann, "Beyond Consumerism: New Historical Perspectives on Consumption", *Journal of Contemporary History*, vol. 39, núm. 3 (2004), 373-401.

que la sociedad relegaba a la mujer japonesa, normalmente casada. Estaba principalmente relacionado con la moda, conectado con las tendencias que provenían de París.

En la década de 1980, Japón se sentía nuevamente capaz de proyectar una imagen fresca y diferente al mundo. La mujer se vio beneficiada de aquella nueva visión de un Japón postmoderno, la cual el país aspiraba a proyectar en Occidente. La mujer japonesa liberada, con más presencia en los medios de comunicación, se convirtió en protagonista como consumidora, no sólo de moda, sino también del espacio interior y la vivienda.

En estos años, la moda japonesa adquirió protagonismo internacional, especialmente en Europa. Los diseñadores Rei Kawakubo y Yohji Yamamoto presentaron por vez primera su trabajo en París en abril de 1981. La moda japonesa comenzó a adquirir confianza y reconocimiento más allá de sus fronteras, con diseños separados del cuerpo, gracias a cortes planos abstractos. Era, en su mayoría, ropa de gran tamaño, a menudo asimétrica y de color negro, con agujeros intencionados y cierto "aire andrajoso". Desafiaba las nociones aceptadas de belleza y feminidad clásicas e introducía nuevas ideas conceptuales acerca del cuerpo y su imagen. En particular, la diseñadora Kawakubo y su marca *Comme des Garçons* (como chicos) proponían una imagen andrógina para la mujer japonesa liberada.

En paralelo, la desintegración de la familia tradicional a lo largo de la década de 1970 dio lugar a una sociedad cada vez más individualista. Desde la segunda mitad de la década, los divorcios se incrementaron en Japón, así como la movilidad de las áreas suburbanas al centro de las ciudades. Todo ello propició una reflexión arquitectónica en busca de modelos que dieran respuesta a estos estilos de vida, lo que, como veremos, se tradujo en el ingenioso diseño de espacios vitales cada vez más pequeños.

La mujer fue la gran protagonista de los cambios sociales que ocurrieron en Japón en la década de 1980. Las oportunidades comenzaron a principios de la década, cuando una transformación generalizada y dinámica, dominada por las mujeres, tuvo lugar entre bastidores. En 1985, los cambios estructurales reflejados en la economía japonesa propiciaron

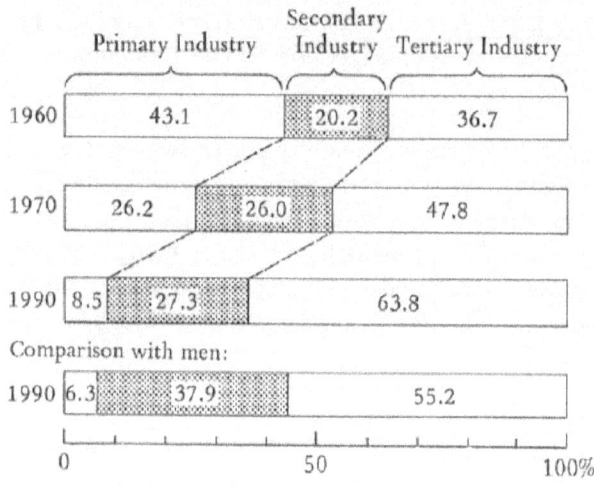

Distribución de la industria de las trabajadoras japonesas.

que la proporción de mujeres que trabajaba en el sector terciario aumentase más, dejando sólo una pequeña porción en el sector primario. En los quince años entre 1970 y 1985, el número de mujeres empleadas aumentó un 50%, hasta un total de casi 15.5 millones.[108]

Arquitectos, teóricos, críticos y funcionarios comenzaron a considerar a Tokio, y a veces la totalidad de Japón, como "número uno" y modelo para el futuro. Un nuevo estilo de vida urbano —con su tecnología avanzada y su cultura pop— comenzó a aflorar, una revolución que se tradujo en artículos de consumo de moda. La mujer japonesa comenzó a ganar relevancia en las decisiones acerca del interior doméstico. La década de 1980 supuso la verdadera oportunidad para Japón de influir en Occidente y exportar arquitectura y moda. Fue el momento en que el trabajo de varias arquitectas japonesas fue aclamado en revistas arquitectónicas de difusión internacional.

[108] Iwao, *The Japanese Woman*, 156.

Mujer nómada y arquitectura

La generación de mujeres japonesas nacida tras el fin de la Segunda Guerra Mundial y durante la ocupación estadounidense, entre 1946 y 1955, creció concibiendo la igualdad de género casi como una obligación, se les enseñó que debían ser iguales. La vida de aquellas mujeres se vio profundamente afectada por los valores e instituciones de la posguerra y fueron testigos de la transición de los roles sexuales tradicionales hacia el comportamiento de la mujer japonesa liberada de la era postindustrial.[109] Las protagonistas fueron "la generación de la posguerra", principalmente aquellas con educación universitaria, que vivían en zonas urbanas, educadas bajo valores democráticos.

Aún en la segunda mitad de la década de 1970, la típica mujer joven japonesa seguía siendo una ama de casa profesional y su vida consistía en servir a su marido y a sus hijos. La relevancia de la mujer seguía estando en su imagen y en ser presentada en la calle como un objetivo fotográfico. Sin embargo, esto comenzó a cambiar a principios de la década de 1980, cuando inició el consumo de revistas femeninas en Japón que, junto a los medios de comunicación, promovieron el papel de las mujeres diseñadoras en la sociedad.

Poco a poco el número de perspectivas para las mujeres de carrera había aumentado y en 1986 la Ley de Igualdad de Oportunidades en el Empleo entró en vigor, lo que supuso la eliminación de las cláusulas sobreprotectoras de leyes anteriores que legalmente impedían a las mujeres trabajar en igualdad con hombres.[110]

---

[109] Hasta entonces la mujer era generalmente contratada por empresas extranjeras, pero el nuevo poder de ésta en los medios de comunicación alentó a muchas empresas japonesas a contratar más mujeres motivadas por la buena prensa en los medios. La mujer consiguió una nueva libertad en relación con los hombres —prisioneros de las empresas nacionales— relacionada con la capacidad de movilidad en el ámbito laboral. Las nuevas mujeres japonesas entonces eran independientes y libres, dando lugar al concepto de mujer japonesa liberada de la era postindustrial. Para más información consultar Iwao, *The Japanese Woman*, 20-22.
[110] Iwao, *The Japanese Woman*, 12.

La Ley de 1986 incentivó las oportunidades laborales para la mujer trabajadora japonesa, especialmente en el sector terciario. Con anterioridad, las mujeres no podían quedarse en la oficina más allá de las ocho de la noche. En una sociedad como la japonesa, esto suponía una desigualdad y más aún en las oficinas de arquitectura donde, como es sabido, la jornada suele extenderse más allá de los horarios establecidos.

La independencia económica permitió a las mujeres solteras vivir solas y, en consecuencia, incentivó la renovación del ámbito doméstico. Las revistas femeninas comenzaron a mostrar imágenes de arquitectura y a incluir artículos que promovían el trabajo de diseñadoras japonesas.

La década de 1980, a su vez, coincidió con el despegue de las primeras arquitectas japonesas con reconocimiento internacional. Itsuko Hasegawa inauguró la década tras la apertura de su oficina en 1979, y Kazuyo Sejima se independizó profesionalmente de Toyo Ito en 1987. Aquellas mujeres arquitectas comenzaron su trayectoria profesional diseñando pequeños objetos domésticos, como becarias en oficinas comandadas por hombres. Hasegawa empezó con Shinohara, Sejima y Nagisa Kidosaki lo hicieron con Isozaki, e Icumi Yoko inició su carrera trabajando para Toyo Ito. La propia Kidosaki relataba así sus comienzos: "Isozaki sólo me ofrecía diseñar pequeños objetos, como un juego de té o una cama con ruedas. Queríamos hacer arquitectura y en aquel momento Ito era el único que ofrecía oportunidades reales a mujeres".[111]

Las arquitectas japonesas aprovecharon las oportunidades que las décadas de 1980 y principios de 1990 ofrecieron, donde "la actividad de construcción fue más amplia que nunca, mientras que la variedad de diseño abarcó un espectro nunca antes visto".[112] La inclusión en la profesión de la mujer —tradicionalmente conocedora de lo doméstico— fue crucial para la revolución del estilo de vida que se estaba gestando en Japón. De hecho, Sejima, como veremos, se convertiría en la gran responsable de un cambio de paradigma que configura la ciudad gracias a un proceso de proyecto *inside-out*, desde la precisión material, estructural y espacial propia del diseño de mobiliario.

---

[111] Nagisa Kidosaki, entrevista con la autora, Berkeley, 8 de agosto de 2012.
[112] Bognar, *Beyond the Bubble*, 7.

Le coin de Salon, Charlotte Perriand, 1926.

Charlotte Perriand, *nouvelle femme*

En el movimiento de liberación de las mujeres francesas, Perriand estaba en la vanguardia.[113]

Perriand se formó en una universidad femenina. Estudió en la Escuela de la *Union Central des Arts Décoratifs*[114] (UCAD) entre 1920 y 1925, y asistió

---

[113] Barsac, "The Life and Work of Charlotte Perriand", 264-265.

[114] La UCAD fue fundada en 1882 a partir de la fusión de la Societé du Musée des Arts Décoratifs y la Union Centrale des Beaux-Arts Appliqués à l'Industrie con el objetivo de promover "en Francia una cultura artística que buscaba aunar belleza y utilidad". Una organización sin fines de lucro, cuya creación surgió del deseo de los fabricantes de forjar vínculos más estrechos entre el arte, la industria y la cultura. Los objetivos iniciales de la UCAD, muchos de los cuales permanecieron a lo largo de su existencia, fueron desarrollar colecciones de arte y diseño, emprender iniciativas culturales y proporcionar capacitación en arte y diseño. En sus primeros años organizó exposiciones que incluyeron L'Art de la femme de 1892 que se centró en los textiles y otros campos del diseño y las artes decorativas con las que generalmente se asociaban las mujeres, reconociendo la importancia de las mujeres en cuestiones de gusto, especialmente con respecto al hogar.

a las clases de la Academia Grande Chaumière[115] de 1924 a 1926. Entre sus profesores destacaron Henri Rapin, Paul Follot y Maurice Dufrène, con quienes se educó bajo las enseñanzas del *Art Déco* francés. En 1925 los trabajos de la aún estudiante Perriand fueron seleccionados por su profesor Dufrène[116] para formar parte de la Exposición Internacional de las Artes Decorativas, Industriales y Modernas de París. Para la exposición, Perriand realizó dos proyectos: un salón de música compuesto de nueve paneles cuyo tema eran las nueve musas, y una reja de hierro forjado.[117] Ella misma los clasificó así: "fueron concebidos en el más puro estilo artes decorativas de la época".[118]

El primer diseño completo de Perriand, tras finalizar sus estudios, fue *Le Coin de Salon* (1926), financiado por sus padres, que se expuso en el Salon des Artistes décorateurs. *Le Coin de Salon* no tuvo una respuesta muy positiva por parte de la crítica especializada. Por aquel entonces, la imagen de Perriand era la de una sofisticada joven parisina que usaba sombrero. Pero pronto cambió su imagen, adquirió un *look* más andrógino. Se cortó el pelo a lo *garçonne* y sobre su cuello desnudo pendía un collar de vulgares bolas de cobre cromado, fabricado por ella misma, que bautizó con el nombre de rodamientos, como símbolo de su pertenencia a los albores mecanicistas del siglo XX.[119] La prensa del momento comenzó a referirse a Perriand como la mujer que usaba un collar de metal y llevaba el pelo corto. Perriand se proyectó a sí misma, entonces,

---

[115] La Académie de la Grande Chaumière (academia de la gran casa con tejado de paja) es una escuela de arte fundada en 1902 por la suiza Martha Stettler (1870-1945), que se rehusó a impartir clases dentro de las estrictas reglas pictóricas de la Ecole-des-Beaux-Arts y abrió la posibilidad al nacimiento del arte independiente.
[116] Maurice Dufrène fue un importante referente para Perriand, como influyente diseñador a mediados de la década de 1920 en Francia. Dufrène era entonces director de la ucad; fue miembro fundador del Salon des Artistes Decorateurs y en 1925 tuvo un papel relevante en la Exposition Interncionale des Arts Décoratifs et Industriels modernes de París, donde diseñó el pabellón de La Maîtrise. Además de muebles, Dufrène creó objetos de porcelana, madera, metal, vidrio y cuero que expuso con regularidad en el Salon d'Automne.
[117] María Melgarejo, *La arquitectura desde el interior, 1925-1937. Lilly Reich y Charlotte Perriand* (Barcelona: Fundación Caja de Arquitectos, 2011), 29.
[118] Charlotte Perriand, *Une vie de création* (Nueva York: Monacelli Press, 2003), 20.
[119] Carmen Espegel, "Charlotte Perriand 1903-1999", en *Heroínas del Espacio* (Buenos Aires: Nobuko, 2007), 207.

Alfred Roth y Charlotte Perriand, 1927.

como una mujer moderna; de hecho, le gustaba que se refirieran a ella como "inhumana",[120] en relación con la película de Marcel L'Herbier.

Ella comenzó a personificar la imagen de la mujer moderna descrita por Le Corbusier: una mujer de pelo corto que se viste en cinco minutos y es hermosa, seduciendo a través de su gracia, valentía y espíritu inventivo, lo que condujo a una revolución en el diseño de ropa, un milagro de los tiempos modernos.[121]

Tras el éxito contenido de sus primeras obras, Perriand sentía que debía abrirse al espíritu de la modernidad. En 1927 asimiló las teorías de la era de la máquina gracias a la lectura de los textos lecorbusianos: *Vers une*

---

[120] *L'inhumaine*, película surrealista de 1924, donde el futuro colaborador y amigo de Perriand, Fernad Lèger, había contribuido plásticamente.
[121] Artículo publicado en la revista femenina *Maison pour Tous*, citado por Rubino, "Bodies, Chairs, Necklaces", 331-362.

architecture (1923) y *L'art dècoratif d'ajourd'hui* (1925). Fue el joyero Jean Foquet quien le dejó los libros de Le Corbusier. Los textos presentaban una alternativa al *Art Déco*, haciendo hincapié en el papel de la industria en el hogar y de la casa como una "máquina de habitar".[122]

Tras la lectura de las teorías puristas de Le Corbusier, Perriand sorprendió en el Salon D'Automne de París de 1927 con su *Bar sous le toit* (bar bajo el tejado). Ella concibió un espacio moderno, usó como únicos materiales el acero cromado y el aluminio anodizado. Su *Bar*, a su vez, era un espacio revolucionario y audaz, un espacio de relajación, un bar en una vivienda. Perriand había creado este bar "para ella misma", como parte del acondicionamiento de su nueva casa. Lejos de las restricciones de la enseñanza que había recibido de Maurice Dufrène y de Henri Rapin, y de sus primeros trabajos en el "más puro estilo artes decorativas", con el *Bar bajo el tejado*, Perriand propuso un nuevo concepto de vivienda, donde desaparecía el salón burgués para dar paso a algo nuevo: la calle en la casa.

A su vez, gracias al diseño del mobiliario de su *Bar* en 1927, Perriand fue pionera en diseñar mobiliario tubular metálico en Francia. Esta obra fue la perfecta "carta de presentación" para convencer a Le Corbusier de invitarla a formar parte de su Atelier Rue de Sèvres, tras visitar su estand en el Salón de Otoño, y sólo un día después de su famosa frase: "aquí no bordamos cojines",[123] en respuesta a la petición de trabajo por parte de la joven diseñadora francesa.

La prensa aclamó el *Bar bajo el tejado*, lo cual la convirtió en una diseñadora reconocida antes incluso de su colaboración con Le Corbusier. Mary McLeod en su libro *Charlotte Perriand: An Art of Living*, le atribuye ser emblema de "una feminidad en términos modernos",[124] que pudo haber facilitado la recepción de un programa de renovación arquitectónica.

---

[122] Rubino, "Bodies, Chairs, Necklaces", 331-362.
[123] Perriand, *Une vie de création*, 24.
[124] McLeod, *Charlotte Perriand. An art of living*, 44.

Le Corbusier contrata a Charlotte Perriand, mujer moderna francesa

La primera ocasión en que Le Corbusier mostró su conflicto para diseñar la silla moderna fue con motivo del Pabellón del l'Esprit Nouveau (1925). Le Corbusier, quien había definido el concepto "equipar" como alternativa al de amueblar, fue públicamente criticado por el mobiliario de su pabellón. Tras defender que "el arquitecto debía proyectar desde la ciudad hasta el pequeño objeto", él se mostró públicamente incapaz de diseñar una silla moderna (francesa) y fue cuestionado en especial por el sector femenino —las nuevas clientas con quienes él mismo trataba de conectar.

El segundo de los hitos que evidenció la frustración de Le Corbusier ante el diseño de la silla fue la exposición Weissenhofsiedlung en Stuttgart, en 1927. Allí Mart Stam y Mies van der Rohe, entre otros, presentaron sus muebles de tubos de acero. Le Corbusier volvió a ser objeto de duras críticas por los interiores de sus casas, en particular por parte de Erna Meyer, responsable del interiorismo de la exposición. Tras su vuelta a París, después de la exposición en Alemania, Le Corbusier invitó a colaborar en su estudio a la joven pero aclamada Charlotte Perriand, quien finalmente lo llevaría a ganar la batalla del diseño de la silla moderna de origen francés.

En 1925, la Exposición Internacional de Artes Decorativas e Industriales abrió sus puertas, en el centro de París, a cualquier persona cuya producción presentara tendencias claramente modernas; con la intención, entre bambalinas, de defender los productos franceses. Esto es, Francia debía emerger como líder del nuevo estilo en arquitectura, diseño interior y moda, frente al prominente diseño alemán de la época. Una de las instalaciones más provocativas fue el Pabellón de l'Esprit Nouveau, que trataba de construir el universo visual difundido por la revista *L'Esprit Nouveau* (1920-1925), como ejemplo del deseo de Le Corbusier de hacer arquitectura de calidad a disposición de las masas. El pabellón supuso la culminación del ideal del maestro suizo-francés en cuanto a la unidad ideal de vivienda urbana. Junto al pabellón, Le Corbusier y Jeanneret anunciaron el programa de nuevo espíritu:

Pabellón L'Espirit Nouveau, Le Corbusier, 1925.

[...] negar el arte decorativo, y afirmar que la arquitectura se extiende incluso a la más humilde pieza de mobiliario, a las calles, a la ciudad, y para todos.[125] Le Corbusier

Le Corbusier elaboró esta postura en una serie de artículos publicados bajo varios seudónimos en la revista *L'Esprit Nouveau* durante los meses previos a la exposición. En estos ensayos, que compiló en el libro *L'art décoratif d'aujourd'hui*,[126] elaboró su radical argumento para la sustitución de los objetos diseñados por el artista decorativo en interiores domésticos, por objetos producidos industrialmente.[127] Le Corbusier basó su lógica para la eliminación de las artes decorativas en la polaridad entre la necesidad de belleza —satisfecha por la pintura y la escul-

---

[125] Le Corbusier, *Le Corbusier and Pierre Jeanneret: oeuvre complète, 1910-1929*, citado en Arthur Chandler: "The Art Deco Exposition", *World's Fair magazine*, volume VIII, disponible en: http://tw.myblog.yahoo.com/quencychenkimo/article?mid=6867.
[126] Le Corbusier, *L'art décoratif d'aujourd'hui* (París: G. Crès, 1925).
[127] Caroline Constant, *Eileen Gray*, (Londres: Phaidon Press, 2000), 60.

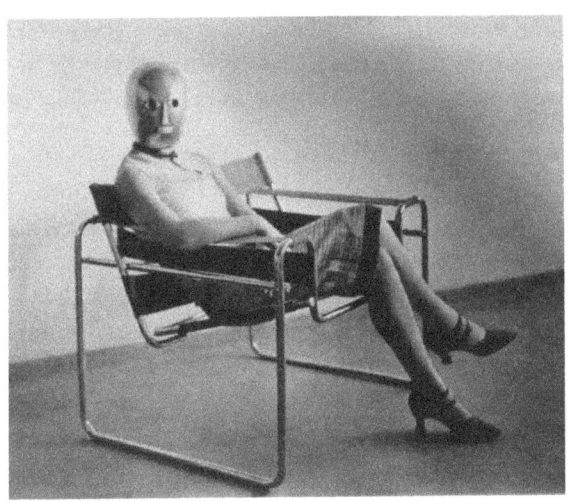
Silla Wassily, Marcel Breuer, 1926.

tura— y la necesidad de utilidad —satisfecha por el equipamiento, es decir, por los muebles producidos industrialmente de manera anónima.

La arquitectura que proponía Le Corbusier iniciaba su separación de las artes decorativas y reclamaba el espacio interior como propio. En este sentido, Le Corbusier fue consciente de la oportunidad que ofrecía la Exposición.[128] Sin embargo, el interior del pabellón fue duramente criticado en cuanto al mobiliario. Le Corbusier eligió austeras sillas de madera curvada, que Thonet comenzó a producir en 1870, y sillones tapizados de cuero Maples de Londres. La polémica se suscitó dado que el mobiliario del Pabellón no era acorde ni con el espacio arquitectónico ni con el Espíritu Nuevo.

Hacia mediados de la década de 1920, otros arquitectos europeos —sobre todo alemanes y holandeses— diseñaron muebles de metal, como Mart Stam, Mies van der Rohe o Marcel Breuer. Ellos mostraron su mobiliario en los interiores de la exposición de vivienda Weissenhof Sied-

---

[128] Melgarejo, *La arquitectura desde el interior*, 13.

lung en 1927. En aquel evento, organizado en Stuttgart, diecisiete arquitectos europeos construyeron sus proyectos de vivienda con el objeto de mostrar sus ideales acerca del problema del "espacio vital".

Alfred Roth (1903-1998) fue el supervisor de la ejecución de las casas que Le Corbusier y Pierre Jeanneret diseñaron. Le Corbusier planeó entonces dos tipos de mobiliario: unidades fijas hechas de hormigón y piezas móviles de madera curvada o tubos de acero.[129] Finalmente, Le Corbusier no diseñó muebles de acero para la exposición y Roth se vio obligado a acogerse a las mismas sillas Thonet utilizadas en el Pabellón de l'Esprit Nouveau (1925). En consecuencia, los interiores de Le Corbusier volvieron a ser cuestionados, esta vez de la mano de la experta en economía doméstica Erna Meyer, a quien Mies confió los interiores de la exposición. Meyer, líder de la reforma doméstica, criticó con dureza las plantas y el mobiliario de las casas de Le Corbusier:

> "¡Me ha decepcionado Le Corbusier, el que más de todos! ¿Qué ocurrió con todos los principios de su libro? ¿Es esto lo que quería decir con estética maquinista?".[130] Erna Meyer

Para Le Corbusier, las críticas de Erna Meyer supusieron un duro revés, por darse en el terreno alemán y por el hecho de provenir de una mujer intelectualmente poderosa. Hacia mediados de la década de 1920, las mujeres tomaban las decisiones acerca del espacio doméstico. Ellas eran las nuevas clientas de la arquitectura doméstica —en un momento en que no había dinero para la gran arquitectura— y Le Corbusier era muy consciente de ello. A su vez, en Stuttgart, Le Corbusier tuvo oportunidad de admirar los diseños de sillas como la de Mart Stam; pero aún más relevante para él, fueron los interiores que Mies había diseñado en colaboración con Lilly Reich. Por tanto, en 1927, él contaba con una doble frustración: su incapacidad para diseñar la silla moderna y la de ofrecer una alternativa francesa a los diseños alemanes.

---

[129] Karin Kirsch, *The Weissenhofsiedlung built for the Deutscher Werkbund, Suttgart 1927* (Munich: Deutsche Verlags-Anstalt, 1994),14.
[130] Erna Meyer, "Carta a Mies van der Rohe", citada en Kirsch, *The Weissenhofsiedlung built for the Deutscher Werkbund*, 104.

Le bar sous le toit, Charlotte Perriand, 1927.

Justo en 1927, Charlotte Perriand presentó su *Bar sous le toit* en el Salon d'Automne de París, cuyos únicos materiales fueron el vidrio, el acero cromado y el aluminio anodizado.[131] Con el diseño de su *Bar*, Perriand se convirtió en la primera diseñadora francesa en realizar mobiliario tubular metálico. La misma prensa que había criticado el Pabellón de L'Esprit Nouveau en 1925, dos años antes, elogió entonces los diseños de Charlotte Perriand, por su atmósfera, ingenio y estilo. Tras visitar el estand de Perriand, Le Corbusier decidió invitarla a colaborar como "encargada del equipamiento de la casa".

El éxito espectacular de aquel mobiliario brillante metálico de acero doblado la llevó a ser invitada a participar en Atelier 35S.[132]

---

[131] Marta Rodríguez, "Charlotte Perriand. Un mestizaje Europa-Japón", en Pilar Garcés Gómez y Lourdes Terrón Barbosa (coord.), *Viajes, itinerarios y contactos Japón-Europa* (Valladolid: Peter Lang, 2013), 775-785.
[132] Kenneth Frampton, *Le Corbusier* (Nueva York: Thames & Hudson Inc., 2001), 59.

Perriand era un ícono de mujer moderna, en consonancia con la era de la mecánica, capaz de redefinir el espacio doméstico a través de una provocación: un bar en casa, que respondía a un diseño informal y elegante y "propiamente francés". Le Corbusier admiró el *Bar* de Perriand por su materialidad (metal y vidrio) y sus formas (tubo de acero) de inspiración industrial, pero, sobre todo, por tratarse de un nuevo tipo de espacio —en lugar de un salón, un bar— relacionado con una revolución en el estilo de vida.[133]

Le Corbusier buscaba alguien capaz de desarrollar la *machine à habiter*; es decir, alguien que entendiera la casa como un conjunto mecánico en el que cada parte realiza su función de la forma más económica y eficiente, con los nuevos medios técnicos de la época. Charlotte Perriand era la candidata idónea para asumir la "tarea de mecánico".[134] Su papel en el Atelier Rue de Sèvres era "el equipamiento de la vivienda moderna". Aquel fue el inicio de una década como asociada para el equipamiento, el mobiliario y los accesorios.

Kazuyo Sejima, mujer liberada japonesa

Nacida en 1956, Kazuyo Sejima pertenecía a la denominada primera generación de mujeres nacidas después de la Guerra en Japón. Creció en un ambiente industrial, de estilo occidental, y demostró siempre un ávido interés por la moda. Decidió estudiar arquitectura porque creía que, aunque era muy similar diseñar una casa y un vestido, la primera requería más técnica y por ello era la mejor opción universitaria. Tras estudiar un programa de vivienda en una universidad femenina privada, asistió a un curso sobre mobiliario en la Universidad Tokio Zokei en 1980. Sejima se preparó para afrontar una década de revolución doméstica en Japón, impulsada desde el ámbito del diseño interior.

---

[133] McLeod, *Charlotte Perriand*, 37.
[134] Melgarejo, *La arquitectura desde el interior*, 95.

Kazuyo Sejima. Retrato de Aiko Suzuki, 2020.

Sejima comenzó la universidad en 1975, en coincidencia con un momento de exaltada crítica al Metabolismo, movimiento de vanguardia con carácter nacionalista. El ámbito académico japonés volvió a recuperar a los maestros de la modernidad como núcleo de estudio. Así, la universidad en la cual se formó Sejima se enfocó en la figura de Le Corbusier, en particular, a través de su profesor Yuzuro Tominaga (nacido en 1943). También se sintió atraída por lo que representaba "el futuro", la nueva generación de arquitectos europeos que habían superado las ideas utópicas de los sesenta, por ejemplo, Rem Koolhaas. De hecho, Koolhaas fue el primer arquitecto extranjero por el cual se interesó Sejima.[135] Aquella fascinación la suscitó el artículo "Unbuilt England"[136] publicado en la revista de arquitectura *A+U* en 1977. A su vez, Sejima trabajó muy brevemente para Isozaki, quien fue fuente de inspiración constante para Ito, en especial en cuanto a su idea de cultura nómada.

---

[135] K. Akagi, *Vision and Mission through the Eyes of Kazuyo Sejima. Career and works of a female Japanese Architect,* 14.
[136] Peter Cook, "Unbuilt England (Project designs by various architects including Rem Koolhaas)", *A+U: Architecture and Urbanism* núm. 10 (1977), 3-123.

Uno de los referentes para las aspiraciones de Sejima fue *Hamaguchi Miho*,[137] primera mujer arquitecta famosa en Japón. Ella trabajó con Maekawa y escribió un libro que tuvo gran influencia en la liberación de la mujer arquitecta en Japón titulado: *The Feudalism of Japanese Houses* (1949).[138] *Miho* fue sin duda un modelo para Sejima.[139] Su otro gran referente fue Masako Hayashi (1925), la primera mujer arquitecta japonesa en conseguir el premio del Instituto de Arquitectura de Japón. Hayashi se tituló en la Universidad de Mujeres de Japón en 1951 y ese mismo año realizó su primera casa en madera. Prosiguió sus estudios hasta 1956 con Kiyoshi Seike, en el Instituto de Tecnología de Tokio, y a partir de 1958 se asoció con otras dos arquitectas: Yamada y Nakahara, cuyos trabajos fueron esencialmente de vivienda.

Sejima comenzó su carrera con cierta imagen andrógina: fumadora, con pelo corto y vestida de negro. Mientras preparaba su tesis de máster, trabajó como becaria en la oficina de Toyo Ito. En aquel tiempo, participó en el proyecto Dom-ino de Ito; en concreto, Sejima diseñó el cartel de promoción y venta de Dom-ino para la revista femenina *Croissant*.[140] La publicación del proyecto fue todo un éxito para Ito, quien gracias a ello consiguió dos encargos para construir su prototipo Dom-ino, como hemos visto. Poco después, Sejima concibió un intrigante fotomontaje bajo el título Dom-Ino Z (1982), con aire surrealista. Se trataba de un espacio con cierta deformación de la escala, donde lo relevante era una estructura metálica en tono rosa, así como los habitantes y su cotidianidad. Esto era algo ajeno y novedoso en relación con el refinamiento de los espacios de sus predecesores, por ejemplo los de Shinohara. Las huellas de los habitantes y sus modos de vida poblaban el espacio doméstico, recreado con imágenes que duplicaban el habitar de los mismos.

Mujer, universitaria, residente en Tokio, arquitecta y con conocimiento de mobiliario, Sejima era perfecta para proyectar nuevos estilos de vida. Ella deseaba construir casas, e Ito pertenecía a la generación de dis-

---

[137] Barsac, *Charlotte Perriand et le Japon*, 334.
[138] Hamaguchi Miho, *The Feudalism of Japanese Houses* (Tokio: Sogami Shobo, 1949).
[139] Hajime Yatsuka y Kiwa Matsushita, conversación con la autora, Tokio, diciembre de 2012.
[140] Kazuaki Hattori, *Kazuyo Sejima's Works and Thoughts: From Furniture to Architecture*, 40.

Dom-Ino Z, Toyo Ito, *collage* por Sejima, 1982.

cípulos de Shinohara que estaba proyectando nuevas viviendas aisladas. Tras su colaboración con Ito, la primera vivienda que Sejima realizó de manera independiente fue premiada por una revista de difusión internacional a finales de la década de 1980. La revista JA (*The Japan Architect*) le concedió el premio mediante un jurado compuesto por Kisho Kurokawa, Yasufumi Kijima y Riken Yamamoto, quienes describieron su proyecto como "un raro ejemplo de la intención inicial de un arquitecto siendo realizado vivamente en su forma final".[141]

En 1989, Sejima participó, igual que Ito, en una exposición en Bruselas con un proyecto de mobiliario. Ese mismo año, ganó, en paralelo a su exjefe, una mención de honor en el concurso para la Maison du Japon de París. En tan sólo una década, Sejima pasó de realizar mobiliario a proyectar un edificio de gran escala —precisamente en la Ciudad Luz— que le supuso reconocimiento internacional. "Alguien realmente nuevo era Sejima", escribiría, tiempo después, Botond Bognar.

---

[141] *JA The Japan Architect* 8910 (1989), 4.

Ito contrata a Sejima, mujer nómada japonesa

Los arquitectos japoneses, entre ellos Toyo Ito, estaban muy al tanto del surgimiento de un nuevo mercado —liderado por los diseñadores de interiores—, asociado al consumo de diseño interior, basado en nuevos estilos de vida y cuyo principal cliente era la mujer liberada japonesa. Desde 1980, Ito era muy consciente del nuevo poder femenino como consumidoras del "arte de la vida"; así lo demuestra su proyecto Dom-ino, promocionado en una revista femenina.

Ito había visto un filón de posibilidades de trabajo en el ámbito doméstico destinado a un nuevo cliente; consciente de que aquellas "amas de casa", a las que él se refería en sus artículos, estaban altamente educadas y tenían como referente la cultura francesa.[142] Por otro lado, Ito era consciente de la buena proyección internacional que suponía "contratar a mujeres", en un momento cultural cada vez más transnacional.

Interesado en la renovación doméstica asociada al poder de lo femenino, en 1983, Toyo Ito inició un grupo de investigación privado —junto a Itsuko Hasegawa, Kijo Rokkaku, Osmu Ishiyama y Riken Yamamoto— con el objeto de concebir mobiliario de acuerdo a los nuevos estilos de vida. Ito y Hasegawa formaban parte de la Escuela de Shinohara; Rokkaku había trabajado para Isozaki, e Ishiyama había colaborado con Takamasa Yoshizaka. Todos ellos, que pertenecían a la misma generación de arquitectos nacida durante la primera mitad de la década de 1940, fantasearon acerca de los bocetos de una diseñadora francesa próxima a Le Corbusier. El grupo se vio incapaz de imaginar un mobiliario acorde con los nuevos estilos de vida. Años más tarde, Ito reconoció que aquella investigación hubiese tenido éxito si Kazuyo Sejima hubiese formado parte de ella.

> Toyo Ito pensaba que Sejima era la persona que representa aquel tipo de nueva chica nómada.[143]

---

[142] Desde la década de 1970, las mujeres japonesas estudiaban francés y se inspiraban en la moda parisina
[143] Kazuaki Hattori, conversación con la autora, Tokio, 28 de diciembre de 2012.

Sejima, quien había estudiado en detalle la obra doméstica de Le Corbusier, había escrito acerca de Eileen Gray, era conocedora de la historia de mobiliario occidental, fue formada en un programa de vivienda, con talento para la promoción de proyectos, con interés por la moda y las ideas revolucionarias de Koolhaas, y conectada con los círculos del diseño interior japonés; representaba al emblema de una nueva mujer liberada japonesa, que ayudaría a Ito en su misión de transformar la vivienda. Sejima representaba el paradigma de mujer nómada de Tokio, lista para iniciar una reforma doméstica, y después, en solitario, revolucionar la arquitectura desde el interior.

Charlotte Perriand, sensibilidad material y técnica

> Deseo aprender arquitectura.[144] Charlotte Perriand

En 1927, Perriand intentaba explorar nuevas vías y cuestionaba lo que ella había hecho previamente. Ese mismo año, siguiendo el consejo del diseñador de joyas Jean Fouquet, leyó *Vers une architecture* y *L'art décoratif d'aujourd'hui* de Le Corbusier. Aquellos libros "demolieron todo lo aprendido con anterioridad", según cuenta Perriand en su autobiografía. "Perriand quedó impresionada por la distinción de Le Corbusier entre tipos *besoins* (necesidades tipo), tipos *beubles* (muebles tipo), y lo que él llama objetos-*membres humains* (objetos-miembro humanos)".[145] Tanto es así, que se mostró decidida a colaborar con él.

Perriand absorbió rápidamente la retórica de la modernidad maquinista, donde la función reemplazó a la decoración, y el acero y el vidrio fueron considerados los materiales de la época.[146] En "Simulated Domesticities:

---

[144] Charlotte Perriand, 1926, respuesta a Rapin, cuando él le preguntó qué deseaba hacer. Perriand: *Une vie de création*, 22.
[145] Frampton, *Le Corbusier*, 59.
[146] Charlotte Benton, "Le Corbusier. Furniture and the Interior", en *Journal of Design History* 3 (1990), 113.

Perriand before Le Corbusier",[147] Esther da Costa Meyer defiende que, incluso antes de que Perriand colaborara con Le Corbusier, ella había desafiado la ideología dominante de las artes decorativas de París, con su *Bar en el ático* de 1927, lo que la condujo a ser aclamada por la prensa del momento.

La escala del cuerpo como unidad de medida de la arquitectura moderna fue algo sustancial en el siglo XX, como "retorno al orden" y aproximación de la arquitectura y el mobiliario hacia la industria, reflejo de la vida moderna.[148] En este sentido, más allá del aspecto formal de la máquina, a Perriand le interesó su proceso de diseño en cuanto a la materialidad, el detalle y la relación con el cuerpo humano. De vehículos como el coche, el avión o el barco, Perriand incorporó técnicas materiales y estructurales, así como los principios de movilidad, temporalidad, ligereza y carácter dinámico.

Además de aprender de la máquina, Perriand también se inspiró en el mundo de la moda. "La moda es arquitectura, es una cuestión de proporción",[149] afirmaba Coco Chanel. Moda y arquitectura comparten la idea de movilidad que Perriand integró en sus proyectos, destinados al placer del nómada urbano moderno. Ropa y arquitectura están unidas por el hecho de proveer al cuerpo refugio y protección. El uso de la geometría para generar la forma es una estrategia compartida por ambas disciplinas: creación a través de planos bidimensionales, texturas y siluetas. La arquitectura de Perriand tomó prestadas técnicas de la sastrería y la confección de moda para crear una arquitectura a medida del cuerpo humano, considerando su comodidad.

> Perriand utilizó las condiciones palpables del material invocando un sentido erótico, sus diseños están marcados por la experiencia de un ser sensual.[150]

---

[147] Esther da Costa Meyer, "Simulated *Domesticities: Perriand before Le Corbusier*", en McLeod, *Charlotte Perriand*, 20.
[148] Rubino, "Bodies, Chairs, Necklaces", 331-362.
[149] Marcel Haedrich, *Coco Chanel: Her Life, Her Secrets*, 21.
[150] Constant, *Eileen Gray*, 113.

Collage del estand del Salón de Otoño, Charlotte Perriand, París, 1929.

La simplicidad de sus formas y su interés por explotar el impacto sensorial de diversos materiales, atrajo la atención de la vanguardia parisina hacia los proyectos de Perriand. Ella experimentó con nuevos materiales y los llevó a su límite estructural y funcional; así lo prueba su uso del aluminio, como material único, en sus refugios, en manifestación de un retorno común a los "elementos sensoriales", en contraste con el "dogmatismo rígido" de la modernidad.

Perriand utilizó su imagen —recostada en la *Chaise Longue*— como reclamo publicitario; en alusión a que el cliente al que iba dirigida la obra era, precisamente, la mujer moderna. Más tarde, utilizó una de ellas en la confección del *collage* preparativo para "L'equipement de la maison" para el Salón de Otoño de 1929, publicado en la revista *L'Architecture Vivante*[151] en 1930.

---

[151] Revista dirigida por Jean Badovici en París.

Perriand había observado que Le Corbusier estaba más interesado en las asociaciones simbólicas con la máquina, que en "la exploración de nuevas posibilidades técnicas en cuanto a las propiedades físicas de los materiales", así como el uso de determinados productos industriales en un nuevo contexto.[152] A esta crítica se unió el compromiso posterior de Perriand con ciertos ideales humanistas, lo cual le generó discrepancias ideologías con Le Corbusier, que la llevaron a su ruptura temporal con el maestro en 1937.

> Perriand elaboró un enfoque personal para diseño de la casa, inspirado en la organización racional del trabajo (taylorismo) en un intento de mejorar la vida cotidiana de las mujeres.[153]

La apreciación de Perriand por las cualidades de los materiales provenía de su formación con Maurice Dufrène, quien afirmó que "el material debe hablar por sí mismo". A esto se añade que ella colocó al cuerpo humano, su escala, movimiento y experiencia en el origen de sus diseños. Esta condición estaba inspirada en su proximidad al mundo de la moda que, junto con una exquisita atención por los detalles, propia de una diseñadora de muebles, explica una obra que emana ergonomía y cualidad sensorial, a través de su precisión material y técnica. Cortes y patrones confeccionan sus proyectos y los convierten en objetos de deseo. La condición antropométrica de sus diseños se amplifica por el hecho de introducir su propia imagen como reclamo publicitario. Perriand utilizaba su imagen para confeccionar fotomontajes "promocionales" y posaba habitando su mobiliario y arquitectura.

A finales de la década de 1930, Perriand posó, de nuevo, habitando sus proyectos experimentales, próximos a la industrialización de la arquitectura. Una foto muestra a Perriand en la puerta del Refugio Bivouac (1937). Su cuerpo se sitúa en paralelo a una caprichosa forma curvada, que contrasta con la racionalidad del resto del proyecto. El refugio fue construido por ella misma —con ayuda de Jeanneret, André y uno de sus

---

[152] Benton, "Le Corbusier. Furniture and the Interior", 103-124.
[153] Barsac, "The Life and Work of Charlotte Perriand", 264.

trabajadores— en 1938, en sólo tres días, en el monte Joly de Savoye. Otra de las imágenes del Refugio Bivouac muestra a Perriand como mujer moderna constructora, junto a sus colaboradores.

Poco después, un fotomontaje muestra a Perriand —aventurera y con ropa de esquí— enmarcada por la puerta del proyecto *Le Refuge Tonneau*[154] (1938), con altas montañas nevadas como telón de fondo. La forma cilíndrica, así como la técnica de doblado del material, confeccionaban un refugio de montaña —que Perriand proyectó en colaboración con Pierre Jeanneret— a la manera de un vestido metálico futurista. El corte antropomórfico de la puerta, que se ensancha a la altura de la cadera, abraza la figura de la arquitecta. La silueta y la medida del cuerpo de Perriand inspiran la forma y el tamaño de la puerta y del refugio en su conjunto. Esto demuestra que Perriand fue pionera en proyectar arquitectura hecha "a su medida"; concebida para el nuevo cliente: la Mujer Moderna.

La principal contribución de Perriand al discurso del Movimiento Moderno fue su enfoque material, táctil, y el potencial sensual de su arquitectura y mobiliario, que derivaron en gran medida de su participación inicial en las artes decorativas, su proximidad al mundo de la moda, su experiencia directa con arquitectos japoneses y su particular interés por integrar mobiliario, textiles y arquitectura. Perriand proyectó arquitectura con las aspiraciones propias de una experta en mobiliario e interiores, esto es: preocupaciones por el detalle, el contacto con el cuerpo humano y su movimiento, la experimentación material y estructural, así como el ingenio espacial. Todo ello, la condujo a ser pionera en el diseño de un nuevo paradigma arquitectónico al que denomino Arquitectura Petite.

---

[154] El Refugio Tonneau barril fue uno de los cuatro refugios de montaña (Refugio Cable, Refugio Bivouac, Refugio Tonneau barril, Refugio de doble construcción) proyectados por Charlotte Perriand a finales de la década de 1930.

Kazuyo Sejima, arquitecta y diseñadora

Sejima estudió viviendas, interiores y muebles, nunca nada que se pareciera a lo que se consideraba "arquitectura" en Japón.[155]

Kazuyo Sejima nació en un pequeño pueblo industrial, donde su padre era ingeniero en una empresa japonesa. A la edad de diecisiete años se trasladó a Tokio para recibir una formación cuasi francesa, que tenía que ver con *el arte de la vida*. Comenzó sus estudios en la Universidad de Mujeres de Japón en 1975, donde cursó una licenciatura en Diseño de la casa en el Departamento de Vivienda de la Facultad de Economía Doméstica en Tokio.[156] Estudió en una universidad privada, muy influenciada por la figura de Le Corbusier y su entorno francés. Su formación fue, por tanto, muy occidental, en sintonía con un espíritu de escepticismo japonés hacia la arquitectura nacional.

Trabajábamos mucho la pequeña escala, mientras que en las otras escuelas del país se dedicaban a proyectos en escalas mayores.[157] Kazuyo Sejima

Entre 1979 y 1981, mientras estaba inscrita en el Departamento de Vivienda de la Universidad de Mujeres de Japón, Sejima centró sus estudios en la creación de viviendas y espacios para la vida. Durante sus años en la escuela de posgrado, Sejima colaboró como becaria durante seis meses en la oficina de Ito, comenzando en diciembre de 1980; a la vez asistía a clases de diseño y de arquitectura interior en la Universidad Zokei de Tokio, por recomendación de Ito, quien impartía clases allí. Sejima cursó la clase de Historia de mobiliario occidental que Koji Taki (1928-2011) —un destacado erudito y teórico bien versado en artes visuales como la fotografía y la arquitectura— enseñaba por aquel entonces. Por consejo de

---

[155] Kazuaki Hattori, conversación con la autora, Tokio, 28 de diciembre de 2012.
[156] En 1948, en la Universidad de Mujeres de Japón se creó el departamento *Livng Arts* que se dividió en 1962 en: el Departamento de Vivienda —en el que estudió Sejima— y el Departamento de la Ropa o del vestido. Sejima se formó en paralelo al ámbito de la confección de moda.
[157] Kazuyo Sejima, entrevista con Anatxu Zabalbeascoa, en El País, 16 de noviembre de 2008.

Taki, ella comenzó a participar en las prácticas de mobiliario y diseño de interiores, junto con los estudiantes más jóvenes del departamento.[158] Cuando Sejima terminó la universidad en 1981, estaba interesada en la construcción de "viviendas de nueva generación". Ella había confesado que la Sky House (1958) de Kikutake había sido su fascinación de adolescente, la razón que la llevó a estudiar arquitectura. Más tarde, su visita a la Casa White U[159] (1976) de Ito le causó gran impresión. Situada en el centro de Tokio, Ito la considera como el verdadero comienzo de su carrera en solitario.[160] Por sus conexiones formales con la obra de Kazuo Shinohara, se reconocía como un ejemplo de la nueva generación de casas japonesas, con una cualidad postmoderna de introversión en relación con el contexto urbano en el cual se insertaban.

En aquel momento muchos jóvenes arquitectos japoneses comenzaban su carrera con la construcción de pequeñas casas particulares, entre ellos Toyo Ito y Itsuko Hasegawa, quienes darían nombre a lo que se denominó la Generación Superficial: la de los arquitectos al servicio de la individualidad, como veremos más adelante. Con el inicio de la nueva década, Ito comenzó a tener cierta proyección internacional. Esto fue evidente en 1982, cuando fue invitado a participar en la P3 Conference en Virginia. Sejima eligió trabajar con Ito por ser aglutinador de muchos de sus intereses: tanto nacionales como transnacionales.

Quería construir casas.[161] Kazuyo Sejima

Yoko Kuwasawa (1910-1977) fue una de las arquitecta y figuras femeninas, adelantada a su tiempo, referentes para Sejima.[162] Desde 1930, Kuwasawa desempeñó un papel activo en el mundo del periodismo de diseño, abarcando los campos de la arquitectura, el diseño interior y del

---

[158] Hattori, entrevista con la autora, 28 de diciembre de 2012.
[159] Toyo Ito construyó esta casa para su hermana. En 1997 fue demolida.
[160] Thomas Daniell, "The Fugitive", en Toyo Ito, *Tarzans in the Media Forest* (Londres: Architectural Association, 2010), 3-18.
[161] Sejima, entrevista con Anatxu Zabalbeascoa.
[162] Kiwa Matsushita y Hajime Yatsuka, entrevista con la autora, Tokio, 21 de diciembre de 2012.

vestido. Consideraba que la funcionalidad y practicidad era esenciales en el diseño y defendía la importancia de la formación especializada. En 1954, estableció Kuwasawa Design School, una escuela especializada de diseño; se convirtió en una pionera, cooperando con artistas y diseñadores para enseñar en su instituto. Más tarde, en busca de una educación superior de arte y diseño, estableció la Universidad Zokei de Tokio en 1966, siendo ella misma directora y presidenta del Consejo de Administración.[163]

El ejemplo de aquella arquitecta pionera condujo a Sejima a interesarse por la incorporación de materiales y técnicas provenientes de otras disciplinas o industrias, tanto del mundo tecnológico como del sector de la moda. La influencia del mundo textil es evidente en algunos de sus pequeños experimentos, como el carácter de vestido metálico tridimensional que configura su Casa pequeña (1999) o los cortes abstractos de la Casa en el Huerto de los Ciruelos (2003) que, como patrones de un kimono, se distancian de un cuerpo.

> La aplicación de la moda a los proyectos pequeños tiene más sentido, aunque estoy proyectando un teatro en el que también hay ciertas influencias de la moda.[164] Kazuyo Sejima

En cuanto al aspecto tecnológico, Sejima fue pionera en la incorporación de iluminación eléctrica en uno de sus primeros muebles y espacios interiores: *Move*, diseñado para una exposición en Bruselas en 1989. En estos primeros proyectos de diseño interior y de mobiliario, los objetos construyen espacio. De hecho, evidencian la equivalencia entre mobiliario y arquitectura que, como veremos, está en el origen de la sutil revolución que ha transformado la arquitectura japonesa desde entonces, impulsada por la obra de Sejima. Por ejemplo, en *Art Life* (1989) —un tocador de señoras, expuesto en la sala de exposiciones de la empresa

---

[163] Entre sus escritos, destacan "Kuwasawa Yoko Diseño Dress", publicado por Fujin-Gahou-Sha, en 1977.
[164] Kazuyo Sejima, entrevista con la autora, Tokio, 25 de diciembre de 2012.

INAX (de materiales de construcción)— la movilidad y versatilidad de los objetos de mobiliario que Sejima diseñó, denominados *Dance*, configuraban un espacio cambiante y construían una atmósfera. También creó muebles que incorporaban artefactos móviles, como sillas con brazos de espejo

Al igual que Perriand, Sejima fue pionera en el uso de su propia imagen para promocionar sus creaciones. Consciente de su poder mediático como mujer japonesa liberada no dudó en posar, habitando sus propios proyectos, tanto de mobiliario como de arquitectura. En 1986, Sejima posó como modelo para el proyecto *Pao I* —diseñado en 1985 por Toyo Ito, Kazuyo Sejima y Kazumichi Iimura—, el fotógrafo fue Tomio Ohashi. Ella es la chica nómada que habita cada uno de los premobiliarios de Pao I. Las fotos ilustran cómo el proyecto estaba hecho a medida de su propio cuerpo.

En 1990, Sejima creó una Lámpara de Pie para la compañía Endo. En las imágenes del proyecto, Sejima utiliza técnicas de recorte y montaje propias del mundo textil, a la vez que ella misma aparece retratada como parte del *"collage"*. Poco después, en su proyecto Dormitorio de Mujeres Saishunkan Seiyaku (1991) en Kumamoto, Sejima posó justo a la arquitecta Nagisa Kidosaki, en una foto incluida en la revista *The Japan Architect* en 1993, buscando una identificación social con las habitantes del proyecto. Ambas representan a dos mujeres trabajadoras, emblemas del concepto de nueva feminidad, que utilizan su imagen para la promoción de sus diseños. Sejima creo su arquitectura y mobiliario para ella misma, usando su propio cuerpo como unidad de medida.

A su vez, la sensibilidad material de Sejima, su interés por retar a los materiales —en cuanto a la delgadez o a su límite estructural, como en el caso del vidrio o la chapa— dotan a su arquitectura de una dimensión sensorial cuasi barroca. "Sejima lleva los materiales al extremo",[165] y motiva así una renovada conciencia corporal.

---

[165] Dana Buntrock, "Sejima's Shoopping Bag", *Japanese Architecture as a Collaborative Process. Opportunities in a Flexible Construction Culture* (Londres: Taylor & Francis Group, 2002), 81-83.

CHAISE LONGUE (1928)
Y PAO I (1985)

LA AVENTURA DEL MOBILIARIO

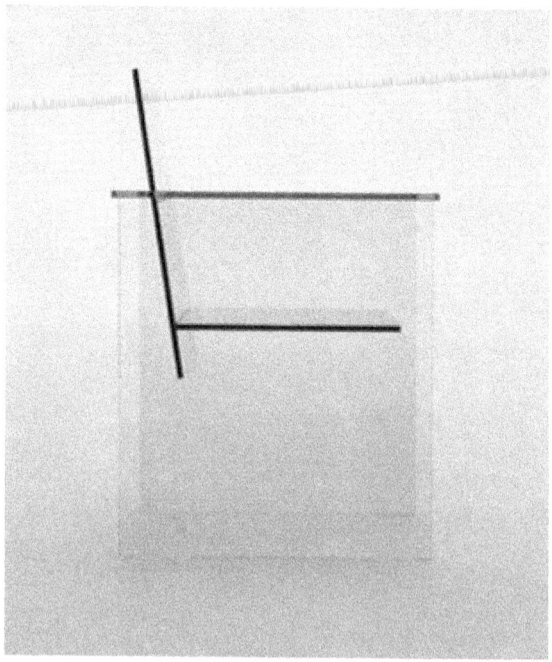

Silla de Cristal, Shiro Kuramata, 1976.

La revolución arquitectónica que ocurrió durante las primeras décadas del siglo XX en Europa tuvo su origen en la transformación del interior doméstico[1] y, en particular, en la innovación en materia de mobiliario. El desarrollo industrial y la tecnología moderna desafiaron el interior doméstico en los años veinte. El resultado fue una apuesta por el mobiliario de acero tubular "al servicio del Hombre Moderno". Las propuestas más tempranas fueron las alemanas. París, tradicional líder mundial de *avant garde*, debía ofrecer una alternativa a los diseños alemanes, que le aventajaban desde principios de siglo.

En la reforma del interior doméstico, que tuvo lugar en la segunda mitad de la década de 1920, la silla era el único elemento móvil de la casa. En aquel momento, prácticamente todos los arquitectos destacados sintieron la necesidad de diseñar una "silla moderna". Marcel Breuer fue el primero en utilizar tubo de acero en su icónica Silla Wassily (1925). Mart Stam, Mies van der Rohe y Alvar Aalto también diseñaron muebles de acero en aquel período. Le Corbusier, quien en su *Vers une Architecture* (1923) incluía su definición del concepto "equipamiento" en sustitución de los términos "mobiliario" y "decoración", debía ser el encargado de crear una silla moderna "de origen francés" bajo su lema "la silla es una máquina para sentarse".

No fue hasta medio siglo más tarde, que se inició la auténtica renovación doméstica en Japón, basada en atender a la creciente individualidad de la sociedad japonesa. Ésta tuvo su origen en el despegue del diseño interior y de mobiliario desde mediados de los años sesenta, momento en que los muebles y, en particular la silla, se concibieron como obras de arte. Shiro Kuramata fue un líder en este sentido. Bajo su premisa de abogar por "la ironía funcional," diseñó su icónica Silla de Cristal en 1976, que inspiró un cambio de valores en el diseño interior y, en última instancia, en la arquitectura.

---

[1] Caroline Constant, *Eileen Gray* (Londres: Phaidon Press, 2000), 18.

Desde principios de la década de 1980, los diseñadores de interiores adquirieron un creciente protagonismo en el panorama arquitectónico japonés. En paralelo, los arquitectos vieron en el espacio doméstico y en el diseño de mobiliario un terreno fértil para la experimentación. Con la mirada puesta en Le Corbusier, Toyo Ito comenzó, entonces, a experimentar con el interior doméstico. En 1983 creó un grupo de investigación, junto con otros arquitectos de su generación, con el objetivo de concebir mobiliario de acuerdo a los nuevos estilos de vida de la sociedad japonesa. El grupo se inspiró en los bocetos ficticios de una diseñadora parisina de nombre Adèle, "colaboradora de Le Corbusier en torno a los años veinte y treinta".

Casa máquina y equipamiento

Coincidiendo con el inicio de la década de 1920, Le Corbusier se asoció con el pintor Amédée Ozenfant, con quien desarrolló sus teorías puristas en la revista que ambos fundaron: *L'Esprit Nouveau* (1920-1925). En 1923, Le Corbusier recopiló sus artículos en un libro titulado *Vers une Architecture*, como introducción a sus teorías acerca de una nueva arquitectura en consonancia con la era de la máquina, el cual traducía la aplicación del taylorismo a la arquitectura doméstica. En este texto, Le Corbusier explicaba que el concepto de "mobiliario" había desaparecido, siendo reemplazado por el de "equipamiento", como una revolución en el diseño del espacio doméstico.

Ingenieros, arquitectos, pintores y escritores de los años veinte amaban los coches —por su velocidad, potencia y aerodinámica— y junto con "la mujer al volante", produjeron un cóctel embriagador y explosivo que inspiró el cubismo, el futurismo y el purismo.[2] El purismo de Le Corbusier y Ozenfant aspiraba a un retorno de las formas más básicas con el fin de "construir una sociedad" en consonancia con los avances de la indus-

---

[2] François Chéry, "Houses like Cars?", en *Jean Prouvé. The Poetics of the Technical Object*, ed. por Alexander Von Vegesack, Cathrine Dumont D'Ayot & Bruno Reichlin (Weil am Rhein: Vitra Design Museum, 2013), 272-77.

Mujer al volante posando enfrente de la Casa Doble en Weissenhof, Stuttgart, Le Corbusier y Pierre Jeanneret, 1927.

tria. En este sentido, la discusión estética de la revista *L'Esprit Nouveau* abarcaba los campos de la arquitectura, la literatura, el teatro, el cine, la pintura, la escultura, la moda y el mobiliario, entre otros.

La analogía entre el coche y la casa como productos de un proceso de diseño de similar racionalización de partes estandarizadas y tipos, se popularizó en ese momento. Idea que fue encabezada por las aspiraciones de Le Corbusier, quien, fascinado por las máquinas modernas y su diseño funcional, llegó a considerarlas un modelo para la arquitectura racional, a la vez que un paradigma de belleza.

> Una casa es una máquina de habitar [...] Una silla es una máquina para sentarse y así sucesivamente.[3] Le Corbusier

---

[3] Le Corbusier, *Vers une Architecture*, 89.

La prioridad con la que se inició la década de 1920 fue la ambición de ayudar a instalar al hombre común en un lugar decente para vivir: pequeño, sencillo y barato, pero, sobre todo, saludable y que apoyara a la vida familiar.[4] En este sentido, Le Corbusier afirmó: "El equilibrio de la sociedad depende del problema de la vivienda".[5] El ecuador de esa década fue un momento crucial en la revolución del interior doméstico en Francia, cuando comenzaba a sentirse cierta prosperidad económica.

Le Corbusier aplicó un análisis *taylorista* a los componentes del interior doméstico, llegando a la conclusión de que las funciones de los muebles podían clasificarse en: mesas y sillas de comedor para cenar, mesas y sillas para trabajar, sillas de diversos tipos para relajarse de diferentes modos, y casilleros para guardar los objetos que usamos. También planteaba un manual de la vivienda que eliminase los muebles pesados y las piezas decorativas en favor del uso de equipamiento práctico y ligero. La casa que Le Corbusier proponía debía ser un espacio equipado. Sin embargo, curiosamente él no concibió el concepto de "equipamiento" como las máquinas necesarias para el hábitat,[6] sino que se refería al "mobiliario máquina", que tenía más relación con la funcionalidad de casilleros, mesas y sillas.

En ese momento, Francia debía ofrecer una alternativa frente a la funcionalidad y practicidad de los diseños de mobiliario propuestos por los

---

[4] Ronald Wiedenhoeft, *Berlin's Housing Revolution. German Reform in the 1920s* (Ann Arbor: umi Research Press, 1985), 18.
[5] Le Corbusier, *Vers une Architecture* (París: Les Editions G. Cres & Cie, 1925), 12.
[6] El espacio de las nuevas casas era pequeño y necesitaba una cocina eficiente que liberase a la mujer trabajadora. En 1926, Margarete Schütte-Lihotzky diseñó la cocina de Frankfurt para el proyecto de vivienda social Römerstadt en Frankfurt, del arquitecto Ernst May. Su diseño fue influenciado por las ideas del taylorismo —reducir al mínimo los movimientos en el trabajo de cocina— con el fin de racionalizar el hogar y mejorar la situación de la mujer. Le Corbusier aparentemente asumió que las cocinas eran de los sirvientes y por lo tanto no le dio mayor importancia. Durante la mayor parte de la década de 1920, no tuvo en cuenta la planificación o el problema estético de la cocina. Sin embargo, cambió su actitud a finales de la década, tras la llegada de Charlotte Perriand al Atelier, quien estaba en sintonía con los requerimientos funcionales del espacio doméstico de la época. Para más información, consultar: Mary McLeod, *Charlotte Perriand. An Art of Living* (Nueva York: Harry N. Abrams in association with the Architectural League of New York, 2003), 57.

alemanes. En este sentido, la *Exposition internationale des Arts Décoratifs et Industriels Modernes* de París en 1925 marcó una creciente división entre los diseñadores parisinos que abrazaron los valores tradicionales, respaldados por la Société des Artistes Décorateurs (SAD),[7] frente a aquellos que dieron la bienvenida a los posibles efectos de la industrialización y el consumo masivo en la industria de las artes decorativas. La exposición evidenció dos posturas *a priori* enfrentadas: por un lado, las ideas de Maurice Dufrene, quien abogaba por una mayor integración de las disciplinas de arquitectura y artes decorativas y, por otro lado, las de Le Corbusier, quien proponía la eliminación de las artes decorativas en su conjunto.

Un ebanista es arquitecto.[8] Maurice Dufrene

Finalmente, el mobiliario de la exposición reflejó principalmente las ideas de Dufrene, presidente de la SAD, quien defendía que "en el diseño de una pieza de mobiliario era esencial estudiar concienzudamente el equilibrio del volumen, la silueta y la proporción de acuerdo con el material elegido y la técnica impuesta por ese material".[9] Le Corbusier, por el contrario, se mostro incapaz de ofrecer una alternativa de mobiliario, en consonancia con sus ideales teóricos.

El impulso para el cambio se produciría como resultado de la creciente participación de artistas decorativos en el ámbito de la arquitectura, entre ellos Eileen Gray, Pierre Chareau, Charlotte Perriand y Robert Mallet-Stevens. Todos ellos comenzaron sus carreras profesionales creando muebles e interiores para una clientela de elite.[10]

---

[7] La SAD era una organización sin fines de lucro fundada en 1901 para oponerse a la creciente competencia de fabricantes extranjeros y proteger los derechos de los diseñadores franceses frente a la explotación por parte de los industriales.
[8] Maurice Dufrene, 1925, en Arthur Chandler, "The Art Deco Exposition", *World's Fair magazine* VIII, no. 3 (1988), http://www.arthurchandler.com/1925-art-deco-exposition.
[9] Frank Scarlett & Marjorie Townley, *Arts Décoratifs. A Personal Recollection of the Paris Exhibition* (París: Academy Editions, 1975), 78.
[10] Constant, *Eileen Gray*, 17.

La silla moderna

Se produjo una renovación del diseño de mobiliario en Europa —coincidiendo con cierta reactivación económica después de 1925— que debían satisfacer las exigencias de confort, practicidad, elegancia y bajo coste. "La idea de la versatilidad surgió, por tanto, como un concepto universal para el diseño de muebles e interiores".[11] La flexibilidad de uso del espacio arquitectónico mínimo se tradujo en el diseño de divanes que se transformaban en camas o mesas y que se utilizaban para trabajar y comer. Por otro lado, la ligereza se convirtió en una condición necesaria, a la que se unió la idea de fabricación en serie y la facilidad de ensamblaje. La respuesta fue el uso del tubo metálico en el diseño de mobiliario moderno. El tubo de acero —un material económico e higiénico que ofrecía confort— fue utilizado en el diseño de muebles por los arquitectos del momento, entre ellos Marcel Breuer, Mart Stam y Mies van der Rohe.

> El metal sería la mejor solución a los problemas propuestos por el hombre nuevo.[12]

La vivienda mínima incorporaba el mobiliario formando parte de paredes y suelos, en consonancia con la "mecanización" de la manera de vivir y el ahorro de espacio. Las mesas se abatían atornilladas a las paredes, los armarios se empotraban, la vivienda en sí se transformaba en una especie de mueble multifuncional. No era raro que la silla fuese el único objeto que no fuese fijo en el suelo y que podía ser cambiado de lugar[13]. Como tal, merecía una atención especial, dado que constituía el elemento que liberaba al ser humano en un espacio mínimo.

La construcción de una sociedad nueva a través de la revolución del espacio para vivir, pasaba por el rediseño de la silla, lo cual se convirtió en una especie de alegoría ejemplar de la era moderna. Los materiales debían ser los más vanguardistas como parte de la transformación. La

---

[11] Lavrentiev, Alexander, "Experimental Furniture Design in the 1920s", *The Journal of Decorative and Propaganda Arts* 11 (1989), 142-167. http://www.jstor.org/stable/1503987.
[12] McLeod, *Charlotte Perriand. An Art of Living*, 13.
[13] Lavrentiev, "Experimental Furniture Design in the 1920s", 142-167.

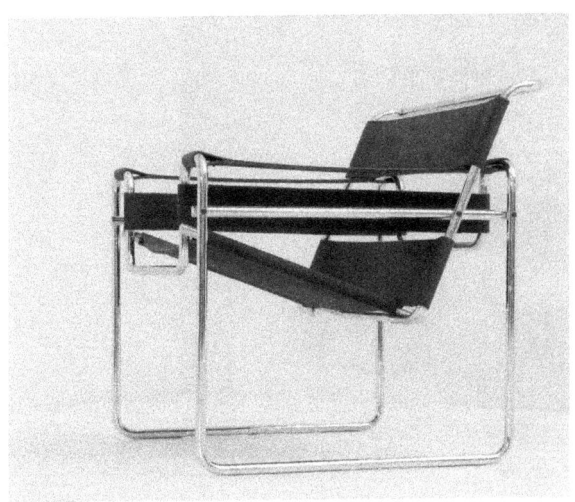

Silla Wassily, Marcel Breuer, 1925.

madera pertenecía al pasado y el metal se elogiaba de forma inequívoca, por sus propiedades funcionales y estéticas, las cuales se vinculaban al nacimiento de un nuevo tipo de hombre.

El hombre y la mujer modernos necesitan una silla moderna.[14]

Fue en la Bauhaus donde comenzaron a pensar en el "diseño de muebles para las masas", ligeros y con materiales de bajo coste.[15] Un hito en este sentido fue la exposición de la Bauhaus en 1923, cuyo tema fundamental

---

[14] Benton, "Le Corbusier. Furniture and the Interior", 103-124.
[15] La Bauhaus, donde Mies van der Rohe enseñó y Breuer estudió, es ahora considerada la más influyente escuela de diseño del siglo XX, sus diseños simples y funcionales se ofrecían como una alternativa al "desorden del siglo XIX". La escuela abrió en 1919 en Weimar, Alemania, bajo la dirección del arquitecto Walter Gropius (1883-1969), con la idea de colaboración entre artistas y técnicos para la producción industrial de una amplia gama de productos y para repensar la dirección de la arquitectura. Fue una nueva aproximación al diseño industrial a través de la producción de prototipos para la vida diaria. (En los años 20 también trabajaron en el acero tubular en Alemania: Mart Stam o Walter Gropius.)

Silla Weissenhof con antebrazos, Mies van der Rohe y Lilly Reich, 1927.

fue el amueblamiento de la casa. Poco después, Marcel Breuer en 1925 y Walter Gropius en 1926 se apoyaron en la flexibilidad estructural de los tubos de acero y la elasticidad de la tela estirada para crear sus sillas.

La Silla Wassily (1925) de Marcel Breuer —quien utilizó una composición de las tiras de cuero suspendidas en tubos de acero— fue la primera de este tipo. Como una forma de construir una silla más transparente, éste la redujo a sus líneas y planos elementales. Tras el diseño de Breuer, Mart Stam ideó su prototipo de silla de metal tubular en 1926, que inspiró a Mies van der Rohe y a Lilly Reich a concebir su Side Chair (MR 10) (1927). En 1927, Thonet[16] comercializó las sillas proyectadas para

---

[16] Michael Thonet revolucionó la manera de hacer sillas, con el desarrollo del sistema doblado de madera al vapor. Lo cual llevó a la silla del ámbito de la artesanía al de la era industrial y convirtió a Thonet, a finales del siglo XIX, en la compañía de sillas más grande del mundo. La técnica de Thonet fue totalmente revolucionaria, ya que evitaba las juntas y los cortes complejos mediante el uso de piezas dobladas al vapor en formas curvas. Esta

el proyecto de Vivienda Weissenhof de Mies van der Rohe, que fueron confeccionadas con acero tubular y asientos de mimbre, diseñadas por Lilly Reich.

Mientras que Breuer, Mies, Oud y Stam estaban trabajando con acero; en Francia, Herbst, Mallet-Stevens y, en teoría, Le Corbusier, estaban atraídos por materiales que desmaterializaban el objeto como el níquel, el cromo o el latón, así como por formas elaboradas a partir de tubos de líneas continuas.

El acero tubular hizo su debut en Francia, siendo probado por Herbst, en 1926. En aquel entonces, Perriand concibió un mobiliario de metal tubular en cromo y aluminio. Ella fue pionera a la hora de innovar con este tipo de materiales y técnicas en Francia y utilizó tubo de acero en el mobiliario de su Bar en la azotea en 1927.[17]

Los diseñadores franceses estaban pensando en una silla que, frente a la funcionalidad alemana, se ideara para un tipo de vida informal y se orientara al disfrute. A diferencia de Alemania, en Francia, ya desde mediados de los veinte, había surgido una preocupación por el disfrute y la relajación, y el concepto de confort comenzó a formar parte del interior doméstico. El discurso de Eileen Gray fue precursor en este sentido, "'el hombre moderno' necesita algo más humano", afirmaba.

Si los alemanes habían conseguido diseñar sillas modernas, Le Corbusier debía afrontar el diseño de su "máquina para sentarse" y ésta debía ser una alternativa "francesa". Sin embargo, a mediados de la década de 1920 una serie de dibujos de interiores mostraban su experimentación con la idea de la silla sin mucho éxito.[18] Él no conseguiría resolver el problema hasta que invitase a Perriand a comandar el proyecto del interior moderno, en el Atelier de la rue de Sèvres, desde 1927.

técnica se había utilizado durante mucho tiempo en la construcción de barcos y carruajes, pero nunca antes para fabricar sillas.
[17] Silvana Rubino, "Bodies, chairs, necklaces: Charlotte Perriand and Lina Bo Bardi", *Cadernos Pagu, Campinas*, no. 34 (junio 2010), 331-362.
[18] Benton, "Le Corbusier. Furniture and the Interior", 103-124.

Nuevo mobiliario japonés

"Aún, hoy en día, las sillas de estilo occidental no han reemplazado completamente los respaldos sin patas que se usan en las salas de tatami",[19] afirmaba Arata Isozaki en 1985. Sólo en la medida en que la modernización avanzó en Japón, hacia principios del siglo XX, comenzaron a aparecer muebles en los hogares japoneses. El objeto más foráneo en esa cultura fue la silla. La inercia en cuanto a su incorporación en el espacio doméstico se prolongó hasta la postmodernidad.

Hacia mediados de la década de 1970, los fundamentos del diseño interior en Japón experimentaron un cambio importante. El código de la modernidad austera comenzó a dar paso a una creciente preocupación por la decoración. Más adelante, nuevas formas transcendieron las reglas impuestas desde Occidente en cuanto a materiales y técnicas, estrechamente relacionadas con la estructura del consumo. La heterogeneidad creciente de los diseños de mobiliario japonés, más allá de aspiraciones postmodernas, evidenciaban tendencias individualeses que favorecían el placer estético y frivolizaban el carácter funcional de los objetos, principalmente de las sillas.

> Siempre pensé que, como todos los demás, los muebles japoneses simplemente no existen. ¿No está el Japón, hoy en día, condenado a copiar muebles de Occidente?[20] Arata Isozaki

La crisis económica que asoló a Japón en los años setenta —especialmente desde la crisis del petróleo en 1973— tuvo su reflejo en el mundo de la arquitectura. Fue un momento difícil para los arquitectos de ese país a la hora de construir edificios públicos,[21] lo cual los condujo a enfocarse en la escala doméstica y en el diseño de mobiliario. La Silla

---

[19] Arata Isozaki, "The Paradox of Tradition", en *Kagu: Mobilier Japonais* (Tokio: Dai Nippon, 1985), 5.
[20] Arata Isozaki, "Furniture with the spirit of Japanese Design", en *Kagu: Mobilier Japonais* (Tokio: Dai Nippon, 1985), 8.
[21] Toyo Ito, "My personal History in Architecture" (conferencia presentada en el Círculo de Bellas Artes de Madrid, en Madrid, España, 12 de noviembre de 2009).

Silla de Cristal, Shiro Kuramata, 1976.

Marilyn que Arata Isozaki diseñó para Tendo en 1973, representó un símbolo en este sentido, ya que introducía, por vez primera, componentes formales postmodernos. Destaca el hecho de que Isozaki fuera arquitecto urbanista y que formara parte del movimiento internacional de arquitectura y diseño industrial *Memphis* (1980-1988).

En todo caso, el líder de la transformación del diseño de mobiliario japonés, por aquel entonces, fue el otro integrante nipón del Movimiento Memphis, Shiro Kuramata. El carácter experimental de sus muebles, que introducían materiales innovadores y aspiraban a la ligereza e incluso a la transparencia, influirían de manera decisiva en el panorama arquitectónico japonés desde principios de los años ochenta. En concreto, su Silla de Cristal (1976) se convirtió en un temprano ícono del cambio; ideada como un objeto de arte, la silla de Kuramata trascendía los ideales postmodernos.

La falta de dinero para la gran arquitectura continuaría siendo una constante a lo largo de la primera mitad de la década de 1980. A diferencia de la década anterior, en este periodo surgió con ímpetu el consumismo. El interés de los japoneses en la época de la burbuja se centró, por orden de importancia, en: los buenos electrodomésticos (especialmente la televisión, el frigorífico y la lavadora), luego los coches, a continuación, el mobiliario y, por último, la casa.[22] Cuestión que requería una reflexión acerca de la vivienda, que condujo a ciertos arquitectos japoneses del momento a preocuparse por el interior doméstico como proyecto en sí mismo.

Hacia mediados de la década de 1980 los diseñadores de interiores tuvieron mucho poder en Japón e incluso tomaron decisiones acerca del desarrollo de las ciudades. Tenían muchos contactos con la gente adinerada. Japón en aquel momento estaba lleno de emprendedores con dinero y con no tanta formación estética. Esa gente no conocía a arquitectos y en cambio conocían a diseñadores industriales, muy famosos en aquel momento. Fueron estos los que incluso consiguieron encargos para algunos arquitectos. Hubo tres actores fundamentales en la historia del diseño interior de Japón en los 80: Shiro Kuramata, Shigeru Uchida y Takashi Sugimoto. Los tres diseñadores tuvieron una influencia muy amplia. Kuramata fue el más influyente de los tres, Uchida colaboró con la compañía de coches Nissan, y Sugimoto fue responsable del encargo del Restaurante Nómada a Toyo Ito (...) Todos los japoneses ricos estaban muy atraídos por consumir mobiliario y moda occidentales. Pero ocurrió que el mobiliario occidental era demasiado grande para los espacios japoneses. Surgió, por tanto, la necesidad de diseñar mobiliario y vivienda acorde con los nuevos deseos de la sociedad.[23] Kiyoshi Sey Takeyama

Hasta el año 1985, aproximadamente, en Japón "básicamente se copiaban muebles occidentales". La Exposición Bienal de la empresa Tendo de 1986 fue un hito porque mostró un cambio definitivo de tendencia en el diseño de mobiliario, incorporando prototipos diseñados por arquitectos. Así lo recogió Hiesinger en su libro *Japanese Design. A survey since 1950* (1995): "(En la Exposición Tendo de 1986) hubo una gran respuesta a los muebles presentados por los jóvenes arquitectos, como indicio de una nueva dirección para el diseño de mobiliario en Japón".[24]

---

[22] Kiyoshi Sey Takeyama, entrevista con la autora, Tokio, 20 de diciembre de 2012.
[23] Kiyoshi Sey Takeyama, entrevista con la autora, Tokio, 20 de diciembre de 2012.
[24] Philadelphia Museum of Art & Felice Fischer, *Japanese Design. A survey since 1950*, eds. por Kathryn. B. Hiesinger & Felice Fischer (Philadelphia: Harry N Abrams Inc, 1995), 33.

El momento culminante del diseño de posguerra japonesa fue la década de 1980.[25]

Inspirados en los diseños innovadores desde mediados de los años setenta, los arquitectos japoneses pensaron en el mueble de manera diferente en los ochenta, esto es, como objetos en sí mismos, independientes de su propia arquitectura y en respuesta a los nuevos estilos de vida. El nuevo mobiliario japonés se concibió como objeto de arte, donde el confort y la funcionalidad fueron desapareciendo en favor de cualidades estéticas que buscaban la desmaterialización del objeto. Trascendía la postmodernidad, era ligero, ingenioso e incluso parecía flotar en el espacio. La inmaterialidad de estos diseños se consiguió a través de mallas metálicas finas. Transparencia y translucidez eran las cualidades que caracterizaban a aquellos muebles, principalmente sillas, pensadas para la nueva libertad individual.

En 1987 se publicó un artículo titulado "The Golden Age: Japanese Design" —justo un año después de la Exposición de Mobiliario de la empresa Tendo— que describía el poder internacional que adquirieron los diseños de mobiliario japoneses en esta década.

> En la Edad de Oro del Diseño Japonés, en aquel período de la historia del diseño (los años ochenta), Japón era el líder al que mirar y tener en cuenta.[26]

Uno de aquellos muebles fue el famoso sillón How High the Moon (1986) de Shiro Kuramata (1934-1991) —quien había estudiado arquitectura antes de convertirse en un aclamado diseñador de muebles e interiores—. En éste la malla elástica de alambre niquelado configuraba un asiento cuasi-cómodo; a su vez, este material inesperado transformaba una forma clásica en una pieza revolucionaria. El sillón de Kuramata, ensamblado en rejilla metálica fina, representó una tendencia constructiva, que él

---

[25] Andrew Pekarik, "Japanese Design: A Survey Since 1950 Review", *Design Issues* 11, no. 2 (1995), 71-84, doi:10.2307/1511760.
[26] "The Golden Age: Japanese Design", *Time* (21 de septiembre de 1987), 40, en Botond Bognar, *Beyond the Bubble. The New Japanese Architecture* (Nueva York: Phaidon Press, 2008), 25.

How High the Moon, Shiro Kuramata, 1986.

mismo había iniciado con su mobiliario de vidrio en 1976, donde un único material se hacía objeto y estructura a la vez.

Kuramata aspiró a emplear materiales innovadores que no se habían utilizado antes. Por ejemplo, gracias al uso de la malla metálica, el mobiliario se aligeraba. Otra de las cualidades de sus muebles fue la "ironía funcional": eran objetos alejados de todo confort y con ambigüedad de uso. Su trabajo tuvo una gran influencia en los arquitectos Toyo Ito y Kazuyo Sejima, con quienes colaboró en varias ocasiones.

Por ejemplo, en el Mobiliario para Pao (1986), Toyo Ito utilizó materiales contemporáneos, tales como aluminio, resinas y madera contrachapada. Estos muebles se cubrían con tela translúcida que creaba objetos casi transparentes e inmateriales. Los asientos del mobiliario se posaban sobre livianas estructuras, "simulando" flotar suavemente en el espacio, como objetos de deseo más que como muebles funcionales.

En esta misma línea, Kazuyo Sejima diseñó un banco metálico denominado Dai Dai en 1988, en el que sobre una fina estructura se apoyaba una lámina ondulada metálica ligera. Había dos versiones, una de ellas con asiento translúcido. En ambos casos, el asiento parecía no sólo flotar sino, incluso, moverse en el espacio.

Fu-fu, Mobiliario para la Mujer Nómada de Tokio, Toyo Ito, 1986.

Casa-vestido

Si la arquitectura doméstica japonesa de la década de los setenta se caracterizó por su actitud introvertida que negaba el contexto urbano, con ejemplos emblemáticos como la Casa White U (1976) de Toyo Ito o la Casa en Uehara (1976) de Kazuo Shinohara; la apertura de la arquitectura doméstica de los ochenta tuvo su origen en la innovación en materia de mobiliario desde mediados de la década de 1970. La experimentación con el diseño de la silla motivó una renovación de la vivienda japonesa y, en última instancia, una transformación urbana desde el interior; de la misma manera en que los diseños de mobiliario franceses de finales de los años veinte —especialmente los de Perriand o Gray— sentaron las bases para el ensayo de arquitectura prefabricada orientada al ocio de finales de los años treinta.

¿Qué tipo de arquitectura podría estar inspirada en un estado tan acelerado, simulado y caótico de las cosas? La que resulta de una investigación vinculada con el espectáculo y con el impacto de la imagen, fruto de una posibilidad de constante regeneración relacionada con un sentido de impermanencia. Al igual que los muebles de Kuramata, "el diseño contem-

Casa en Uehara, Kazuo Shinohara, 1976.

poráneo en Japón se caracterizó, desde entonces, por la ligereza, la fragmentación y la disolución, a menudo con un sentido de temporalidad que favorece la ambigüedad, la transparencia y la inestabilidad perceptiva".[27]

En la era de la electrónica en Japón, la arquitectura estaba abocada a perder su forma y aspiraba a ser efímera, tal como había vaticinado el crítico e historiador Koji Taki. A su vez, los arquitectos japoneses, entre ellos, Toyo Ito, Itsuko Hasegawa y Osamu Ishiyama, comenzaban a cuestionar el utilitarismo como elemento intrínseco al diseño de arquitectura y mobiliario. La propuesta de la casa como vestido, de Toyo Ito, suponía la negación de la necesidad de una vivienda para el individuo contemporáneo.

[27] Botond Bognar, "What Goes Up, Must Come Down", *Harvard Design Magazine | Durability and Ephemerality, plus Books on History and Theory*, no. 3 (1997), http://www.harvarddesignmagazine.org/issues/3

Su mobiliario era inteligente, estaba desprovisto de cualquier referencia formal con la máquina y carecía de toda pretensión de comodidad.

Muy en contacto con los diseñadores de interiores, cada vez con más poder en Japón, Toyo Ito se propuso diseñar la casa y el mobiliario de acuerdo a los nuevos estilos de vida, por lo que comenzó a hablar de arquitectura como envolvente. Ésta se inspiraba en los avances tecnológicos, a la vez que se volvía más abstracta y se acercaba a la condición de vestido. Liviana y con afán de desmaterialización, la arquitectura de Ito aspiraba a desaparecer material y visualmente.

Reuniones Adèle

El interés por la obra y vida de Charlotte Perriand resurgió en Japón en los años ochenta.[28] Yasushi Zenno

La atención de la sociedad japonesa hacia el interior doméstico en la década de 1980 —fruto del despegue del consumo— en combinación con el nuevo poder femenino, motivó el redescubrimiento de la figura de Charlotte Perriand en Japón. Arquitectos y diseñadores buscaban referentes para afrontar la concepción de mobiliario y de espacio interior. La aportación de Perriand había sido crucial en la historia de diseño interior japonés desde antes de la Guerra. Su papel como arquitecta transnacional, colaboradora de Le Corbusier y su "vida de arte" se presentaban como nicho de inspiración para la creación de mobiliario, nuevos modos de vida y arquitectura en el país asiático.

En aquel tiempo, Toyo Ito estuvo muy interesado en Perriand, especialmente en el hecho de que ella llegó a Japón justo antes de la Segunda Guerra Mundial, cuando el país aún era pobre, visitó las zonas rurales y estudió los trabajos de artesanía. "Perriand vio una cesta de mimbre en sentido positivo", afirmaba con admiración el propio Ito.

---

[28] Yasushi Zenno, entrevista con la autora, Tokio, 27 de diciembre de 2012.

En 1983, Ito inició un grupo de investigación junto con otros arquitectos japoneses de su misma generación, con el objetivo de indagar acerca de mobiliario y nuevos estilos de vida en Tokio. Itsuko Hasegawa, Kijo Rokkaku, Osamu Ishiyama y Riken Yamamoto participaron en aquellos eventos denominados "Reuniones Adèle", que tuvieron lugar en la oficina de Ito entre 1983 y 1984. Aspiraban a diseñar muebles e interiores y a publicar un libro, que venderían junto al mobiliario; e incluso hicieron una o dos exposiciones de carácter privado. En estos encuentros estudiaron los bocetos de una mujer francesa, colaboradora de Le Corbusier, en las décadas de 1920 y 1930 en París; "alguien como Charlotte Perriand", en palabras de Ito.

> En los años treinta, Le Corbusier solía ir a un café en París donde se reunía con Picasso y otros. Allí hablaban acerca de diseño, arquitectura y nuevos estilos de vida. A aquel café también acudía habitualmente una mujer diseñadora francesa. Ella era estudiante de diseño o acababa de terminar sus estudios hacía poco tiempo. Visitaba el café de vez en cuando y allí abocetaba sus proyectos. Cada día planteaba un concepto y dibujaba sus propuestas. (...) Nosotros encontramos su diario, e intentamos crear mobiliario a partir de sus dibujos y bocetos. [29] Toyo Ito

Pensaban que la sofisticación propia de las creaciones de una diseñadora francesa, cercana a Le Corbusier, les ayudaría a vender sus prototipos[30]. Los japoneses siempre se habían sentido muy atraídos por la cultura francesa, de hecho, después del terremoto de 1923, pensaron en París como un modelo para la reconstrucción de Tokio. Además, en Japón, el francés continuaba siendo el idioma preferido frente al inglés, especialmente entre las mujeres; quienes, entonces, también demostraban gran fascinación por la moda parisina.

Se trataba de un truco publicitario. "¿Quién iba a comprar nuestros muebles en Japón si habían sido diseñados por arquitectos japoneses? Sin embargo, si nosotros vendíamos el mobiliario diciendo que había sido

---

[29] Toyo Ito, entrevista con la autora, Tokio, 20 de diciembre de 2012.
[30] Perriand conoció a Picasso y lo detalla en su autobiografía, *Charlotte Perriand, A Life of Creation* (Nueva York: Monacelli Press, 2003), 107.

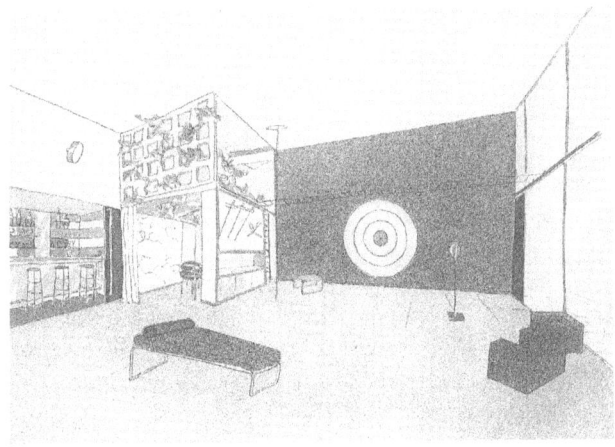

Trabajo y Deportes, vista de la sala de ejercicios y bar, Charlotte Perriand, 1930.

ideado por una mujer parisina de los años veinte o treinta, alguien como Perriand, la gente lo compraría",[31] argumentaba Ito. Así fantasearon acerca de los diseños que aquella joven habría hecho en el París de los años veinte y treinta.

El nombre de la diseñadora era Adèle, el mismo que el de la hija de Víctor Hugo. Una década antes, se estrenó en Francia la película *L'Histoire d'Adèle H.* (1975) de François Truffaut. "Es muy probable que Toyo Ito, gran cinéfilo, se inspirase en aquella película para elegir el nombre de la protagonista de sus investigaciones".[32]

> Nos reunimos varias veces e inventamos bocetos. Imaginamos qué tipo de diseños podría haber dibujado ella en aquel diario, pero nadie era bueno en aquello. Sejima no participó en aquellas reuniones. ¡Si ella hubiese estado, habríamos tenido éxito![33] Toyo Ito

---

[31] Toyo Ito, entrevista con la autora, Tokio, 20 de diciembre de 2012.
[32] Pedro Luis Gallego, lectura de la tesis doctoral de la autora, ETSAM, Madrid, 2013.
[33] Toyo Ito, entrevista con la autora, Tokio, 20 de diciembre de 2012.

En los albores de la burbuja económica, Ito ya contaba con reconocimiento, pero aún no conseguía encargos para realizar proyectos públicos grandes, por lo que se enfocó en el proyecto del interior doméstico. Sejima recordaba sus investigaciones en este ámbito, así como las reuniones en las que ella no intervino, a pesar de formar parte de su oficina por aquel entonces: "Ito aspiraba a hacer un nuevo tipo de diseño, algo con movimiento. Él y otros arquitectos de su generación hacían un proyecto ficticio llamado Casa de Adèle. El proyecto quedó inconcluso".[34]

Lo interesante es que justo en 1984, Toyo Ito publicó un artículo bajo el título "Adèle's dream"[35] junto con planos e imágenes de la Casa Hanakoganei (1982-1983), en la revista *The Japan Architect*, en el cual escribía:

> Hace algún tiempo, un amigo que había vivido en París me mostró el croquis del interior de una habitación. El croquis, según el amigo, estaba acompañado por la nota de una chica de nombre Adèle, quien estudiaba diseño en París en los años veinte. Si esta chica finalmente se convirtió en diseñadora o cómo vivió en la ciudad en la época en la que los diseñadores estaban inmensamente estimulados por las artes, se desconoce. El croquis, casi un garabato, simplemente mostraba una cúpula de curva suave con una amplia abertura bajo ella. [...] Estaba claro, viendo la nota, que el croquis había sido garabateado en un apartamento en París, en un sombrío día de invierno. Un fuerte deseo de un resplandeciente sol y de aire fresco debió haber ocupado la mente de Adèle. Mi imaginación comenzó a estimularse. ¿Conocería ella a Le Corbusier? La sensación provocada por el croquis originó otra similar a la deslumbrante frescura que debió de haber tenido la Maison La Roche de Le Corbusier al concluirse. El croquis, después de todo, expresaba de forma ingenua, la vivacidad y la sencillez de las expectativas de una edad, sobre una nueva vida en un nuevo espacio urbano. Hoy día, Tokio está lleno de señales del deseo de la denominada "vida deliciosa" ("tasty" life). La totalidad de productos materiales, muebles y viviendas, que deberían garantizar la realización de

---

[34] Kazuyo Sejima, entrevista con la autora, Tokio, 25 de diciembre de 2012.
[35] Toyo Ito, "Adèle's dream: architects: Toyo Ito, Architect and Associates", *The Japan Architect* 59, no. 323 (1984), 49-54.

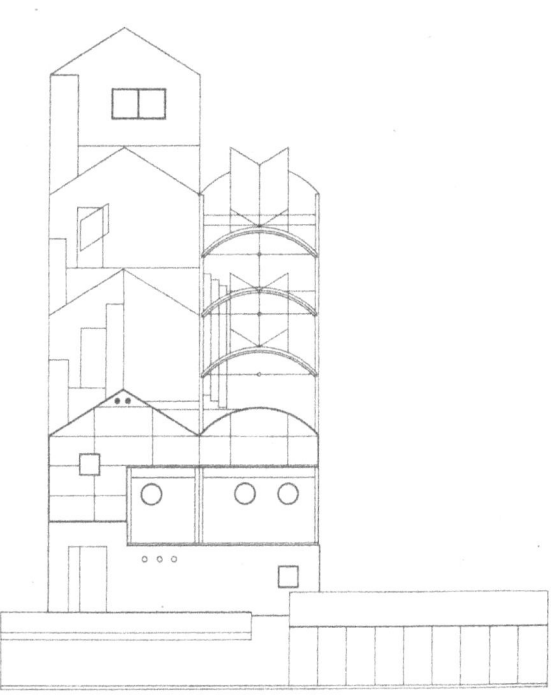

Casa Hanakoganei, Toyo Ito, 1982-1983. Cortesía de Toyo Ito & Associates, Architects.

la vida material soñada, nunca parece reducir el deseo de más placeres. [...] No puedo dejar de pensar que existe una proto-imagen de un nuevo entorno urbano, comúnmente compartido en esa época, similar al que Adèle ansió.[36]

Charlotte Perriand ensayó sus primeros diseños en su apartamento en Place Saint Sulpice en París. Allí concibió un interior doméstico propio de un nuevo estilo de vida urbano informal. Poco después, su cometido en el Atelier de Le Corbusier fue justamente "el interior de la habitación". En

---

[36] Ito, "Adèle's dream", 49-54.

concreto, en febrero de 1928, Charlotte Perriand inició la transformación del espacio interior de la galería de la Maison La Roche. La *Chaise Longue* fue expuesta, por vez primera, como mobiliario de La Roche, también en 1928.

Encontré unas notas en 1985 sobre una diseñadora de interiores francesa que había trabajado con Le Corbusier en París. Entiendo que aquella chica era Charlotte Perriand. A raíz de aquellas reuniones, Ito desarrolló su concepto de Pao para la Chica Nómada de Tokio.[37] Nagisa Kidosaki

Precisamente, Kazuyo Sejima fue responsable del proyecto de la Casa Hanakoganei —la casa para sus padres— en la oficina de Ito.[38] La chica francesa diseñadora de muebles, Adéle, "se hacía real" en la figura de Sejima. Fascinada por el mundo de la moda, joven, urbanita, independiente y universitaria, con formación como diseñadora de mobiliario y vivienda, más adelante, Sejima estaría a cargo del diseño de un prototipo que aspiraba a revolucionar la arquitectura doméstica en Japón y más allá de sus fronteras: el Pao I (1985) de Toyo Ito.

---

[37] Nagisa Kidosaki, entrevista con la autora, UC Berkeley, 10 de agosto de 2012. Nagisa Kidosaki trabajó en la oficina de Toyo Ito, coincidiendo con Kazuyo Sejima.
[38] Kazuaki Hattori, entrevista con la autora, Tokio, 26 de diciembre de 2012.

PRODUCTOS PARA LA NUEVA MUJER

Porción del Collage del estand del Salón de Otoño, Charlotte Perriand, 1929.

Kazuyo Sejima en Pao I (Pre-mobiliario para la Inteligencia), 1986.

Tanto Perriand como Sejima se interesaron por el trabajo de dos arquitectos, Le Corbusier y Toyo Ito, cuya clara ambición, a sus cuarenta años, era la de transcender profesionalmente. Los dos, en momentos y lugares diferentes, reconocieron que el ámbito doméstico era un terreno fértil para la innovación y percibieron que las mujeres eran las nuevas clientas. Sin embargo, Le Corbusier e Ito se vieron incapaces de acometer, por sí mismos, el problema del interior doméstico y la creación de mobiliario. Ambos, respectivamente, contrataron a dos mujeres, Perriand y Sejima, con experiencia en el diseño de interiores y mobiliario, y las pusieron a cargo del diseño de dos prototipos destinados a los nuevos estilos de vida de la mujer moderna en Francia y de la mujer nómada en Japón: la Chaise Longue (1928) y Pao I (1985).

Perriand narró en su autobiografía que, tras muchos intentos y bocetos con Le Corbusier y Jeanneret, fue ella misma quien montó la *Chaise Longue* en su estudio en 1928. Ésta formaba parte de un conjunto de tres sillas, concebidas para tres posturas y funciones diferentes. La *Chaise Longue* era la "verdadera máquina del reposo",[39] sinónimo de vida informal y pensada para la mujer moderna. La sofisticación de la silla era doble: tanto material —tubo de acero brillante y piel de animal— como formal —un círculo abstracto y la curvatura de los tubos abrazaban al cuerpo humano—. A esto se añadió el hecho de que Perriand posó como modelo "habitando" la *Chaise Longue*, amplificando así la condición "femenina" de la silla. Le Corbusier mostró una de aquellas fotografías en una conferencia que pronunció en Buenos Aires en 1929, mientras defendía su concepto de "equipamiento para el Hombre Moderno".

Más de medio siglo después, Pao I (1985) supuso la culminación de los deseos de Toyo Ito de proponer un concepto de casa que, en sí misma, consideraba ya carente de sentido. El Pao de Ito representaba su visión de un nuevo ideal doméstico: "la casa del futuro" se destinaba a la

---

[39] Le Corbusier, *Precisiones respecto a un estado actual de la arquitectura y del urbanismo* (Barcelona: Artemis, 1993), 142.

mujer japonesa liberada. Kazuyo Sejima estuvo a cargo del proyecto Pao I, para el que además posó, revelando su papel como inspiradora no sólo de su concepto, sino también de su dimensión y proporción. Toyo Ito mostró las imágenes de "la famosa arquitecta" habitando Pao I en numerosas ocasiones, incluida una conferencia titulada "Mi historia personal como arquitecto" que pronunció en el Círculo de Bellas Artes de Madrid en 2009. La fotografía que Ito presentó evidenciaba el hecho de que su Pao I carecía de sentido sin la imagen de Sejima "viviéndolo".

Chaise Longue y la mujer moderna

Le Corbusier aspiraba a crear mobiliario como extensión del cuerpo humano: "objetos-miembros", que sirviesen a las "necesidades humanas". Sin embargo, a mediados de la década de 1920, una serie de bocetos de sus interiores mostraban su frustración a la hora de diseñar la silla. No fue hasta 1927 que él, con la ayuda de Charlotte Perriand, abordó con éxito el problema del diseño de mobiliario moderno.[40]

> El conjunto se montó en mi atelier en Saint Sulpice: la *chaise longue*, esculturalmente hermosa, la *fauteuil à dossier basculant* para los visitantes, y los sillones grande y pequeño *grand confort* en cuero natural.[41] Charlotte Perriand

En 1928, la astucia de Perriand, en colaboración con Le Corbusier y Jeanneret, posibilitó el ansiado diseño del trío de sillas, un éxito difícil de superar en su colaboración posterior. Una de las sillas fue diseñada "para conversar", era la *fauteuil à dossier basculant B301*; otra "para la relajación", los sillones *grand confort LC2*; y una tercera para dormir, la elegante *chaise longue B306*, inspirada en las curvas voluptuosas de las camas de día del siglo XVIII. La *siège grand confort*, le *petit fauteuil à dossier basculant* y la *chaise longue* fueron presentadas como un conjunto en 1928, amueblando la Maison La Roche y la Ville d'Avray. Cada

---

[40] Benton, "Le Corbusier. Furniture and the Interior", 103-124.
[41] Charlotte Perriand, *Charlotte Perriand. A Life of Creation. An Autobiography* (New York: The Monacelli Press, 2003), 31.

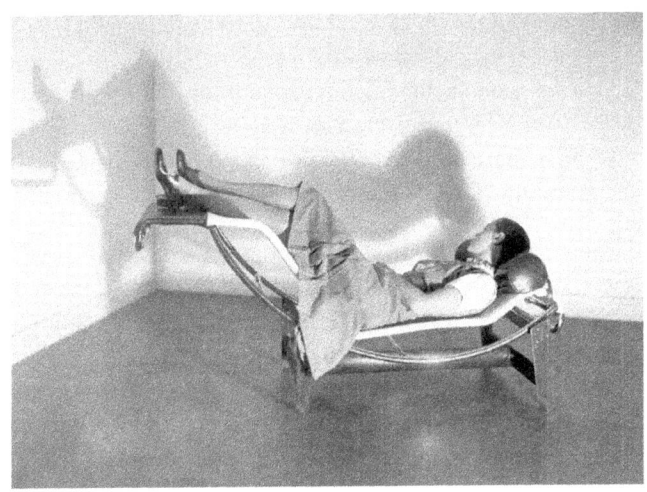

Perriand descansando en la *Chaise Longue*, fotografía tomada por Pierre Jeanneret, 1929.

una de estas sillas —ligeras, portátiles y dedicadas a la producción en masa— llevaba implícita una postura diferente.

Inicialmente, Le Corbusier le propuso a Perriand colaborar en el diseño de muebles, posteriormente, le atribuyó ser "la única responsable de la ejecución de todo el equipamiento doméstico".[42] Le Corbusier se refirió por primera vez a su colaboradora en un artículo y en una conferencia, donde mostró una de las famosas imágenes de Perriand recostada en la *Chaise Longue* (1928). En la conferencia titulada "La Aventura del Mobiliario", pronunciada en Buenos Aires en octubre de 1929, él explicó que el concepto de "mobiliario" había desaparecido, siendo reemplazado por el de "equipamiento", como una revolución en el diseño del espacio doméstico.

---

[42] Le Corbusier, "Certificat", 1934, en Charlotte Perriand, *Charlotte Perriand. Un art de vivre* (París: Musée des arts décoratifs, 1985), 22.

Finalmente, en 1928, nuestra asociada para la instalación de los interiores de las casas, Madame Charlotte Perriand, llegó a la conclusión, también, de las mismas dimensiones. Mientras yo les hablo aquí, en Buenos Aires, tenemos un gran estand en el Salón de Otoño de París, que demuestra de una manera perentoria, el principio del equipamiento de una habitación moderna.[43] Le Corbusier

El más complejo y sofisticado objeto del conjunto fue la *Chaise Longue*: una silla larga y reclinable, cuyo uso se había puesto de moda *nuevamente* en Francia a principios del siglo XVII, como sinónimo de un estilo de vida desenfadado. Desde principios del siglo XVIII, la nueva burguesía se interesó por este mueble; en el siglo XIX se siguió valorando aquella postura de relajación, ni sentado ni tumbado, que exigía un mueble transformable.

A principios del siglo XX, la chaise longue se usó principalmente como silla terapéutica, en particular, en sanatorios de tuberculosis, atendiendo a las ventajas que proporcionaba la postura y su uso al aire libre; de hecho, muchas de aquellas sillas, exquisitamente diseñadas, tenían ruedas. Desde mediados de la década de 1920, la influencia y el dominio de la mujer en la vida social francesa fue un factor relevante para el desarrollo de la chaise longue.[44] De objeto terapéutico pasó a ser una silla para el disfrute y la relajación especialmente femenina; y fue retomada por diseñadores como Josef Hoffmann, Jean Prouvé, Mies van der Rohe o Marcel Breuer, entre otros. Su utilización racional y elegante requería del diseño de un objeto ligero, portátil y ajustable.

> [...] he aquí la máquina de reposo. La hemos construido con tubos de bicicleta y la hemos cubierto con una magnífica piel de potro; es muy ligera [...] nuestra tumbona toma todas las posiciones; solamente mi peso es suficiente para mantenerla en la posición deseada.[45] Le Corbusier

---

[43] Le Corbusier, "La aventura del mobiliario", en *Precisiones respecto a un estado actual de la arquitectura y del urbanismo*, 139-142.
[44] Margaret Campbell, "From Cure Chair to Chaise Longue: Medical Treatment and the Form of the Modern Recliner", *Journal of Design History* 12, no. 4 (1999), 327-343.
[45] Le Corbusier, "La aventura del mobiliario", en *Precisiones respecto a un estado actual de la arquitectura y del urbanismo*, 139-142.

La *Chaise Longue* fue concebida como objeto para la relajación, de acuerdo a un estilo de vida informal, propio de finales de los años veinte en Francia. El cuerpo de la mujer inspiró tanto su forma como su tamaño. Más específicamente, la figura de Perriand dictó el concepto, la dimensión y la forma de aquella máquina para la relajación. De hecho, posó como modelo para las fotos promocionales, con las piernas cruzadas, una falda audazmente corta (para la época) y su collar de bolas industriales, presentando un mueble que se destinaba a la mujer moderna.

Dimensión sensual de la *Chaise Longue*

Perriand llevó al Atelier 35S a una dimensión sensorial antes foránea en el mismo. "Perriand brindó una estética radicalmente nueva e introdujo una variedad de formas y materiales, incluidos el cuero, la piel, la tela, la lona, el tejido de lana, etc., lo que suscitó una ajena dimensión sensual en la arquitectura de Le Corbusier y Pierre Jeanneret"[46]. Las sillas de Perriand, incluyendo la *Chaise Longue*, "abrazaban el cuerpo".

La capacidad sensorial de la *Chaise Longue* radicaba en su relación con el cuerpo humano y sus sentidos, tanto por el hecho de relacionarse con su forma o permitir su movimiento, como por la facultad de contribuir a otros placeres a la hora de tocarlo, usarlo o simplemente contemplarlo. Las cualidades formales y materiales de la *Chaise Longue* evidenciaban el origen francés del mueble, ante todo lujoso, y la convertían en un objeto de deseo. La silla se asemejaba a una escultura, alejada de toda cualidad estrictamente funcional y práctica, propia de los productos alemanes.

Mientras que Le Corbusier evocó connotaciones mecanicistas y masculinas en su descripción de la silla en *Précisions*, paradójicamente la

---

[46] Jacques Barsac, "The Life and Work of Charlotte Perriand", en *Charlotte Perriand et le Japon*, ed. por Jacques Barsac (Tokio: Norma, 2008), 264.

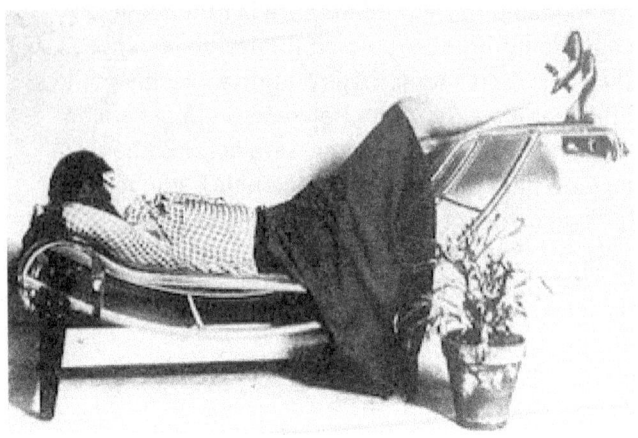

Charlotte Perriand en la *Chaise Longue*, prototipo de Le Corbusier-Jeanneret-Perriand, 1929.

imagen que publicó fue la icónica fotografía de Perriand recostada en la silla. El concepto de máquina para descansar contrastaba con la sensualidad que la imagen de Perriand aportaba al objeto. Así la condición estrictamente funcional asociada al concepto de "equipamiento" daba paso a su carácter decorativo. Con aquella fotografía, Le Corbusier buscaba sintonizar con los anhelos de la mujer moderna francesa, que mantenía un gusto por el diseño refinado. En definitiva, la *Chaise Longue* se destinaba al disfrute y placer de la mujer liberada, siendo Perriand paradigma de aquella nueva feminidad, con su pelo corto, ropa moderna y su collar de bolas de rodamiento.

Hay tres icónicas fotografías de Perriand acostada sobre la *Chaise Longue*. Las tres fueron concebidas por Perriand y tomadas por Pierre Jeanneret en 1928, mientras Le Corbusier viajaba por América del Sur. Las imágenes, con posiciones diferentes, pudieron haber sido producidas para mostrar la versatilidad de la silla.[47] Una de ellas ilustra el

---

[47] Rubino, "Bodies, chairs, necklaces: Charlotte Perriand and Lina Bo Bardi", 331-362.

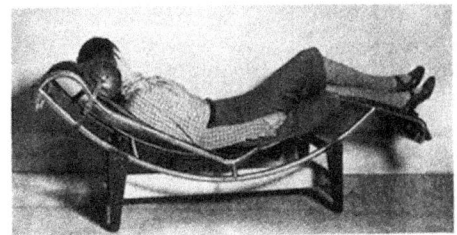

"Wood or Metal?", Charlotte Perriand, 1929.

segundo volumen de su *Oeuvre* de arquitectura, junto con el artículo "Wood or metal?" que Perriand publicó en la revista inglesa *Studio* en 1929. En él, la arquitecta francesa defendía el uso del metal que estimularía la misma revolución en el mobiliario que el hormigón había hecho en la arquitectura. En contraste con la irreverencia del texto, Perriand aparece fotografiada en otra posición, esta vez con las piernas más bajas.

Beatriz Colomina y Mary Mcleod sostuvieron posturas diferentes a la hora de analizar las famosas fotografías. Mientras Colomina sugería que "Perriand miró a la pared y no vio nada, negando su visión y su autoría, todo lo que quería hacer era hincapié en la silla, que podría haber sido utilizada por cualquier persona";[48] McLeod destacaba la postura y el atuendo de Perriand, con sus piernas levantadas y su vestido corto, y defendía que "estaba de hecho coqueteando, mostrando una pieza de mobiliario que, como su imagen, desprendía un encanto al borde de la seducción".[49]

Sin duda, las imágenes, orquestadas por Perriand, evidencian que se trataba de un objeto concebido para ella misma. Utilizó su ingenio para idear la máquina de descanso y empleó su propia imagen para promocionarla, con la confianza de que su condición de diseñadora libre —para proyectar y para posar— sintonizaría con la nueva clienta del espacio doméstico en la Francia de finales de los años veinte: la mujer moderna.

El diseño de la *Chaise Longue* supuso un doble éxito para Le Corbusier: consiguió, por fin, concebir una silla moderna francesa como alternativa a los diseños alemanes y lo hizo con el respaldo de una mujer. Le Corbusier ganaba la batalla a las críticas recibidas con anterioridad, especialmente gracias al texto que la propia Perriand publicó con motivo de la exhibición de las sillas, "Wood or Metal?" (1929), en el que argumentaba que los diseños de mobiliario del Atelier de Le Corbusier "eran muy diferentes a los diseños de la Bauhaus", a la vez que hacía una defensa del metal en consonancia con las ideas lecorbusianas.[50] Esta publicación, junto a la presentación de la silla por parte de Perriand, suponía una elocuente respuesta a las críticas previas de Erna Meyer a los interiores de Le Corbusier.

En última instancia, la sofisticación de la *Chaise Longue* contrastaba con la sencillez y la sobriedad de los interiores alemanes. La silla irradiaba precisión técnica y sensualidad material y formal. Era un objeto ligero y más que un mueble, representaba una manera de posicionarse frente a

---

[48] Beatriz Colomina, *Privacy and Publicity. Modern Architecture as Mass Media* (Cambridge, MA: MIT Press, 1994), 106.
[49] Mcleod, *Charlotte Perriand. An Art of Living*, 48.
[50] Le Corbusier había escrito en *L'Art décoratif d'aujourd'hui* (1925), "No hay ninguna razón por la que la madera deba seguir siendo el material principal para el diseño de muebles".

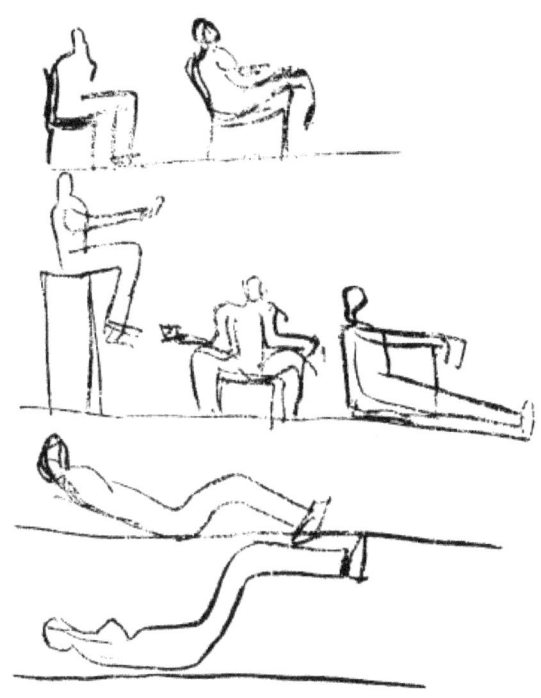

"La Aventura del Mobiliario", *Precisiones*, Le Corbusier, 1930.

un mundo cambiante. Se trataba de un elemento capaz de modificar el ambiente en el que se introducía o configurar espacio por sí misma. Con su carácter seductor, destinada al ocio, la *Chaise Longue* aspiraba a "la construcción del individuo moderno". Sus materiales caros, la incapacidad para la producción en serie y el enfoque en la relajación sugirió un nomadismo lúdico y moderno, antecedente del desarrollo, una década más tarde, de un nuevo paradigma espacial al que denomino Arquitectura Petite[51].

---

[51] Marta Rodríguez, "Petite Architecture", en *Architecture: The Whole Story*, ed. por Denna Jones (Londres: Thames & Hudson, 2014), 460-461.

Chaise Longue (1928), contradicciones

La *Chaise Longue* encerraba, en sí misma, una serie de contradicciones: era un objeto lujoso que no posibilitaba una producción en masa; al mismo tiempo que no respondía a las necesidades reales de la mujer moderna, trabajadora y libre, que carecía de tiempo para la relajación y la contemplación.

De acuerdo al concepto de "equipamiento" definido por Le Corbusier, la silla moderna debía ser producida industrialmente y en serie. Por el contrario, la *Chaise Longue* no pasó de ser un objeto de producción artesanal. Era un mueble caro y no industrializado. De hecho, se entendía más como una obra de arte que como un objeto funcional. Se trataba de un objeto demasiado grande para la vivienda mínima racional, típica del momento. A su vez, no respondía a las necesidades básicas del individuo moderno, dado que se orientaba esencialmente al ocio.

Al igual que el mobiliario de Marcel Breuer, la *Chaise Longue* fue producida por Thonet. Pero a diferencia de los diseños de Breuer, que fueron programados para su uso comercial y con un precio destinado a un mercado de clase media; las sillas de Perriand, Le Corbusier y Jeanneret estaban dirigidas a los modernos interiores residenciales de mayor coste y tuvieron, por tanto, menos éxito comercial. Los tres diseñadores se enfocaron más en las cualidades estéticas del acero tubular que en la lógica de su construcción a la hora de concebir la *Chaise Longue*. Como resultado, su máquina para el descanso era un objeto destinado a un mercado elitista, que no guardaba relación con las aspiraciones sociales iniciales de proporcionar espacio doméstico eficaz al servicio del sujeto moderno.

Paradójicamente, el que fue el gran éxito de la colaboración de Perriand y Le Corbusier se convertiría, más adelante, en el origen de su discrepancia. Perriand no tardó en mostrar una actitud crítica frente al lujo material y estético de la *Chaise Longue*. Hacia mediados de los años treinta, ella comenzó a defender que los muebles debían servir a las necesidades humanas y tener un papel estrictamente funcional. La tecnología no tenía que ser puesta sólo al servicio del estilo o de la teoría abstracta.[52]

---

[52] Joan Ockman, "Lessons from Objects. Perriand from the Pioneer Years to the 'Epoch of Realities'", en *Charlotte Perriand. An Art of Living*, ed. por Mary McLeod (New York: Harry N. Abrams in association with the Architectural League of New York, 2003), 161.

La Casa de un Joven, Exposición Internacional de Bruselas, Perriand, 1935.

Además, se dio cuenta de que aquellos prototipos franceses no contribuían a liberar a la gente, en definitiva, no eran diseños para el individuo moderno y sus aspiraciones.

La principal artífice del objeto, Perriand, en un deseo de distanciamiento de las aspiraciones burguesas, criticó la *Chaise Longue* y, por ende, comenzó a separarse de las ideas lecorbusianas. Con el argumento de que tecnología y estilo no eran suficientes para satisfacer las necesidades de la sociedad del momento, comenzó a crear sillas baratas de madera, cuyo resultado inicial fue la exposición de 1935. Más adelante, esta postura se hizo aún más palpable cuando ella versionó la Chaise Longue en Bambú (1941); silla que evidenciaba el cambio de parecer de Perriand, quien entonces defendía que "cualquier material podía estar al servicio de la sociedad".[53]

Pao I y la mujer nómada

El Pao, o tienda de campaña nómada, fue creado como una morada para ella.[54]

---

[53] Perriand, *Charlotte Perriand. A Life of Creation*, 107-108.
[54] Andrea Maffei, ed., *Toyo Ito. Works, projects, writings* (Londres: Phaidon Press, 2006), 50.

En 1985 la economía japonesa comenzaba a despegar, pero aún no había mucho trabajo para los arquitectos, era el momento idóneo para la innovación en materia de espacio doméstico. Toyo Ito propuso entonces su concepto de casa para un nuevo sujeto nómada: una mujer joven, soltera y con autonomía económica, situada en Tokio. Para ella, Ito realizó el proyecto Pao I: una vivienda que se configuraba como una especie de vestido.

Poco antes, Ito había experimentado con el concepto de cabaña urbana como "barraca de aluminio".[55] en su proyecto *Silver Hut* (1982-1984), combinaba dos aspectos dispares: el brillo futurista del aluminio y la estructura primitiva de la barraca. Él eligió el aluminio, tanto por el reflejo que producía como por su color plateado y por el carácter temporal de ese material industrial. Aquel interés por la temporalidad desembocó, finalmente, en su propuesta de casa nómada: Pao.

> Tengo la intención de utilizar la palabra pao, con las connotaciones de una casa primitiva, que se puede envolver alrededor del habitante como un abrigo de grandes dimensiones, es una especie de residencia transportable. Se llama "Proyecto Pao: Morada para la Mujer Nómada de Tokio".[56]
> Toyo Ito

Pao I: Prototipo de Instalaciones Compactas para la Mujer Nómada de Tokio (1985) fue diseñado por Toyo Ito, con la participaron de sus entonces colaboradores Kazuyo Sejima y Kazumichi Iimura. Sejima estuvo a cargo del proyecto.[57] La instalación se mostró en una exposición llamada "Cosas Cambiantes, Cosas que no Cambian y Diseño Japonés Parte 2", celebrada en la sucursal de los grandes almacenes Seibu en Shibuya, Tokio, del 3 al 29 de octubre de 1985. Pao I fue presentado coincidiendo

---

[55] Mucho antes, en 1971 Toyo Ito realizó su primer proyecto de vivienda al que denominó *Casa de Aluminio* (1971), como parte de su oficina *Urban Robot*.
[56] Toyo Ito, en Koji Taki, "Towards an open text. On the work and thought of Toyo Ito", en *Toyo Ito: architecture of the ephemeral*, ed. por Sophie Roulet & Sophie Soulié (París: Editions du Moniteur, 1991), 6-17.
[57] Toyo Ito, "My personal History in Architecture" (conferencia presentada en el Círculo de Bellas Artes de Madrid, en Madrid, España, 12 de noviembre de 2009).

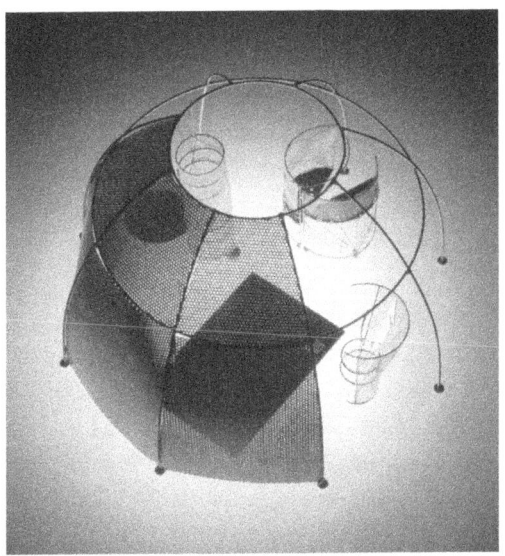

Pao I - Vivienda para una Mujer Nómada de Tokio, Toyo Ito, 1985.

con el inicio de la burbuja económica japonesa, y se orientó a la mujer urbanita de la era postindustrial japonesa. Toyo Ito revelaba, a través de la elección del personaje, todo un desplazamiento de intereses asociado al capitalismo tardío del momento.

Se trataba, en realidad, de una tienda de campaña o vestido habitable, que posibilitaba las actividades diarias de aquella mujer nómada en su deriva urbana. Pao I representaba "la casa del futuro" propuesta por Ito: un sumatorio de envolventes confeccionadas con una estructura metálica ligera. Consistía en una serie de estructuras de mobiliario que se envolvían con una tela translúcida, sujeta gracias a unos anillos metálicos. Se componía de tres tipos de (pre)mobiliario: para la moda, para el aperitivo y para la inteligencia.

> Precisamente la muchacha que vive sola y vaga por Tokio, ¿qué es una casa para ella? Su vivienda es una tienda-cabaña, o sea el pao, que se puede trasladar de un punto a otro y en cuyo centro está colocada la cama y otros tres muebles a su alrededor:

1. El mueble inteligente: Un dispositivo para colocar y guardar el aparato destinado a obtener información de lo que ocurre en la ciudad y almacenarla. Es una cápsula de información para navegar por la ciudad.

2. Mueble para el coqueteo: Una combinación de tocador y armario ropero. El espacio urbano es un escenario y antes de acceder a él, tiene que maquillarse y arreglarse.

3. Mueble para la comida ligera: Una combinación de una pequeña mesa y de un armario para guardar la vajilla y los utensilios necesarios para comer. Lo que le espera a la muchacha nómada al descender del escenario es un pequeño pao frío y poco acogedor. Debajo de esta tienda-cabaña donde llegan las luces de neón, la muchacha se acuesta después de haber sorbido la sopa de fideos, sola.[58]

Pao I se ideó para la mujer nómada japonesa que aspiraba a un nuevo lugar físico y social donde posicionarse frente al mundo cambiante. Ito presentó una idea de casa que había explotado en la ciudad, donde el espacio privado se desarrollaba en el espacio público, con el objetivo de satisfacer el nomadismo urbano de su habitante. La casa para la mujer nómada se desperdigaba por la urbe para favorecer el consumismo de la protagonista.

Se concibió como objeto para el disfrute femenino, de acuerdo a un estilo de vida urbano informal. El cuerpo de la mujer fue el inspirador de la forma y del tamaño del conjunto. Más específicamente, Pao I se basó en la figura de Kazuyo Sejima, tanto desde el punto de vista conceptual como en su dimensión y proporción. A su vez, Sejima posó habitando los tres pre-mobiliarios, con atuendo negro, pelo corto, collar de bolas e incluso fumando, como representante de la mujer liberada japonesa, a la que el proyecto iba dirigido.

---

[58] Toyo Ito, "Una arquitectura que pide un cuerpo androide", en *Escritos*, ed. por José María Torres Nadal (Murcia: Colegio Oficial de Aparejadores y Arquitectos Técnicos de Murcia, 2000), 62.

Dibujo de mujer sentada en crinolina, París, 1858.

Kazuyo Sejima en el Mueble para la Información, Pao I, fotografía tomada por Tomio Ohashi, 1986.

La seducción de Pao I

En Pao I la arquitectura se volvía ligera y efímera: una especie de carpa que se disolvía en la fluctuación de la metrópoli japonesa de los años ochenta. Su presencia era reducida a una estructura liviana que protegía al cuerpo. No sólo se trataba de una capa tecnológica para la mujer nómada, sino que además su forma y dimensión abrazaban su figura como una especie de vestido. Una serie de anillos metálicos de geometría circular y diferente diámetro se desplazaban verticalmente rodeando el cuerpo de la mujer, a la manera de una futurista *hoot skirt* o falda de aros metálicos. Estos creaban tanto el mobiliario como la envolvente del conjunto.

Era una especie de traje, fabricado con múltiples capas translúcidas, que introducía cierta ironía, tanto funcional como de confort. Su condición semi-transparente permitía que a través de "las paredes" se pudiesen ver algunos muebles hechos de lona y finos tubos metálicos y hacía que tanto los objetos como el espacio habitable e incluso las fachadas y las calles no presentaran grandes diferencias entre sí.

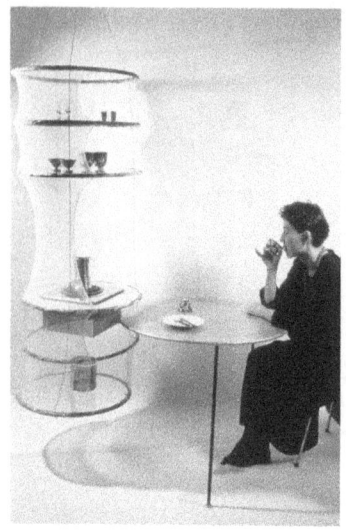 

Kazuyo Sejima en Pao I (Pre-mobiliario para el Aperitivo y para la Moda), fotografía tomada por Tomio Ohashi, 1986.

En 1986 el fotógrafo Tomio Ohashi tomó varias imágenes de Kazuyo Sejima —vestida con ropa suelta negra, con el pelo corto y un collar de bolas— habitando cada uno de los tres pre-mobiliarios de Pao I. En su conferencia en Madrid en 2009, Ito eligió la imagen de la Chica Nómada de Tokio utilizando el Pre-mobiliario para la Moda, con el fin de desvelar la identidad de la modelo: "La señorita de la imagen es la famosa arquitecta Kazuyo Sejima".[59]

El Pre-mueble para la Moda era una combinación de aparador y armario que se reducía a su esqueleto estructural metálico. La mujer nómada preparaba su cabello, se probaba un traje nuevo y se miraba en el espejo.[60]

---

[59] Toyo Ito, "My Personal History in Architecture" (conferencia presentada en el Círculo de Bellas Artes de Madrid con motivo de la entrega de la Medalla de Oro al arquitecto Toyo Ito, Madrid, España, 12 de noviembre de 2009).
[60] Toyo Ito: "Towards a post-ephemeral architecture. Interview with Toyo Ito by Sophie Roulet and Sophie Soulié", en *Toyo Ito: architecture of the ephemeral*, ed. por Sophie Roulet & Sophie Soulié (París: Ed. du Moniteur, 1991), 88-105.

Su nuevo estilo de vida transcurría en un espacio propio de ensueño: un tocador, donde podía acicalarse y estar lista para salir a la escena pública. En la fotografía que Ito mostró —imagen portada del libro—, Sejima con aire coqueto, se acicalaba, dando sentido a un objeto que sin la modelo sería una simple escultura metálica.

Sejima, joven, soltera, independiente y con formación universitaria era un emblema del concepto de la nueva feminidad a mediados de los años ochenta en Japón. Arquitecta, inspiradora del concepto y modelo para la promoción de Pao I, Sejima demostraba la confianza y la libertad de "diseñar" un prototipo a la medida de su cuerpo y publicitarlo con su imagen de mujer nómada. De hecho, Pao I carecía de sentido sin la modelo que lo habitaba. Ella confería al prototipo una sensualidad ampliada que lo convertía en una pieza de deseo, destinado al consumo femenino. La imagen de Sejima, "Chica Nómada de Tokio", posando en Pao I incrementaba el atractivo de la estructura y la transformaba en un objeto de consumo —sin un lugar real donde posicionarse—, asociado a la fugacidad propia de la vida urbana contemporánea japonesa.

Pao I, contradicciones

Pao I (1985) supuso uno de los grandes éxitos del trabajo de Kazuyo Sejima en la oficina de Toyo Ito. Bajo la batuta de Sejima, Ito realizó un prototipo a medio camino entre casa y vestido. El proyecto superaba las ambiciones de aquel grupo de investigación, Reuniones Adèle, que había fracasado en la creación de muebles e interiores, de acuerdo a un estilo de vida urbano alternativo.

A su vez, Pao I, encerraba una serie de contradicciones tanto funcionales como conceptuales. Se concibió como un espacio para cobijar a una mujer cuya actividad principal era el consumo frívolo y errático. Ito se refería a una mujer libre, pero Pao I perpetuaba el rol de ésta como prisionera del consumo. La nueva mujer japonesa —como la propia Sejima— era trabajadora, independiente, buscaba liberarse de los roles tradicionales y no disponía de tiempo para "vagar por la ciudad". Pao I no se había ideado para ella, cuyo estatus comenzaba a cambiar dentro de la sociedad japonesa, como lo haría evidente la aprobación de la Ley de igualdad en el trabajo de 1986.

Revista *Seibundo-Shinkosha* (Ciencia para niños), 1939.

Flying Pao, Toyo Ito, 1989. Cortesía de Toyo Ito & Associates, Architects.

Otra de las contradicciones era el hecho de que la casa se disociaba en un conjunto de objetos, pero se envolvía de nuevo con una cubrición, lo cual hacía imposible su disgregación a lo largo de la ciudad. ¿Cuál era entonces su localización, únicamente una sala de exposiciones? Su apología de una ciudad habitable contrastaba con su negación urbana asociada a su carácter *pseudo-móvil*, que le impedía ubicarse.

A su vez, su condición capsular lo refería al pasado, cuestión que se hizo aún más evidente en una versión posterior, Pao II, que Ito mostró en la Exposición "Transfiguration" para *Europalia 89* en Bruselas. Ito también dibujó una constelación de cápsulas Pao II sobrevolando Tokio —ciudad ícono en la era de la electrónica— en un *collage* al que denominó Flying Pao (1989). La cualidad "voladora" de Pao II (1989) confería al objeto de un aire caricaturesco propio de las revistas japonesas de ciencia para niños de principios de siglo, o de los proyectos utópicos del grupo Archigram. Este carácter futurista condujo a Sejima a convertirse en detractora del proyecto Pao, especialmente a raíz de que Ito evolucionase el prototipo inicial en su segunda versión.

> Empecé a sentirme incómoda cuando (Toyo Ito) presentó su proyecto Pao, una especie de espacio provisional hecho en tela. Recuerdo que me pre-

Dibujo de Toyo Ito, 2003. Cortesía de Toyo Ito & Associates, Architects.

guntaba por qué estaría intentando envolver y atar su diseño en tela. Me pareció el reflejo de viejos conceptos arquitectónicos que de algún modo estaba intentando perpetuar[61] Kazuyo Sejima

Los viejos modelos a los que Sejima aludía eran las cápsulas propias de la era espacial. De hecho, la Chica Nómada de Ito parecía ser una evolución del concepto de Homo Movens (1969) de Kisho Kurokawa.[62] Sejima criticó el hecho de que Pao "envolviese y atase", que encerrase en lugar de liberar. Opinaba que Ito estaba tratando de hacer a la gente libre, pero la encapsulaba, lo cual le parecía una gran contradicción. También cuestionó el hecho de que aquella envoltura —especialmente en el caso

[61] Kazuyo Sejima, en Koji Taki: "Conversación con Kazuyo Sejima", *El Croquis, Kazuyo Sejima 1988-1996*, 77 (1996), 9, https://elcroquis.es/products/n-77-kazuyo-sejima-archivo-digital
[62] Más allá del Homo Movens, hay otras referencias nómadas de los años sesenta y setenta: desde el hombre natural de Reyner Banham al autómata de ciencia-ficción de Archigram, o el "nómada obligado" de Lucy Orta, y Toyo Ito propuso a la chica nómada.

de Pao II— configuraba una especie de iglú primitivo, en el que la mujer nómada en realidad estaba desconectada de su entorno urbano.

> Yo no veo la arquitectura como una especie de cubrición personal, como en el Pao de Ito. La veo más como una especie de escenario abierto que debería servir para facilitar la libertad de movimientos.[63] Kazuyo Sejima

Mientras que a Toyo Ito le interesaba la arquitectura como envolvente, como cortina, la arquitectura como "piel que indicaba la existencia de un límite que circundaba apenas el lugar",[64] Sejima, como alternativa, defendía el concepto de arquitectura como un escenario abierto. De hecho, las primeras viviendas construidas por la arquitecta, Plataformas (1987-1990), eran estructuras que cubrían en lugar de envolver, con el objetivo de liberar al individuo.

---

[63] Taki, "Conversación con Kazuyo Sejima", 10.
[64] Toyo Ito, "La cortina del siglo XXI. Teoría de la arquitectura fluida", en *Escritos*, ed. por José María Torres Nadal (Murcia: Colegio Oficial de Aparejadores y Arquitectos Técnicos de Murcia, 2000), 71.

OBJETOS TRANSNACIONALES
Y NOMADISMO URBANO

Pao I, dibujo, Toyo Ito, 1985.
Cortesía de Toyo Ito & Associates,
Architects.

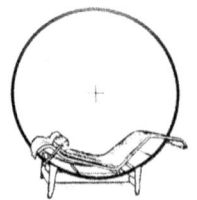

Chaise Longue, dibujo,
prototipo de Le Corbusier,
Perriand y Jeanneret, 1929.

Charlotte Perriand no sólo vivió "una vida de arte", sino que también fue pionera como arquitecta transnacional. Como tal, dio respuesta, desde antes de la Guerra, a la gran pregunta que los japoneses se cuestionaban en todo momento: la integración entre el mundo occidental-moderno y la identidad japonesa-tradicional. Esto fue fuente de inspiración para generaciones venideras de diseñadores y arquitectos japoneses, incluida Kazuyo Sejima.

Perriand y Sejima contribuyeron a la realización exitosa de la máquina de descanso de Le Corbusier y de la casa vestido de Ito, respectivamente; e incorporaron múltiples elementos transnacionales, a la vez que se centraron en el individuo y sus necesidades experienciales. Precisamente por influencias que provenían de fuera, ambas mostraron cierta actitud de rebeldía frente al dogma "local" imperante.

La *Chaise Longue* (1928) y el Pao I (1985) fueron antecedentes del desarrollo de Arquitectura Petite en dos lugares y momentos diferentes, pero con múltiples paralelismos desde el punto de vista social y de desarrollo industrial, que propiciaron una renovada reflexión acerca del interior doméstico. Ambos prototipos fueron muebles habitables: concebidos con gran ingenio material y estructural, atención al detalle, sofisticación sensorial y audacia en su relación con el cuerpo humano y su movimiento; características que definen a Petite. Sin embargo, la *Chaise Longue* y el Pao I diferían en el hecho de que fueron destinados al placer del sujeto individual, mientras que Petite se orienta al disfrute de un grupo de personas.

La *Chaise Longue,* objeto transnacional

No se puede hablar de transnacionalismo en la *Chaise Longue basculante B306* diseñada por Charlotte Perriand, Le Corbusier y Pierre Jeanneret en 1928, pero sí es un objeto "Trans-".[65] Yasushi Zenno

En la *Chaise Longue* (1928), como máquina moderna para el descanso y la relajación, se incorporaban materiales y técnicas en consonancia con el espíritu de la era de la máquina, a la vez que se introducía el uso de materiales tradicionales como la piel de animal. Esta silla era un objeto industrial —como una camilla de hospital— que se cubría con piel de potro —como una cabaña nómada—. Esa mezcla de tecnología industrial y técnica de construcción pre-industrial provenía de la influencia de culturas orientales en la concepción del mueble, según argumentaba *Kenneth Frampton* en su libro *Le Corbusier* (2001).

A pesar de que en el momento del diseño de la *Chaise Longue* —en octubre de 1928— Kunio Maekawa formaba parte del Atelier de Le Corbusier, no se ha constatado la influencia japonesa en la silla, aunque, formalmente, ésta se asemeje a un tatami arrugado. Japón era entonces un importante referente cultural y artístico en Francia, especialmente tras el éxito del pabellón japonés en la Exposición de Artes Decorativas de 1925 en París.[66]

Tal como argumentó Yasushi Zenno, la *Chaise Longue* (1928) en tubo de acero fue considerada un objeto "trans-", así como su traducción en bambú fue un mueble transnacional. Perriand reinterpretó la silla moderna francesa utilizando materiales y técnicas tradicionales japoneses en su Chaise Longue en Bambou (1941). Quien en 1929 escribió el artículo "Wood or metal?", defendiendo el empleo del metal, utilizó únicamente madera y bambú en la nueva versión.

La Chaise Longue Basculante en Bambou se mostró en la Exposición Contribution à l'équipement d'intérieur de l'habitation, Japon 2601, sé-

---

[65] Yasushi Zenno, entrevista con la autora, Tokio, 27 de diciembre de 2012.
[66] Peter McNeil, "Myths of Modernism: Japanese Architecture, Interior Design and the West, c. 1920-1940", *Journal of Design History* 5, no. 4 (1992), 281-294.

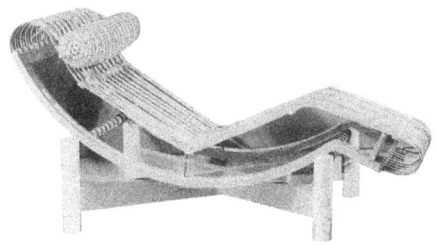

Chaise Longue Basculante en Bambou, Charlotte Perriand, 1941.

lection, tradition, création que Perriand organizó junto a Junzo Sakakura en los almacenes Takashimaya en Tokio en 1941, después de tan sólo seis meses de estancia en Japón. La silla aunaba, sin evidencia de contradicción, una materialidad propiamente japonesa y un concepto occidental que mantenía intacta la gestualidad sensual y hedonista asociada al lujo francés.

Desde su llegada a Japón, Perriand se vio rápidamente influenciada por el movimiento Mingei, a través de Soetsu Yanagi y de su hijo Sori Yanagi. Soetsu Yanagi fundó este movimiento a finales de la década de 1920, como un proceso de revitalización del arte popular en contraposición a la industrialización del país nipón. Mingei sintonizaba, curiosamente, con muchas de las ideas de Maurice Defret, tales como que "el material debía hablar por sí mismo" o la defensa del artesano-carpintero como arquitecto. El acercamiento de Perriand al movimiento Mingei le ofreció la oportunidad de ampliar, aún más, su sensibilidad material.

El diseño de la *Chaise Longue* en un material tradicional, el bambú, representó una rebeldía por parte de Perriand: un cuestionamiento al dogma imperante, la modernidad. Paradójicamente, quien había sido contratada por el Ministerio de Industria y Comercio japonés para introducir la modernidad occidental en el diseño interior nipón, reinterpretó un objeto moderno usando un lenguaje tradicional. Por ello, inicialmente recibió duras críticas en Japón. Sin embargo, aquella pieza de mobiliario representó un gran éxito, dado que hizo algo inesperado, fusionó lo moderno y lo tradicional, lo francés y lo japonés, es decir, creó un objeto mestizo.[67] En última instancia, Perriand precedió al propio Kenzo Tange, acreditado como el gran artífice del diálogo entre lo moderno occidental y lo tradicional japonés.

Ella se despojó de su "fascinación infantil por las habitaciones de hospital"[68] —lugares metálicos, blancos y desnudos— y se acercó a la sensibilidad del japonés al que "la vista de un objeto brillante produce cierto malestar".[69] Utilizó, con total naturalidad, el bambú y la madera, materiales vivos que se deterioran con el paso del tiempo. Aunque Perriand indudablemente se transformó por su contacto con lo japonés, en realidad, ella ya había demostrado un cambio de actitud material desde mediados de la década de 1930.

Charlotte Perriand, transnacional

Perriand inició su carrera con proyectos destinados al *Hombre Nuevo* y su estilo de vida moderno. A fines de los años veinte, utilizó materiales vanguardistas como el metal, el vidrio y la goma. Por el contrario, la década de 1930 fue testigo de un cambio decisivo en las prioridades de la arquitecta francesa en relación con las necesidades humanas, que la condujo a emplear la madera como material principal.

La transformación que se produjo en la obra de Perriand —antes de su primera estancia en Japón— tuvo relación con el cambio de materiales y de técnicas, pero también con un cuestionamiento funcional. Comenzó a dirigir sus planteamientos al servicio de un mayor número de individuos, en contraste con sus diseños previos destinados a una élite reducida, en los que se utilizaban los materiales más vanguardistas. La imagen mecanicista de las sillas de acero tubular de finales de los años veinte fue sustituida por la

---

[67] Marta Rodríguez Fernández, "Charlotte Perriand. Un mestizaje Europa-Japón", en *Itinerarios, viajes y contactos Japón-Europa*, ed. por Pilar Garcés y Lourdes Terrón (España: Peter Lang publishing group, 2013), 775-785.
[68] Perriand se refiere a su fascinación por las habitaciones de hospital y su mobiliario metálico en su autobiografía: Charlotte Perriand, *Charotte Perriand: A Life of Creation* (Nueva York: Monacelli Press, 2003).
[69] Junichiro Tanizaki, *El elogio de la sombra,* trad. por Julia Escobar (Madrid: Siruela, 1994), 8.

calidez y sencillez de materiales naturales y técnicas propias de artesanía vernácula. Un buen ejemplo de ello fue una silla de madera clara y asiento de paja que Perriand mostró en la Feria Mundial de Bruselas de 1935.[70]

Recientemente, un amigo me preguntó: "¿Por qué promover la madera cuando el metal fue el material dominante en 1929?" Sencillamente, porque después de la creación de mi silla de paja en 1935, comprendí que nada debe ser una regla. Me gusta la precisión del metal, su brillo y color cuando se trata de lacado, pero me gusta acariciar la madera [...] No hay una fórmula para la creación.[71] Charlotte Perriand

Esta afirmación de Perriand evidenció su desvinculación del Movimiento Moderno y marcó el inicio de su revolución sutil como arquitecta libre de postulados dogmáticos. Así, en los años treinta, cuando la arquitectura moderna empezaba a convertirse en una "fórmula" aplicada en todas partes —independientemente del lugar, los habitantes o las circunstancias— y se convertía a mediados de la década en "el Estilo Internacional", Perriand se rebeló. Ella se apartó de los dictados del Movimiento Moderno, que se redujo a un único discurso, que reemplazaba a la diversidad con un modelo exclusivamente funcionalista, y trató de imaginar un tipo de modernidad diferente.

Aquel cambio de paradigma en la obra de Perriand no sólo se observó en su mobiliario, sino, de manera aún más elocuente, en sus proyectos arquitectónicos. Mientras que su obra de mediados de los años veinte se caracterizó por el uso del metal y el vidrio, formas angulosas con aire futurista y filosofía funcional elitista, como en su Apartamento en Saint Sulpice (1925); en sus proyectos de mediados de los años treinta, introdujo el uso predominante de la madera, así como elementos propios de la casa tradicional japonesa, como en su Casa Le Vieux Matelot (1938) en Saint-Nicolas-de-Véroce. De hecho, se observa una evidente influencia japonesa en la obra de Perriand *avant la lettre* —antes de su primer viaje a Japón— que supuso una evolución material, formal y conceptual.

---

[70] Yasushi Zenno, "Fortuitous Encounters. Charlotte Perriand in Japan, 1940-41", en *Charlotte Perriand. An Art of Living*, ed. por Mary Mcleod (New York: Harry N. Abrams in association with the Architectural League of New York, 2003), p. 93.
[71] Perriand, *Charlotte Perriand. A Life of Creation: An Autobiography*, 107-108.

Antes de ir a Tokio, Perriand había leído acerca de la arquitectura japonesa, incluyendo sus formas tradicionales, en los libros que, en primer lugar, Kunio Maekawa y, luego, Junzo Sakakura llevaron al estudio de la rue de Sèvres.[72]

El *de-ai* (encuentro) de Charlotte Perriand con lo japonés tuvo lugar en París a lo largo de una década de colaboración y amistad con arquitectos japoneses, desde 1927 a 1937. En 1936 y antes de terminar su formación en París y regresar a Japón, Junzo Sakakura entregó a Perriand *El libro del Té* de Okakura Kakuzo, "como algo que muestra todo lo que Japón es",[73] y se comprometió a invitarla a su país. Ese mismo año, ella diseñó unos controvertidos Muebles de Bajo Coste en madera.

Perriand comenzó a utilizar la madera en arquitectura hacia mediados de los años treinta, a la vez que analizaba viviendas rurales japonesas junto con Junzo Sakakura. En su libro *Charlotte Perriand et le Japon* (2008), Barsac se refiere a los rasgos japoneses del proyecto de la Casa Desmontable de Fin de Semana (1934-1935), también llamada Casa al borde del agua, que Perriand proyectó en 1934.

La revista *L'Architecture d'Aujourd'hui* alentó la producción de instalaciones de ocio individuales a mediados de la década de 1930 a través de un par de concursos, entre ellos el de una *Casa de Fin de Semana Desmontable* en 1934. La propuesta de Perriand —una modesta casa de madera, que se elevaba del terreno gracias a unos soportes de piedra— obtuvo una mención de honor y fue publicada con el título "La Vivienda de la Familia"[74]. El proyecto incorporaba paneles móviles que modificaban los espacios; interior y exterior se concebían como un todo y su modulación era la de la casa tradicional japonesa. Junto al proyecto, la revista publicó una serie de imágenes de casas vernáculas seleccionadas por Perriand, entre ellas una cabaña rural del norte de Japón.

---

[72] Anne Gossot y Jacques Barsac, "Encounter and Resonances", en *Charlotte Perriand et le Japon*, ed. por Jacques Barsac (Tokio: Norma, 2008), 276-278.
[73] Charlotte Perriand, catálogo de la exposición "Homenage to Junzo Sakakura", en Hiroshi Matsukuma, "Expectations in Modern Architecture –Things that Crystallized through the Exchange between Charlotte Perriand and Postwar Japanese Architecture", en *Charlotte Perriand et le Japon*, ed. por Jacques Barsac (Tokio: Norma, 2008), 269-272.
[74] Charlotte Perriand, "L'habitation familiale, son développement économique et social", *L'Architecture d'aujourd'hui* año 6, serie 5, no. 1 (enero 1935), 26-32.

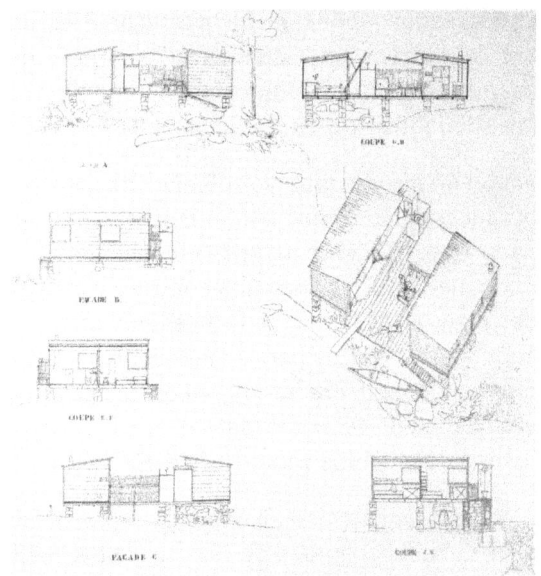

Casa al borde del agua, Charlotte Perriand, 1934.

Perriand también incorporó "códigos japoneses" en el diseño de Le Vieux Matelot (1938), un pequeño anexo a un hotel de estilo familiar en Saint-Nicolas-de-Véroce. Empleó paneles de madera de forma libre para articular un espacio transformable. La casa permitía una comunión total con la naturaleza que la circundaba e introducía una inusual flexibilidad funcional, con habitáculos de idéntica medida susceptibles de albergar cualquier función, así como particiones móviles. A estas características propias de la casa japonesa, se añadía el uso de estanterías con saltos asimétricos, reinterpretación de un *tokonoma;* y una fachada que alternaba rectángulos opacos y transparentes, composición propia de los paneles de algunos armarios de la Villa Imperial Katsura[75] (Kioto, 1589-1643).

---

[75] Justo un año antes, Bruno Taut había publicado su famoso libro *Houses and People of Japan* (1937), donde mostraba al mundo la Villa Katsura como emblema de la arquitectura japonesa.

Estos rasgos japoneses en la obra de Perriand evidenciaban que se había "japonizado" o "tatamizado"[76] en París, antes de que viajara a Japón, cuando Sakakura la propusiera como asesora para la modernización de las artes industriales tradicionales de ese país.

Japón importó la idea de "diseño" de Occidente junto a los métodos de producción industrial. El Ministerio de Comercio e Industria invitó a diseñadores extranjeros a Japón con el objetivo de lograr mejoras en el producto nacional,[77] entre ellos contrató a Perriand en 1940, con el cometido de "mejorar el diseño de la artesanía japonesa". Tras la estela de Bruno Taut, ella fue de los pocos diseñadores modernos capaces de articular tres aspectos aparentemente contradictorios —la creación, la selección y la tradición— con la experiencia en el proyecto de la arquitectura, el diseño de muebles y la planificación urbana.[78]

El trabajo de Perriand en Japón, de aproximadamente seis meses de duración, culminó en marzo de 1941 con la exposición titulada Selección-Tradición-Creación, organizada en colaboración con Sakakura. De vuelta en Francia, en 1946, Perriand promovió ardientemente la cultura japonesa, escribiendo artículos en revistas especializadas. En la reconstrucción de Francia después de la Guerra, el ejemplo japonés se convirtió en una dialéctica utilizada con el fin de convencer a los franceses de abrazar "otro" pasado, mucho más cercano a la modernidad.[79] Al mismo tiempo, los primeros ecos de la experiencia de Perriand en Japón se hicieron sentir en la exposición "Las Formas Útiles, Objetos de Nuestro Tsiempo", que se organizó en el Museo de las Artes Decorativas de París en 1949.

En 1952, firmó un acuerdo con el Atelier Jean Prouvé en Nancy. Los términos eran: la mejora de la estética de los muebles diseñados por

---

[76] "En Japón, se podría decir que te "tatamizas" a ti mismo", entrevista a Charlotte Perriand, en Hendel Teicher, "Collective affinity", *Artforum International* 37, no. 10 (1999), https://www.questia.com/magazine/1G1-55015165/collective-affinity.

[77] Hitoshi Mori, "The Ascent and Turning Points of Japanese Craft before the War – Perriand's Arrival in Japan", en *Charlotte Perriand et le Japon*, ed. por Jacques Barsac (Tokio: Norma, 2008), 266-268.

[78] Gossot y Barsac, "Encounter and Resonances", 276-278.

[79] Gossot y Barsac, "Encounter and Resonances", 276-278.

Jean Prouvé, la concepción de un nuevo mobiliario para la producción en masa y el liderazgo del departamento de arte de la sección de muebles.

1952 y 1953 fueron dos años muy intensos y el preludio de la estandarización de todos esos elementos, que yo llamaba mi "nueva ferretería". Eso me permitió hacer frente a todo tipo de proyectos basados en la modulación. Japón fue una lección útil y los talleres de Jean Prouvé se convirtieron en la fuerza impulsora de este trabajo de diseño.[80] Charlotte Perriand

Perriand aspiraba a crear toda una gama de mobiliario doméstico utilitario, disponible en forma prefabricada y de gran distribución. Esta ambición se inspiró, en parte, en la modulación y los componentes prefabricados de los hogares japoneses: tatamis, shoji, vigas, etc. Su enfoque fue revolucionario en aquel momento en Francia, porque permitió satisfacer la necesidad apremiante de muebles baratos modernos en el período de reconstrucción de la posguerra.

En 1953 regresó a Japón y en 1955 celebró en Tokio su exposición Proposition d'une Synthese des Arts. Tras visitar la exposición, el "futuro" líder del Metabolismo, Kenzo Tange, escribió una reseña en la que concluyó que Perriand había logrado la fusión del estilo industrial europeo con los estilos artesanales japoneses. Más tarde, a finales de la década de 1950, Tange colaboró con Perriand en algunos proyectos en los que pusieron en práctica la idea de integración de arquitectura y mobiliario.

Charlotte Perriand ha logrado la fusión del estilo industrial europeo y del estilo japonés tradicional y ha ejercido un efecto magnífico como un indicador del futuro establecimiento e integración de la vivienda y el mobiliario en Japón.[81] Kenzo Tange

---

[80] Perriand, *Charlotte Perriand. A Life of Creation: An Autobiography*, 208.
[81] Kenzo Tang, 1955, en Saikaku Toyokawa, "Kenzo Tange and Charlotte Perriand – Establishment and Demonic Integration of Art in Japan", en *Charlotte Perriand et le Japan*, ed. por Jacques Barsac (Tokio: Norma, 2008), 273-275.

En 1960, cuando Perriand terminó L'agence Air France de Tokio —realizado en colaboración con Junzo Sakakura— el discípulo de Bruno Taut, Isamu Kenmochi, escribió el siguiente comentario: "este trabajo demuestra que Perriand es una distinguida diseñadora occidental con una profunda comprensión del concepto *shibui*, supuestamente sólo comprendido por los japoneses".[82]

> Fui a Japón con el objetivo de transmitir los conocimientos técnicos industriales, pero en realidad aprendí de Japón una variedad de cosas que me dieron tanto como yo podría aportar. Eso es lo que llamamos diálogo. Tuve la oportunidad de intercambiar con Japón porque no adopté una actitud colonialista en términos de cultura y filosofía.[83] Charlotte Perriand

El "diálogo" al que Perriand se refirió no fue sólo cultural, sino que también interdisciplinar y a lo largo del tiempo —antes, durante y después de la Guerra. A diferencia de arquitectos como Josua Conder o Frank Lloyd Wright, que llegaron a Japón con "actitud conquistadora", Perriand fue pionera a la hora de establecer un diálogo transnacional. El intercambio cultural se extendió del diseño interior a la arquitectura y a la planificación urbana. Ella colaboró con arquitectos japoneses durante más de medio siglo. Inicialmente con Kunio Maekawa, Junzo Sakakura y Sori Yanagi; más tarde con Ren Suzuki, su cooperador después de la Guerra; con Kenzo Tange a finales de la década de 1950, en quien dejó una importante huella; y su obra resurgió como fuente de inspiración en la década de los ochenta, como ya se ha señalado.

---

[82] Isamu Kenmochi, en Matsukuma: "Expectations in Modern Architecture –Things that Crystallized through the Exchange between Charlotte Perriand and Postwar Japanese Architecture", 269-272.
[83] Charlotte Perriand, en Matsukuma, "Expectations in Modern Architecture –Things that Crystallized through the Exchange between Charlotte Perriand and Postwar Japanese Architecture", 269-272.

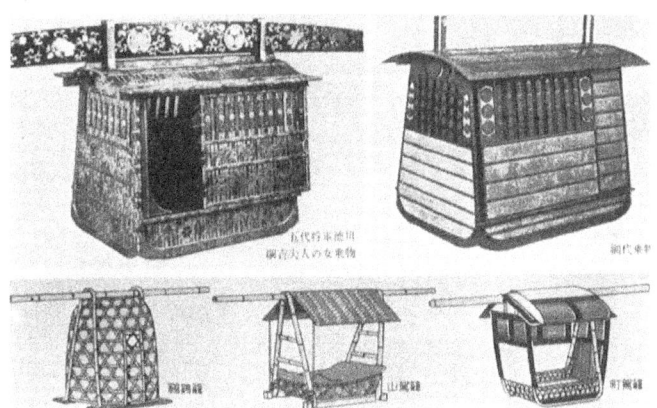

Kago, cápsula-silla (cesta) tradicional japonesa para transportar gente, *Capsule Declaration*, Kisho Kurokawa, 1969.

Pao I, objeto transnacional

La tienda de campaña llamada Pao está lejos de lo que solemos considerar o imaginar como un lugar para vivir. De hecho, quienes viven en ciudades hoy en día ya no pueden crear su propio ciclo de vida únicamente alrededor de su casa. En cambio, su vida se hace como un *collage* de experiencias superficiales pero diversas; cenan en un restaurante amueblado al estilo de París en los años veinte, compran ropa de moda en una *boutique* con acabados de hormigón [...].[84] Toyo Ito

Pao I fue diseñado en el entorno transnacional de Tokio, a mediados de la década de 1980, momento en el que numerosos arquitectos occidentales se habían trasladado a Japón, motivados por la actividad de la construcción, fruto de la burbuja inmobiliaria.

No sólo Pao II, Pao I ya fue un objeto transnacional.[85] Toyo Ito

---

[84] Toyo Ito, "The Pao for Tokyo's Nomad Woman", *The Japan Architect* (1985).
[85] Toyo Ito, entrevista con la autora, Tokio, 20 de diciembre de 2012.

Pao II, Toyo Ito, 1989. Cortesía de Toyo Ito & Associates, Architects.

El término "pao" refiere a la cabaña beduina, pero también es "una cápsula tradicional japonesa": el *Kago* o silla móvil para transportar gente. Este concepto también se encontraba en el origen de las cápsulas de Kisho Kurokawa, así como de su Homo Movens que se reconoce como precedente ideológico de la Chica Nómada de Ito. Ambos clientes ideales de "la arquitectura doméstica del futuro" compartían su estilo de vida hedonista: el *playboy* de Kurokawa frente a la *fashion victim* de Ito.

Por otro lado, desde el punto de vista formal y material, Pao I (1985) se asemejaba a las estructuras metálicas utilizadas por las mujeres bajo sus vestidos, en Europa occidental de los siglos XVI y XVII; las cuales tenían su origen en el verdugado español, formado por un armazón de alambres de círculos de distintos diámetros que se desplazaban a lo largo del cuerpo femenino. Esta similitud formal evidenciaba las connotaciones europeas presentes en Pao I, dado que se diseñó como vestido tridimensional para envolver al cuerpo humano, mientras que los kimonos japoneses son básicamente planos.

La casa tradicional japonesa carecía de mobiliario y era "en sí misma tanto mueble como silla"; sin embargo, el Pao I era una cabaña urbana confeccionada como una especie de traje habitable, es decir, la casa se descomponía en un conjunto de ropajes-muebles que, a su vez, se envolvían con otra tela.

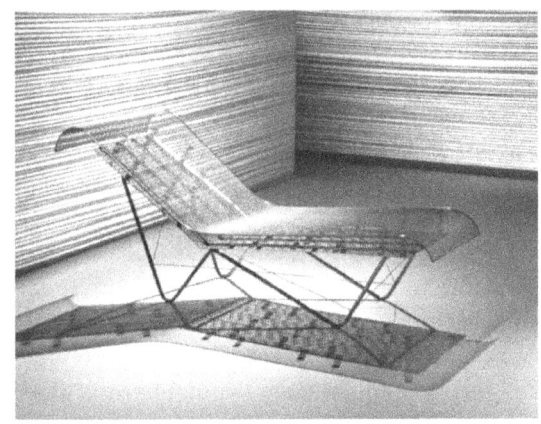

Uki, Mobiliario para la Mujer Nómada de Tokio, Toyo Ito, 1986.

En 1989, Ito presentó el proyecto Pao II en la Exposición *Japan '89 Transfiguration* en Europalia, en Bruselas, con el argumento de que en la megalópolis japonesa la casa había perdido casi todo su valor, aparte de "ser un lugar para las mujeres;" por el contrario, la vida social estaba fuera, en las oficinas, los restaurantes y los lugares de entretenimiento. Ito volvía a interpretar el concepto de una estructura "precaria", que se situaría en medio de los rascacielos de la metrópoli. Retomando una condición futurista y utópica propio del pasado, Pao II sobrevolaba Tokio antes de aterrizar en Bruselas.

Con un carácter de cápsula, Pao II (1989) se concebía como un micro-sistema autosuficiente que se podía mover a voluntad de la habitante. Compuesto por un marco poliédrico de acero y cubierto de tela, contenía una cama para dormir, una mesa para comer y un lugar para refrescarse. En el interior de aquella cápsula, Ito expuso el mobiliario que había diseñado para la Mujer Nómada de Tokio en 1986, el cual incluía una chaise longue confeccionada con malla metálica denominada Uki. Ito "reinterpretó" la *Chaise Longue en Bambú* (1941) de Perriand usando, de nuevo, un material metálico. El *tatami arrugado* se solidificó por completo, sin posibilidad de movimiento, en el prototipo de Toyo Ito.

Kazuyo Sejima también participó de manera independiente en la Exposición *Japan '89 Transfiguration* en Europalia con un mobiliario titulado

Move, un proyecto-instalación de diseño interior. Éste incluía mobiliario tecnológico compuesto de un asiento metálico cubierto de tela translúcida que se iluminaba y era interactivo.

Ese mismo año, Sejima utilizó el término "pao" en un proyecto que tituló Urban Pao (1989). Se trataba de un espacio de aseo que se expuso en la sala de Exposiciones INAX. El énfasis del pao de Sejima radicaba en el diseño del área de ducha, que consistía en una simple cortina de baño que, con base circular, se movía verticalmente para vestir o desvestir al cuerpo desnudo. La tela translúcida abrazaba una serie de aros metálicos del mismo diámetro, configurando un vestido provisional —destinado al aseo— que liberaba el espacio cuando la ducha no era necesaria.

Chaise Longue y nomadismo

La precisión técnica, los materiales de lujo y el enfoque en la relajación de la *Chaise Longue*, diseñada por Charlotte Perriand, Le Corbusier y Pierre Jeanneret, sugirió un nomadismo lúdico que se anticipó a la tendencia francesa —hacia finales de los años 30— de disfrutar de excursiones de fin de semana en pequeñas viviendas prefabricadas con carácter móvil. Fue gracias a la llegada de Charlotte Perriand al Atelier *Rue 35S* en 1927 que aquella intención nómada se hizo palpable, con la creación de muebles desmontables y versátiles como la *Chaise Longue* (1928). En su publicación *Le Corbusier* (2001), Kenneth Frampton se refirió al concepto de "nomadismo moderno" en la obra de Le Corbusier que, según él, era un nomadismo urbano.[86]

La palabra francesa para mobiliario, "MEUBLES", viene del latín "mobilis", que significa las cosas que se pueden mover.[87] Charlote Perriand

---

[86] Para ampliar información, consultar: Kenneth Frampton, *Le Corbusier* (Nueva York: Thames & Hudson Inc., 2001), 66-67.
[87] Charlotte Perriand, "Wood or Metal", en *Charlotte Perriand. An Art of Living*, ed. por Mary McLeod (Nueva York: Harry N. Abrams in association with the Architectural League of New York, 2003), 251-253.

Le Corbusier, Jeanneret y Perriand aspiraban a diseñar mobiliario ligero, móvil y dinámico, capaz de configurar nuevas atmósferas domésticas. El hombre y la mujer modernos anhelaban una mayor libertad y para ello necesitaban una silla con capacidad de movimiento. La propia Perriand ya había probado esta estrategia con anterioridad en el mobiliario que diseñó para su Apartamento en Saint Sulpice, que incluía sillas y mesas transformables con ruedas, para facilitar su desplazamiento.

La *Chaise Longue* (1928) se concibió como un objeto portátil y dinámico, su ligereza favorecería el movimiento.[88] Incorporaba una cualidad nómada, dado que podía estar en *cualquier sitio* dentro de la ciudad, como mueble omnipresente; en palabras de la propia Perriand: "podría ocupar su lugar en una embajada, un palacio, o en las casas".

Era una pieza ligera y multifuncional, destinada al placer y al descanso del sujeto aislado. Oscilaba entre lo natural y lo artificial, con la ergonomía como ley. A su vez, la silla incluía una condición dinámica como alegoría del avance tecnológico: se movía sobre un "balancín" que la hacía girar en un eje imaginario. Su forma anatómica, con reposacabezas ajustable, ofrecía al individuo confort sensorial y la convertía en un mueble destinado al disfrute.[89]

La configuración formal de la *Chaise Longue* era el resultado de la suma de un círculo abstracto —utilizado en un sentido purista— en combinación con la curva sinuosa que se inspiraba en el cuerpo humano. Aparte de su ligero forro desmontable de piel de animal, sujeto por medio de correas, el conjunto contaba con otras dos piezas básicas: la cuna en la que la silla descansaba y la estructura de acero cromado que la conformaba. Esta última estaba, a su vez, compuesta de curvas ondulantes en el lado superior, conforme a la línea del cuerpo, y arcos de círculo inferiores que proporcionaban un medio sencillo para ajustar la incli-

---

[88] Marcel Breuer, desde la Bauhaus, diseñó su *Chaise Lounge on Wheels (Sobre ruedas)* en 1928, inspirado en la estructura de la bicicleta Adler.
[89] La silla es el mueble que supone un mayor reto para los diseñadores, por su cercano contacto con el cuerpo humano. Los diseños de sillas del Atelier de Le Corbusier perseguían la ergonomía, condición exigida por Perriand, "cuyas sillas abrazaban el cuerpo".

nación de la silla. Es decir, el círculo inferior podía ser girado suave y libremente dentro de la cuna fija. La curva superior reflejaba la forma humana, mientras que el arco inferior, más distante en su relación con el cuerpo, tendía hacia la abstracción. En conjunto, ambos acordes solucionaban el íntimo contacto con el cuerpo, así como el dinamismo del objeto.

La estabilidad de la estructura, en todas las posiciones, se aseguraba por el hecho de descansar sobre vigas transversales forradas de caucho que la conectaban a las patas de la base. El propio peso del individuo era suficiente para ajustar y mantener la posición sin ningún mecanismo adicional. El objeto en sí mismo era una máquina perfecta, con sus correas y su precisión móvil. La *Chaise Longue* fue concebida como una estructura multifuncional, el fin de su versatilidad era el placer.

El enfoque experimental, la precisión técnica y la elegancia de su diseño, junto a su ligereza, facilidad de movimiento y dinamismo, convertían a la *Chaise Longue* en precursora de un nuevo paradigma espacial al que denomino Arquitectura Petite, que una década después Perriand proyectaría para el disfrute del tiempo libre del nómada urbano. En 1938, Perriand experimentó con el concepto de refugio de montaña, utilizando un ingenio formal e innovación material y técnica, mezclados con confort sensorial —similar al utilizado en la confección de la *Chaise Longue*— que hicieron a aquellos proyectos desmontables de límites precisos destacar como ejemplos pioneros de Arquitectura Petite.

La *Chaise Longue* compartía con Petite una serie de características: se trataba de una estructura destinada al ocio, capaz de configurar una atmósfera por sí misma; incorporaba técnicas y materiales sofisticados que la convertían en un objeto de lujo, con la dificultad congénita de fabricación en serie; era dinámica y desmontable en tres piezas; y el cuerpo era el generador del prototipo, con el objetivo de favorecer el confort del individuo.

Pao I, casa nómada

> No hay nueva arquitectura que no esté sumergida en el mar del consumo.[90]
> Toyo Ito

En los años setenta en Japón, se hizo evidente que "la era de la escala grande y *los planes* urbanos revolucionarios basados en la utopía tecnocrática habían terminado". Lo cual se presentó como una oportunidad idónea para el "antimetabolista"[91] Kazuo Shinohara, de poner en práctica sus ideas domésticas de pequeña escala. Bajo el lema "la casa es una obra de arte",[92] Shinohara anunció una reforma doméstica que abogaba por una alianza renovada entre arte y arquitectura, en contraposición con las ideas mecanicistas de Le Corbusier. En septiembre de 1968 la revista *The Japan Architect* publicó una edición especial de casas, donde apareció una discusión acerca de arquitectura residencial entre tres arquitectos del "nuevo movimiento": Makoto Suzuki, Yasoyoshi Hayashi y Kazuo Shinohara.

> Un tiempo considerable ha transcurrido desde que la gente comenzó a protestar acerca del estancamiento en la arquitectura residencial. La construcción de viviendas de la posguerra se ha movido en los reinos del mamut; más allá del alcance de los arquitectos individuales que, sin embargo, han sido capaces de trabajar fuera de sus propios intereses personales y estilos establecidos. Aunque éstos aparentemente han perdido su antigua posición de vanguardia gloriosa, un nuevo movimiento en diseño residencial debe surgir.[93]

---

[90] Toyo Ito, *Tarzans in the Media Forest* (Bélgica: Architectural Association Publications, 2011), 181.
[91] Toyo Ito define a Kazuo Shinohara como "antimetabolista", en Rem Koolhaas & Hans Ulrich Obrist, *Project Japan. Metabolism Talks...*, (España: Taschen, 2011), 241.
[92] Enric Massip-Bosch, "Kazuo Shinohara: Más allá de Estilos, más allá de la domesticidad", *2G Revista Internacional de Arquitectura*, no. 58/59 (2011).
[93] Kazuo Shinohara, "The New Movement in Residential Architecture (Kazuo Shinohara, Makoto Suzuki & Yasuyoshi Hayashi)", *The Japan Architecture* 09 (1968), 83-90.

A lo largo de la década de 1970, una serie de arquitectos jóvenes, dirigidos por su maestro Kazuo Shinohara,[94] utilizaron la oportunidad de proyectos domésticos para el ensayo de nuevas ideas. Todos ellos coincidían a la hora de proponer edificios introvertidos que, en última instancia, negaban el concepto de la ciudad como proyecto. Desde principios de la década de 1980, aquella generación de arquitectos —incluidos Toyo Ito e Itsuko Hasegawa— atendió a los deseos de los usuarios y también a su propia proyección profesional. Más allá del "bien colectivo", estos arquitectos se centraron en dar respuesta a la creciente individualidad de la sociedad japonesa, cada vez más consumista. Comenzaron a experimentar con el concepto de vivienda de pequeña escala, destinada principalmente a personas solteras.

La aceleración económica motivó la aparición de una sociedad post-urbana en Japón, que necesitaba de nuevas viviendas de acuerdo a sus nuevos estilos de vida cada vez más hedonistas. La intensificación del consumo durante la era de la burbuja dio lugar a una sociedad de individuos que configuraban su identidad en base a lo que compraban. Mientras que en la época moderna anterior el cimiento social era la familia, en los ochenta, los arquitectos comenzaron a proyectar viviendas para el sujeto aislado. Este fue el ámbito en el que Toyo Ito concibió el Pao I, que se traducía en una arquitectura de naturaleza efímera. Juan Herreros se refirió a esta cuestión afirmando que la chica nómada no ejercía presión sobre el medio, sino que se disponía a ser objeto, ella misma, de las acciones y ofertas propiciadas por el consumismo urbano.[95]

---

[94] Aparte de los arquitectos de la Escuela de Shinohara, entre la joven generación de numerosos diseñadores que surgieron como actores importantes en la escena arquitectónica en la década de 1980 se encontraban Ryoji Suzuki, Hajime Yatsuka, Wakabayashi Hiroyuki, Atsushi Kitagawara, Takasaki Masaharu y Akiko y Hiroshi Takahashi.
[95] Juan Herreros, "Espacio doméstico y sistema de objetos", *Exit* (1994), 83-99.

Casa Paraguas, Kazuo Shinohara, 1959.

El Pao para la Chica Nómada de Tokio data de 1985, pero simbólicamente representa la relación entre mi arquitectura y la ciudad consumista.[96] Toyo Ito

La nueva sociedad, con menos matrimonios y más divorcios, estaba basada en el individuo aislado, para quien la casa había perdido todo su significado. La propuesta de casa de Ito era únicamente la de un lugar para dormir, como una tienda de campaña. El nómada urbano contemporáneo realizaría el resto de funciones en su deriva a través de la ciudad. La casa nómada era una cabaña móvil equipada con mobiliario inteligente, cuyos habitantes podían elegir su emplazamiento. "La decisión de

---

[96] Ito, *Tarzans in the Media Forest*, 181.

utilizar el término Pao para describir una casa cubierta con una lámina translúcida y llamar a sus habitantes nómadas, fue consecuencia directa de la imagen de aquellos que viven en la ciudad y tienen un cuerpo virtual",[97] escribía Ito.

Ito usó el concepto de nomadismo para renovar una arquitectura doméstica considerada obsoleta, en la sociedad post-urbana inmaterial que emergía a mediados de los ochenta. "El concepto de *Pao* era el de la ropa que se protegía con un paraguas".[98] Un paraguas que superaba la condición de espacio sublime de Shinohara en su emblemática Casa Paraguas (1959).

> Los residentes de Tokio pueden ser comparados con nómadas errantes [urbanos] en bosques artificiales, para quienes una tienda de campaña es suficiente como refugio.[99] Toyo Ito

¿Es la metáfora del nomadismo, entonces, una descripción exacta de la vida urbana?,[100] se cuestionaba Koji Taki a la hora de analizar la obra de Toyo Ito durante la primera mitad de los ochenta. Taki hablaba del concepto de efimeralidad frente al de monumentalidad, considerado obsoleto en ese entonces. Aquel nomadismo urbano era un fenómeno que estaba íntimamente ligado a la era electrónica y a la definición de Jean Baudrillard, "el éxtasis de la comunicación", en una sociedad de consumo y espectáculo sin fin.

La abstracción del círculo y lo ergonómico asociado a lo corporal estaban en el origen de la concepción de Pao I. Sejima, Iimura e Ito utilizaron el círculo en un sentido purista, como generador tanto de los objetos como de la envoltura de tela. El círculo era el generador del conjunto, dialogaba con el cuerpo humano, se acoplaba o lo envolvía. Tanto el armazón como los objetos tenían una dimensión antropométrica.

---

[97] Toyo Ito, "Simple lines for Le Corbusier", en *Toyo Ito. Works, projects, writings*, ed. por Andrea Maffei (Londres: Phaidon Press, 2006), 340-341.
[98] Nagisa Kidosaki, entrevista con la autora, UC Berkeley, 8 de agosto de 2012.
[99] Ito, "Towards a post-ephemeral architecture. Interview with Toyo Ito by Sophie Roulet and Sophie Soulié", 96-97.
[100] Taki, "Towards an open text. On the work and thought of Toyo Ito", 6-17.

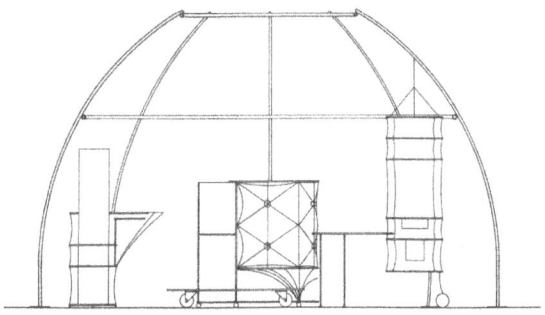

Pao I, Toyo Ito, 1985. Cortesía de Toyo Ito & Associates, Architects.

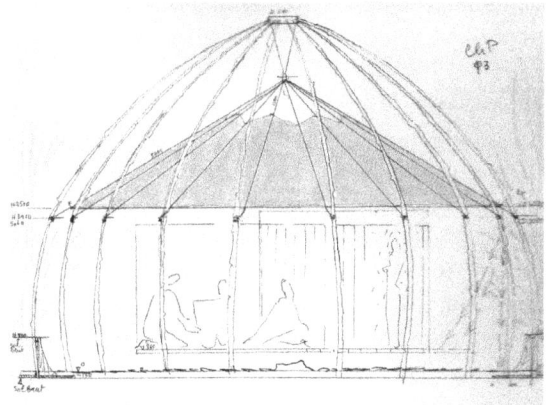

Croquis Casa de Té, Charlotte Perriand, 1993.

Su concepto se movió entre lo real y lo virtual, entre lo corporal y lo tecnológico. Pao I incorporaba la condición primitiva de cabaña nómada, a la vez que utilizaba los materiales metálicos más vanguardistas. Con la ambición de efimeralidad, se fabricó con alambre colgado, anillos de tubo de acero y tela translúcida. La arquitectura se desmaterializaba para conferir "comodidad" a un sujeto, cuya principal actividad era la de deambular por "la ciudad del consumo".

Los Paos de Ito fueron configurados con marcos estructurales ligeros, paneles metálicos perforados, pantallas y tejido sintético translúcido que proporcionaban áreas para las actividades más importantes de un individuo que pasaba en su "hogar" tiempos de descanso, aseo personal, refrigerios y comunicación. Se trataba de una casa portátil o refugio temporal para el nómada que vagaba placenteramente por la ciudad. Toyo Ito tomó prestado el término *nómada* de los filósofos franceses Gilles Deleuze y Félix Guattari, y lo reinterpretó de acuerdo a las condiciones urbanas japonesas. Pao I fue, en última instancia, una *machine désirante*; ideada para el disfrute del hedonista urbano a través de la exaltación del consumo, como acción liberadora en la velocidad de la nueva metrópoli.

Pao I carecía de un lugar específico en el que posicionarse. Se trataba de un espacio mínimo para subsistir en una ciudad que ofrecía lo necesario para el habitar contemporáneo. Curiosamente, el último proyecto realizado por Charlotte Perriand, su Casa de Té (1993) en París, tenía similitudes estéticas, formales y materiales con el Pao I (1985) de Toyo Ito. Esto sugiere la posibilidad de que Pao, finalmente, encontrase su lugar "de vuelta" en París.

¿Era Pao una casa o un mueble? Pao era un refugio ligero, antecedente de una nueva ola de Arquitectura Petite desarrollada por Kazuyo Sejima a finales de los ochenta en Japón. Pao coincidía con Petite en el hecho de ser un prototipo de mobiliario habitable, móvil y desmontable, en el que se experimentaba con materiales novedosos. Difería en el hecho de que era una unidad habitable mínima, destinada a atender los deseos de un individuo aislado; en su lugar, Petite se orientaba al disfrute de un grupo de personas. Pao y Petite coincidían también en cuestionar la condición monumental de la arquitectura y planteaban una vía alternativa: ¿deberíamos proyectar edificios considerando que "¡ya todo es mueble!"?

DE LA SILLA A LA CIUDAD

CHARLOTTE PERRIAND: LOS REFUGIOS Y LA CASA DEL SAHARA, ARQUITECTURA PETITE

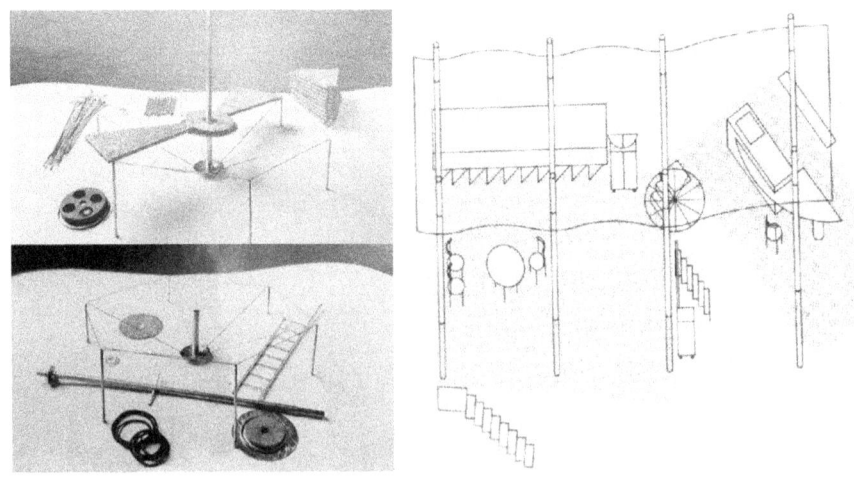

Refugio Tonneau, Charlotte Perriand y Pierre Jeanneret, 1938.

Plataforma I, © Kazuyo Sejima & Associates, 1987.

El concepto de Arquitectura Petite[1], o simplemente Petite[2,] aglutina una serie de proyectos de mobiliario habitable, que proporcionan confort sensorial y se destinan a una existencia nómada. Charlotte Perriand y Kazuyo Sejima fueron las pioneras a la hora de realizar prototipos Petite —arquitectura de límites precisos que comienza con el cuerpo— en Francia en los años treinta y en Japón en los años ochenta, respectivamente; destinados al estilo de vida hedonista de un grupo de personas. Sus creaciones destacaron entre la arquitectura pequeña del momento, por su carácter experimental e innovador desde el punto de vista material, técnico y espacial.

La Arquitectura Petite responde al axioma de "más en menos". Se trata de una arquitectura mueble que con precisión de límites —material, espacial y energético— prioriza la elegancia asociada al disfrute.

Petite retoma ciertas ideas económicas y ecológicas defendidas por E. F. Schumacher en su texto *Small is Beautiful* (1973): "El hombre es pequeño y, por lo tanto, lo pequeño es hermoso. Ir hacia el gigantismo es ir hacia la autodestrucción".[3] Si el ser humano se sitúa en centro del discurso arquitectónico, la construcción debe reducir su escala y también sus residuos.

El hito decisivo que favoreció el desarrollo de Arquitectura Petite en Francia fue la legislación de las vacaciones pagadas para los trabajadores, aprobada a mediados de los años treinta. Este hecho motivó a un grupo de diseñadores, que formaban parte de la *Union des Artistes Modernes* (uam), a experimentar con el concepto de casa móvil de fin de semana.

---

[1] Para ampliar información, ver Rodríguez Fernández, "Petite Architecture", 460-461.
[2] La palabra *petite*, de origen francés, se asocia comúnmente a un tipo de talla de ropa femenina. *Petite* existe en francés, inglés y japonés, hasta en catalán (*petit, petita*), pero no en español. *Petite*: femenino de *petit*: *De faible*; dimensión / *small in size* / *delicate, fragile, fine petite* [pə'ti:t]. adj. (*of a woman*) *small, delicate, and dainty.* [*from French, feminine of petit small*]. n. *A clothing size for short slender women.*
[3] Ernst Friedrich Schumacher, *Small is Beautiful. Economics as if People Mattered* (New York: Harper & Row, 1973), 150.

Charlotte Perriand fue precursora a la hora de proyectar la Arquitectura Petite[4], transformando el concepto de refugio de emergencia en refugio destinado al disfrute. Ella llevó a cabo una revolución sutil gracias al hecho de concebir sus edificios como piezas de mobiliario y utilizar el cuerpo —su escala, movimiento y confort sensorial— como generador de sus proyectos. En última instancia, la Arquitectura Petite de Perriand implicaba una estrategia de diseño de dentro hacia fuera, que transcendía los límites del edificio y proponía una transformación urbana "de la silla a la ciudad".[5]

La arquitectura desmontable de Eileen Gray, antecedente de Petite

La tendencia de salir de la ciudad en breves excursiones de fin de semana comenzó en Alemania. Aquella actividad —inicialmente reservada a una minoría— indujo el desarrollo de pequeñas construcciones, prefabricadas en serie, destinadas a una clientela acomodada. En Francia, la revista *L'Architecture d'Aujourd'hui* alentó entre 1934 y 1935 la producción de estructuras que se orientaban al ocio individual, a través de un par de concursos enfocados en el concepto de "casa de fin de semana".

En 1936 el Frente Popular llegó al poder en Francia y ese mismo año legisló sobre las vacaciones pagadas para los trabajadores franceses. Con el lema "disfrute de tiempo libre para todos", la ley amplió la asequibilidad del ocio para la masa popular. Este hecho propició que los arquitectos y la industria comenzaran a pensar en la casa de fin de semana con una condición desmontable.

---

[4] Marta Rodríguez Fernández, "Charlotte Perriand: Pioneer of Petite Architecture", vídeo presentado en la Exposición "Charlotte Perriand: A Modernist Pioneer", Houston, 29 de octubre de 2014. https://www.youtube.com/watch?v=OtdkF91_Pr0&t=74s
[5] Reinterpretando las palabras de la propia Charlotte Perriand: "de la planificación urbana a las cucharas de té", en Barsac, "The Life and Work of Charlotte Perriand", 264-265.

Cartel francés publicitando tarifas ferroviarias reducidas de fin de semana, promovidas bajo el Frente Popular, 1936.

Esta legislación supuso el primer paso para la trasformación del concepto de ocio, de un privilegio de la élite a una preocupación política de las masas, con la finalidad de favorecer la libertad y la individualidad de las clases trabajadoras. Para los arquitectos y diseñadores esto se tradujo en la posibilidad de experimentación en proyectos de casas privadas de fin de semana como estructuras desmontables y móviles.[6] De hecho, el quinto Congreso Internacional de Arquitectura Moderna (CIAM) celebrado en París en 1937 fue, precisamente, dedicado a los temas de vivienda y ocio.

---

[6] Haciéndose eco de uno de los argumentos de Friedrich Engels: "para nuestros trabajadores en las grandes ciudades la libertad de movimiento es la primera condición de la existencia y la propiedad de la tierra no puede ser una traba", en Friedrich Engels, *Contribución al problema de la vivienda*, 1872, en Constant, *Eileen Gray*, 168.

El nacimiento del nuevo paradigma espacial que denomino Arquitectura Petite se asoció a esta legislación. La UAM fue el laboratorio idóneo por el carácter interdisciplinar de sus miembros. Esta agrupación se fundó en noviembre de 1929 bajo los ideales de lograr la unidad entre las artes, así como la integración de nuevos métodos de producción con la artesanía tradicional. Incluyó a joyeros, encuadernadores, diseñadores de tejido, escultores y especialistas en iluminación, así como fabricantes de muebles y arquitectos. Todos ellos se unieron para hacer frente a las necesidades que imponía el estilo de vida moderno, tales como la combinación de higiene, comodidad y utilidad. Esta aspiración fue suficiente para garantizar una cierta cohesión en el trabajo del grupo.

Entre los miembros fundadores destacaron Eileen Gray, los diseñadores de interiores Sonia Delaunay y Henry Hélène, los escultores Gustav Miklos y Jan y Joël Martel, los diseñadores de joyas Puiforcat y Templier, y el arquitecto Mallet-Stevens, con René Herbst y Charlotte Perriand como líderes intelectuales. A través de Perriand las ideas de Le Corbusier y Pierre Jeanneret estuvieron presentes desde el principio en la agrupación, pero ellos no fueron integrantes activos hasta 1931.

Junto con Charlotte Perriand, Eileen Gray destacó entre los integrantes de la uam por el hecho de proyectar prototipos de vivienda temporal, desde antes de 1936. A pesar de que sus propuestas seguían manteniendo las condiciones del hábitat mínimo, éstas incorporaban una inusual sofisticación en el diseño que las liberaba de las condiciones de racionalidad moderna, en favor de un enfoque más humanista. Las viviendas desmontables de Gray, aunque mínimas, incluían un componente lúdico que anticiparía el desarrollo de Arquitectura Petite a finales de los años treinta.

Gray fue una de las primeras en dar respuesta al nuevo concepto de casas de fin de semana en Francia. Tenía un gran interés experimental en cuanto a los materiales y las técnicas de construcción —en consonancia con el espíritu del Movimiento Moderno— en combinación con algo más único en aquel entonces, una preocupación proyectual enfocada en las necesidades del individuo aislado.

Una casa no es una máquina para vivir, es la cáscara del hombre, su extensión, su libertad, su emanación espiritual.[7] Eileen Gray

La atención al bienestar físico del usuario era algo en principio ajeno a los valores de la racionalidad moderna. En sus postulados, las cuestiones de economía y producción en masa se habían impuesto sobre la preocupación acerca de la experiencia corporal, lo cual Gray describía como la pobreza de la arquitectura moderna: "Todo está dominado por la razón, con el fin de crear asombro, sin la debida investigación. El arte del ingeniero no es suficiente si no se guía por las necesidades de los hombres"[8]. De hecho, en la descripción de su casa de vacaciones E.1027 (1924), ella y Badovici incorporaron el concepto de "juego" más allá del valor de la forma en sí misma.

En esta casa se concentró, en un espacio muy pequeño, todo lo necesario para la comodidad y para contribuir a la *joie de vivre*. En ninguna parte se buscó una línea o una forma en sí misma, en todas partes se pensó en el hombre, sus sensibilidades y sus necesidades.[9]

Eileen Gray inauguró sus experimentos de arquitectura y ocio con propuestas destinadas al bienestar de lo que ella llamó "la masa individual". Denominó al mobiliario que creó para la E. 1027 Le Style Camping, el cual era móvil, adaptable y se apoyaba en un estilo de vida provisional. Asimismo, concibió su Tienda de Campaña con Badovici en 1930, de forma análoga, como un entorno de vida mínimo que debía ser flexible y contingente.[10]

En 1936, Gray proyectó su Ellipse House, una vivienda prefabricada de bajo coste y rápida construcción, sin necesidad de cimentación. Pensada para una familia de cuatro personas, combinaba el concepto de vivienda provisional o refugio de emergencia con el hecho de ser una casa para el goce del tiempo libre. La sofisticación experimental de la Ellipse House

---

[7] Peter Adam, *Eileen Gray: Architect/Designer* (Nueva York: Harry N. Abrams, 1987), 216.
[8] Constant, *Eileen Gray*, 113.
[9] Adam, *Ellen Gray: Architect/Designer*, 216.
[10] Eileen Gray, en Constant, *Eileen Gray*, 172.

Ellipse House, Eileen Gray, 1936.

perseguía el ideal del escape —la aspiración de vivir por un instante la vida anhelada— como una manera de huir de la profunda crisis que se vivía en la Francia de entreguerras, convirtiéndola también en un antecedente de la Arquitectura Petite. Lo único que la distanciaba de ser un proyecto Petite era su condición de célula habitable mínima.[11]

Varios compañeros de Gray en la uam, incluidos Pierre Jeanneret, Charlotte Perriand y Jean Prouvé, proyectaron prototipos de vivienda mínima móvil durante el mismo período. Un ejemplo elocuente fue la Casa de Vacaciones (1936) de Jeanneret, que se podía plegar en forma de remolque y ser transportada a diferentes lugares. Sus proyectos, al igual que los de Gray, continuaban por aquel entonces inmersos en las teorías de vivienda mínima de bajo coste. Fue Perriand quien introdujo definitivamente la idea de placer sensorial, como un elemento esencial que liberó a aquella arquitectura provisional de su carácter de emergencia y la convirtió en un objeto de deseo.

---

[11] Fiel a lo enunciado en el segundo ciam, celebrado en Frankfurt en 1929, con el lema "Vivienda mínima para la subsistencia".

Charlotte Perriand y sus refugios de montaña: Arquitectura Petite

En 1937, Charlotte Perriand comenzó a experimentar con el concepto de "refugio de montaña prefabricado" como vivienda para el disfrute del tiempo libre, coincidiendo con su ruptura con el Atelier *Rue de Sèvres*. Previamente, había participado con éxito en los concursos de *Casa de Fin de Semana* organizados por la revista *L'Architecture d'Aujourd'hui* entre 1934 y 1935, sin embargo, sería a raíz de la *Ley de vacaciones pagadas* (1936) y aprovechando su libertad con respecto al monasterio corbuseriano, que comenzó a investigar acerca de una arquitectura mueble, cuyo diseño comenzaba con el cuerpo.

La revista *L'Architecture d'Aujourd'hui* publicó en 1938 el Refugio Bivouac (1937), diseñado por Charlotte Perriand en colaboración con el ingeniero André Tournon, junto a un artículo titulado "Petite Maisons de Week-end"[12]. La innovación espacial, técnica y material del Refugio Bivouac —cuyo objetivo fue conferir placer corporal al individuo—, aunado a su ligereza y facilidad de movimiento, lo convertían en el primer prototipo del nuevo paradigma espacial. Aquel refugio —a medio camino entre casa y mueble— evidenció el inicio de una revolución sutil liderada por Perriand, cuyas implicaciones experimentales alcanzarían la escala urbana.

> Petite es una arquitectura concebida como se piensa una silla —con la misma atención al detalle, precisión material y técnica, continuidad visual y física e ingenio espacial— que favorece la comodidad y libertad del individuo.[13]

Perriand y *Tournon* proyectaron una estructura de marco metálico tubular o duraluminio —una aleación de aluminio resistente a la corrosión

---

[12] El refugio desmontable se denominaba *Refuge Léger D'Altitude*. El artículo mencionaba a Charlotte Perriand como arquitecta del proyecto y a A. Tournon como ingeniero. "Petites Maisons de Week-end", en A. Hermant, "Habitations 1937", *L'Architecture d'Aujourd'hui 9* no. I (1938): 65.

[13] Marta Rodríguez Fernández, "Petite Architecture: Charlotte Perriand and Kazuyo Sejima" (presentación PechaKucha en la conferencia *Feminism and Architecture: Women, Architecture, and Academia* en Parsons School of Design, 3 de abril de 2015, New York).

Charlotte Perriand en el Refugio Bivouac, 1937.   Fotomontaje Charlotte Perriand en el Refugio Tonneau, 1938.

desarrollado por la industria aeronáutica— con paneles de fachada aislantes acabados en aluminio.[14] El diseño preveía, a su vez, el aislamiento térmico suficiente para poder adaptarse a cualquier tipo de clima.[15]

El Refugio Bivouac se mostró en la Exposición Internacional de París de 1937 como una arquitectura mueble económica y liviana para las vacaciones de una familia de seis miembros. Una ligera estructura lo elevaba del suelo con delicadeza y vigor. La elegancia del aluminio, así como el detalle voluptuoso paralelo a la puerta de acceso, junto a la imagen de Perriand promocionando el proyecto, evidenciaban la dimensión placentera de un refugio destinado al ocio que podía ser transportado en la parte trasera de un vehículo.

---

[14] Una característica especial de la industria del aluminio después de sus inicios en el siglo xix, fue que rápidamente se constituyó en un oligopolio, tanto en Francia como en el extranjero. Al mismo tiempo, el trabajo de *Aluminum Français* y su filial Studal resulta fundamental para comprender las condiciones de desarrollo de prefabricación ligera en Francia. Fue en cierto modo el campo de pruebas para una posible alianza entre arquitectos e industriales.
[15] "Petites Maisons de Week-end", en Hermant, "Habitations 1937", 65.

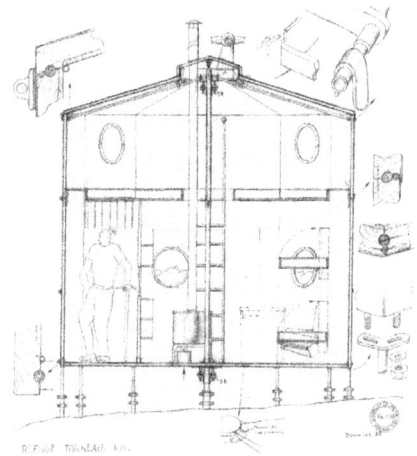

Refugio Tonneau, Charlotte Perriand y Pierre Jeanneret, 1938.

Mientras que los prototipos de Gray encajaban en el concepto de "la más pequeña *célula habitable"*, las propuestas experimentales de Perriand se concibieron para albergar a un grupo de personas en un espacio preciso, cuyo ingenio incluía su disfrute corporal. En definitiva, Perriand había transformado la idea del refugio de necesidad en refugio destinado al deleite de un grupo de personas. Proyectada con minuciosa selección y control —por su precisión energética, espacial y material—, la Arquitectura Petite se ideó para la comodidad y la libertad del nómada urbano.

En el mismo periodo, Perriand y Jeanneret diseñaron tres versiones —destinadas a un numero distinto de personas— de un refugio no construido, el Refugio Tonneau, también conocido como Refugio Barrel (1938). Elementos prefabricados de aluminio se ensamblaban en un corto tiempo para construir un mueble habitable y ligero. Estudiaron las condiciones térmicas y de ventilación, la resistencia al viento y la durabilidad de los materiales. Además, proyectaron un mobiliario adaptable que comenzaba con el cuerpo humano y su comodidad.

El Refugio Barrel era ante todo una joya que se posaba elegante sobre la nieve con la ayuda de una esbelta estructura. La precisión espacial, material y técnica, así como la inspiración de carácter corporal, evidenciaban su condición Petite. Perriand volvió a utilizar su propia imagen en unos fotomontajes que la mostraban con ropa de esquí, abrazada por el corte sensual de la puerta del refugio.

Mobiliario y arquitectura eran una misma cosa en aquellos prototipos desmontables concebidos por Perriand. En otras palabras, los refugios de Perriand eran muebles que habían aumentado de escala para hacerse habitables, esto es, Arquitectura Petite. A su vez, sus componentes internos se deslizaban, plegaban, apilaban o yuxtaponían: las mesas se usaban como asientos, los respaldos se giraban y se convertían en camas. Todo era transformable como condición esencial de aquella arquitectura mueble para un tipo de vida móvil.

Casa del Sahara (1958)

> Perriand y Jeanneret coincidieron a su vez en la uam con Jean Prouvé, con quien colaborarían desde mediados de los años 30. El trío compartía los ideales de preeminencia de la libertad sobre la propiedad, y la prioridad de lo móvil y nómada sobre lo estático y sedentario.[16]

La primera colaboración real entre Perriand y Prouvé se dio en el Atelier de Le Corbusier, donde junto con Jeanneret, produjeron un *Prototipo de cuarto de baño* en 1937. Se trataba de un módulo prefabricado en chapa de acero esmaltado vítreo, que se mostró en el Pabellón de la uam en la Exposición Universal de París del mismo año. Por su parte, Prouvé y Jeanneret diseñaron a finales de la década su *Prototipo de caravana* (1939), con una materialidad propia de la industria aeronáutica. Construyeron una vivienda cuya cáscara se abría lúdicamente, invitando al disfrute de sus habitantes. Su *caravana* era una especie de mueble-móvil que se había expandido para hacerse habitable: otro proyecto de la Arquitectura Petite.

---

[16] Hèlène Bauchet-Cauquil, "Pierre Jeanneret", en *Jean Prouvé. The Poetics of the Technical Object*, ed. por Alexander Von Vegesack, Cathrine Dumont D'Ayot & Bruno Reichlin (Weil am Rhein: Vitra Design Museum, 2013), 202.

Por aquel entonces, el interés común por las estructuras ligeras unió nuevamente a Perriand, Jeanneret y Prouvé en el diseño de edificios prefabricados temporales; cuyos planos Perriand llevó a Japón en 1940 para compartirlos con Junzo Sakakura, quien, poco después, produjo su primer prototipo prefabricado desmontable en Tsukishima, Tokio[17]. Ella se convirtió en la embajadora de la Arquitectura Petite en Japón, mucho antes de las propuestas habitacionales de Kenji Ekuan (1929-2015), incluida su Casa Mueble (1964), que respondían a la creación del espacio doméstico por acumulación de mobiliario compacto.

El momento álgido de la colaboración entre Charlotte Perriand y Jean Prouvé se dio años después, cuando proyectaron la *Maison Saharienne* (Casa del Sahara) en 1958. Fue llevada a cabo por el Atelier LWD, Jean Prouvé y Charlotte Perriand, con el nombre de "prototipo de la Casa del Sahara para el hogar ideal", cuya primera versión se presentó en el *Salon des Arts Ménagers* en el Grand Palais de París en marzo de 1958. El estudio de este hábitat fue dirigido por la Setap (Sociedad de Estudios Técnicos y Organización Planificada), organización especializada en las construcciones en África, que se asoció a su vez con la cimt (Compañía Industrial de Material y Trasporte).

Esta propuesta de arquitectura efímera ofrecía una solución innovadora al problema de vivienda en condiciones climáticas extremas. El proyecto estaba constituido por dos módulos, uno de día y otro de noche, que se

---

[17] Sakakura le había pedido a Perriand que reuniese toda la información posible acerca de lo que estaba sucediendo en París. Entre el material que Perriand llevó a Japón estaban los planos de 1939 para los edificios Issoire, con su pórtico central, los cuales dejaron muy impresionado a Sakakura. Además, en un Japón que también estaba en guerra, la arquitectura desmontable era de particular interés. Aquellos planos desarrollados por Prouvé en colaboración con Jeanneret y la propia Perriand, servirían como un catalizador para la investigación de Sakakura sobre arquitectura desmontable en cooperación con la armada entre 1940 y 1944, lo cual jugaría un papel central en su actividad profesional durante la postguerra. En 1941, en respuesta a un pedido de la marina de guerra, Sakakura produjo el primer prototipo prefabricado desmontable en Tsukishima, Tokio, desarrollando un marco de arquitectura ensamblada (*kumitate kenchiku*). Al año siguiente, creó el Centro de Investigaciones sobre la Arquitectura Prefabricada Desmontable como parte de su propia práctica, y construyó el segundo prototipo en Yushima. Éste basó su sistema de arquitectura prefabricada en un enfoque desarrollado por el diseñador francés Jean Prouvé, y lo aprendió a través de Charlotte Perriand.

Casa del Sahara, Charlotte Perriand y Jean Prouvé, 1958.

protegían por una cubierta parasol que aseguraba la ventilación. El módulo de día disponía de almacenamiento en las paredes y una unidad polivalente dispuesta diagonalmente a lo largo de la habitación. El módulo de noche incluía las instalaciones sanitarias bordeadas por un armario y una estantería que se transformaba en cabecero. Los muebles se convertían en espacio y así generaban un prototipo Petite, donde la continuidad visual y física era posible gracias a los cortes en la chapa. Se trataba de un mueble habitable que, a la vez, era un escenario abierto para las actividades del ser humano, con cualidades de confort en un clima extremo.

> Yo comencé con el cuerpo en acción y la cáscara se diseñó en torno a sus movimientos. Por ejemplo, para la cabina-salón pensé en todas las cosas que haces durante el día: cocinar, planchar, lavar los platos, lavar la ropa, comer. Se encontró la mejor solución posible de acuerdo a las necesidades (humanas).[18] Charlotte Perriand

La Casa del Sahara (1958) era un ejemplo emblemático de la Arquitectura Petite, resultado de un proceso de diseño de dentro hacia fuera.

---

[18] Joseph Abram, "African Experimentation", en *Jean Prouvé. The Poetics of the Technical Object*, ed. por Alexander Von Vegesack, Cathrine Dumont D'Ayot & Bruno Reichlin (Weil am Rhein: Vitra Design Museum, 2013), 216.

La vivienda, a pesar de sus reducidas dimensiones y su carácter temporal, contaba con todo lo necesario para la vida de sus ocupantes, sin renunciar al confort.[19] Los componentes de la casa se transportaban en un sólo camión y se ensamblaban con un equipo de cuatro hombres en tan sólo cuatro días, dos para la estructura y dos para las cabinas. Su carácter experimental, tanto desde el punto de vista material como técnico, incorporaba métodos industriales como la utilización del mismo equipo de grúas que el montaje de automóviles y aviones.

Producida usando un sistema de fabricación sofisticado y formada por dos cabinas protegidas del sol por un techo sombrilla, [la Casa del Sahara] era fácil de transportar en camión o avión. Los dos habitáculos fueron construidos con dimensiones precisas y materiales ligeros, bien aisladas con baja inercia térmica [...] En esta casa prefabricada para los nómadas modernos del desierto, el confort se consigue a través de las instalaciones interiores más avanzadas, un alto rendimiento térmico de la cáscara exterior muy parecido al de un refrigerador, combinado con un concepto global, basado en células independientes, cubiertas por una tienda de campaña.[20]

La Casa del Sahara era un prototipo desmontable para una existencia nómada. Se trataba de una estructura de límites precisos, entre casa y mueble; con una cualidad barroca proveniente de la sofisticación del material, tanto por su brillo como por su forma, consecuencia de la técnica de doblado y los cortes curvos, donde los paneles curvados de aluminio en puertas, ventanas y los recortes con las esquinas redondeadas, proporcionaban placer estético y corporal al individuo.

En síntesis, la Casa del Sahara es un prototipo Petite que tomó del mobiliario su condición (des)montable, atención exquisita en cuanto al detalle y la técnica material, así como escala precisa y continuidad visual

---

[19] Jacques Barsac, *Charlote Perriand: Un art d'habiter 1903-1959* (París: Norma, 2005), 454.
[20] Franz Graf, "Factoried Houses are Comfortable Houses", en *Jean Prouvé. The Poetics of the Technical Object*, ed. por Alexander Von Vegesack, Cathrine Dumont D'Ayot & Bruno Reichlin (Weil am Rhein: Vitra Design Museum, 2013), 290-301.

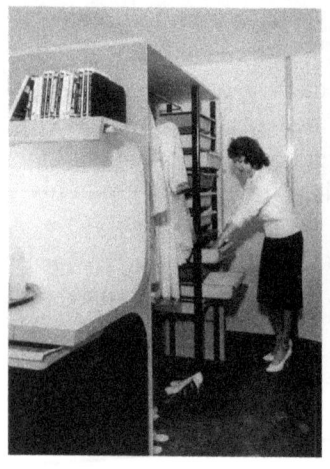 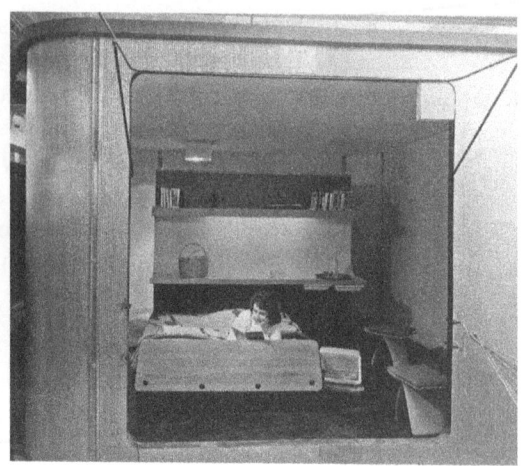

Casa del Sahara, Charlotte Perriand y Jean Prouvé, 1958.

y física. Era un proyecto de arquitectura mueble con capacidad para atender las necesidades corporales, incorporando, por ejemplo, la movilidad a escala del ocupante como generador del proyecto.

> La arquitectura procede del interior hacia el exterior. Es un movimiento de ir y venir. Debe satisfacer nuestras necesidades, ofrecernos la extensión de nuestros gestos diarios, tanto en una casa, como en un hospital, o en una embajada [...] Es necesario tener en cuenta al hombre en su dimensión individual o colectiva y sus hábitos, sus idiosincrasias, la sociedad en la que vive, el clima y el medio ambiente".[21] Charlotte Perriand

El ingenio espacial, material y técnico, mezclado con un enfoque que priorizaba el cuerpo humano y su comodidad, hizo que los refugios des-

---

[21] Charlotte Perriand, *Io, Charlotte, Tra Le Corbusier, Léger e Jeanneret* (Italia: Laterza Editoriale, 2007), 28.

montables de Perriand destacasen entre los proyectados por sus coetáneos. La revolución sutil que propuso, a través de su Arquitectura Petite, superaba las limitaciones que la tecnología ofrecía como fuente de inspiración única. En su lugar, se enfocaba en atender las necesidades y aspiraciones del ser humano como generadoras de sus proyectos, de acuerdo a su escala, movimiento y placer corporal. Planteó una renovación arquitectónica al proyectar de dentro hacia fuera, comenzando con Petite como lugar de ensayo de ideas que trasladaría más tarde a la gran escala, lo cual se hizo evidente en su proyecto de la estación de esquí de Les Arcs[22] (1968-1985), ubicada en los Alpes franceses. Con la ambición de extender el *art de vivre* a la sociedad en masa, Perriand priorizó la comodidad y la experiencia de los ocupantes en el proyecto, con la inclusión de espacios habitacionales precisos y flexibles.

---

[22] La estación de esquí estaba compuesta por cuatro pueblos, la cual se edificó en diferentes niveles. Entre 1968 y 1985, Perriand diseñó y construyó los primeros tres niveles de Arc 1600, Arc 1800 y Arc 2000. Ella se unió al equipo de proyecto en 1967 y pronto invitó a Prouvé a colaborar en el mismo.

KAZUYO SEJIMA: PLATAFORMAS Y CASA EN UN HUERTO DE CIRUELOS

Casa en un Huerto de Ciruelos, Kazuyo Sejima & Associates, 2003.

La década de 1980 en Japón fue una época de esplendor, que contempló un rápido crecimiento económico, desarrollo tecnológico y revolución social, donde los nuevos estilos de vida y el florecimiento del nomadismo urbano exigieron una renovación arquitectónica. En ese entorno de individualidad, ocio y consumo en auge, la innovación en arquitectura estuvo estrechamente relacionada con la concepción de muebles e interiores. Kazuyo Sejima —al igual que Charlotte Perriand medio siglo antes— fue pionera a la hora de difuminar la frontera entre mueble e inmueble, lo cual la llevó a desarrollar una ola de Arquitectura Petite en Japón desde finales de los años ochenta. Su trabajo supuso la superación de las limitaciones de la tecnología como única fuente de inspiración para la innovación arquitectónica, gracias al enfoque en el cuerpo humano como generador de sus proyectos.

Mas allá de las influencias transnacionales en la obra de Sejima —fundamentalmente provenientes de la obra de Eileen Gray, Charlotte Perriand y Le Corbusier— y de la huella intelectual de Toyo Ito y Yuzuru Tominaga, hubo otros cuatro personajes claves para entender su trabajo: un historiador, fotógrafo y filósofo, Toji Taki; un arquitecto que había estudiado matemáticas, Kazuo Shinohara; y dos diseñadores de interiores que estudiaron arquitectura antes de proyectar mobiliario, Shiro Kuramata y Teruaki Ohashi. Sejima fue capaz de catalizar una serie de intereses y motivar una revolución sutil "de la silla a la ciudad", que comenzó con su Arquitectura Petite, capaz de proponer una alternativa al carácter formal, monumental y utilitario de la modernidad, las referencias tradicionales y sus limitaciones espaciales y materiales, así como la "frivolidad" de las apuestas postmodernas.

A través de la equiparación entre casa y mueble, Sejima ha promovido un proceso proyectual de dentro hacia afuera, así como una innovación material, estructural y espacial —asociada a la ambivalencia de escala— "imparable". Los primeros proyectos de vivienda que desarrolló de manera independiente, Serie Plataformas (1987-1990), fueron casas de fin de semana y ejemplos tempranos de la Arquitectura Petite. Aquellas construcciones destinadas a una ocupación temporal contenían la mayor parte de las características que han definido la obra posterior de Sejima tanto independiente como formando parte de SANAA (Sejima + Nishizawa y Asociados), así como su legado entre sus "sucesores".

De la Generación Superficial a la Generación de la Sensibilidad

"Las casas son obras de arte [...]" Estas son las palabras de apertura de un artículo de 1962 en el que abogaba por la liberación de la vivienda de la perspectiva limitada del Modernismo y del Funcionalismo.[23] Kazuo Shinohara

Los arquitectos de la generación anterior a la de Sejima recibieron la influencia de uno de los dos líderes de la década de los setenta: Arata Isozaki (n. 1931) o Kazuo Shinohara (n. 1925). Mientras que Isozaki abogaba por "el bien colectivo" a través de su confianza en la ciudad como proyecto; Shinohara defendía un enfoque individual expresado en su "Teoría en el Diseño de la Casa" publicada en 1970, que cuestionaba la noción de "lo público" como proyecto. De hecho, hasta los años setenta, el diseño de casas no había sido considerado arquitectura en Japón; el impulsor del cambio fue Shinohara, quien desde mediados de los sesenta insistió en que "una revolución doméstica era necesaria en Japón".

Kazuo Shinohara apareció en la década de 1960 como un creador de casas distante. Desde el principio, no tenía ningún interés en la ciudad futura. O tal vez sería mejor decir que a través de la publicación de una serie de pequeñas casas, altamente autónomas, intentó antagonizar directamente con Kenzo Tange y los Metabolistas. Su Casa en Blanco, publicada en 1967, tuvo un impacto particularmente importante en mí.[24] Toyo Ito

Shinohara convirtió a la vivienda en el elemento central de su discurso. Bajo el lema "una casa debería ser una obra de arte[25]", Shinohara creó su escuela entre los arquitectos de la generación nacida en los años cuarenta. Toyo Ito e Itsuko Hasegawa fueron sus más notables discípulos. Los arquitectos de su escuela negaron la posibilidad o la eficacia de

---

[23] Kazuo Shinohara, "A Record of Significant Space", 1975, en Kazuo Shinohara & Irmtraud Schaarschmidt-Richter, *Kazuo Shinohara* (Berlin: Ernst & Sohn, 1994), 133.
[24] Ito, *Tarzans in the Media Forest*, 179.
[25] Kazuo Shinohara, 1970, en Katsuhiro Kobayashi, "Where to Go, What to Fight?", *The Japan Architect* 8811/12 (1988), 94-97.

una intervención integral en las ciudades, por lo que en su práctica se retiraron de la esfera pública a la esfera privada. Aquella generación se enfocó en el diseño de pequeñas casas "de alta costura" —especialmente en la década de 1970— que en la mayoría de los casos mantenían una actitud introvertida con respecto a su entorno urbano.

"El arquitecto y crítico Hajime Yatsuka se ha referido a este grupo como la Generación Superficial; sus primeros trabajos, sobre todo residenciales, exploraron un lenguaje arquitectónico independiente no relacionado con las tendencias de casa o del extranjero y destinado a ser influido por vanidades personales en lugar de preocupaciones profesionales".[26] "En lugar de proyectar para la sociedad proyectaban para las personas",[27] afirmaba Hajime Yatsuka[28]; quien, a su vez, se refirió a la Generación Superficial —bajo la influencia de los ideales de Shinohara— de la siguiente manera:

> Es cierto que la superficialidad es una de las palabras clave de algún aspecto de la cultura postmoderna más sofisticada de Japón, e Ito, sobre todo, habló sobre la idea de lo efímero en aquel momento. […]
>
> Fue Koji Taki, el crítico contemporáneo de Shinohara e Isozaki, quien influyó de manera seria sobre esta Generación Superficial. Fue un mentor informal tanto de Ito como de Hasegawa. Alrededor de 1980, impartió un seminario en el Instituto de Tecnología de Tokio, donde Shinohara fue profesor. Ito y Hasegawa lo siguieron. Estos arquitectos se denominarían la Escuela de Shinohara. Taki influyó incluso en Shinohara. En aquel tiempo, después del Metabolismo, Shinohara e Isozaki eran dos líderes de la generación más joven, y Taki estaba cerca de ambos. Como crítico, Taki ocupaba el polo opuesto de Noboru Kawazoe —miembro fundador del Metabolismo—, a pesar del hecho de que eran contemporáneos. Mientras Kawazoe estuvo muy activo durante los años cincuenta y sesenta, Taki comenzó su carrera a finales de los setenta. […]

---

[26] Dana Buntrock, "Architecture-Modern Japan", *Encyclopedia of Modern Asia* 1 (2002): 145-148.
[27] Hajime Yatsuka, entrevista con la autora, Shibaura Institute of Technology, Tokio, 21 de diciembre de 2012.
[28] Hajime Yatsuika fue alumno de Kenzo Tange y más tarde discípulo y colaborador de Arata Isozaki.

Repeating Crevice, Kazuo Shinohara, 1969-1971. Fotografía de Koji Taki

En los años setenta, Taki estaba tratando de dar un marco teórico para la emergente cultura japonesa bajo la hegemonía del capitalismo japonés, de forma sofisticada. Al igual que sus contemporáneos, Taki estaba, sin duda, bajo la influencia del marxismo, este punto de partida le dio una complejidad ambigua que nunca fue, creo, entendida por Ito y Hasegawa. Ellos tomaron la revelación de Taki demasiado literalmente, de forma superficial, porque carecían del entendimiento de la preocupación general de Taki acerca de la teoría postestructuralista, la fenomenología, el arte contemporáneo, la sociología, geografía, etcétera.[29] Hajime Yatsuka

Koji Taki fue el ideólogo que inspiró y promocionó el trabajo de Toyo Ito, como explicaba Yatsuka. Taki defendió lo efímero frente a lo monumental, como vía para la innovación arquitectónica. Por su parte, Sejima recibió la influencia de Shinohara a través de Ito, pero fundamentalmente por

---

[29] Hajime Yatsuka, entrevista con la autora vía correspondencia Berkeley-Tokio, noviembre y diciembre de 2012. En respuesta a una pregunta acerca del concepto de *Generación Superficial*, referido a un grupo de arquitectos post-modernos, incluidos Ito y Hasegawa (Riken Yamamoto).

medio de su interés personal en las fotografías que Taki tomó de la obra de Shinohara.[30] Taki fotografió las casas de este último como obras de arte inhabitadas, incrementando el carácter surrealista de las mismas. Sejima daría un giro posterior en este sentido —como contraste a las ideas de Shinohara— al centrarse en el individuo e incorporar incluso su propia imagen en las fotografías de sus edificios.[31] En todo caso, Sejima tomó de Shinohara la idea de "estilo" (*yoshiki*) asociado al concepto constructivo como vía de experimentación.

La revista *The Japan Architect* —versión internacional de la revista *Shinkenchiku*— publicó en diciembre de 1988 un número bajo el título *Tokyo's New Breed*, incluyendo el trabajo de la generación de los arquitectos japoneses nacidos en la década de 1950 a la cual Sejima (n. 1956) pertenecía. "Los que nacieron en la segunda mitad del siglo XX, nunca han experimentado el drama desesperado y trágico representado en la historia japonesa moderna",[32] así introducía Riichi Miyake —uno de los cincuenta arquitectos— a su propia generación en el artículo "Farewell to the Post-war Syndrome".

En el mismo número, Katsuhiro Kobayashi (n. 1955) publicaba un artículo bajo el título "Where to Go, What to Fight?", en el que explicaba que aquella generación, sucesora de la Generación Superficial, "algunas veces se denominaba 'generación de la sensibilidad', argumentando que su sensibilidad no es extraña, provocativa u ofensiva, sino más bien suave, amable y aceptable".[33] También exponía que se la calificaba como "generation of tacticians" o la "generation of entertainers", en comparación con sus predecesores. Además de Sejima, incluía entre sus filas a Kengo

---

[30] Como comisaria de la Bienal de Venecia 2010, Kazuyo Sejima rindió homenaje a Shinohara, reconociéndolo como una figura de gran influencia, tanto para ella como para la totalidad del panorama arquitectónico contemporáneo japonés.
[31] Fue Sejima la primera que empezó a posar con sus proyectos, como hemos visto, especialmente elocuente en la foto, habitando su *Dormitorio para Mujeres*, junto a la arquitecta Nagisa Kidosaki.
[32] Riichi Miyake, "Farewell to the Post-war Syndrome", en *The Japan Architect: Tokyo's New Breed* 379/380 (1988), 8-11.
[33] Kobayashi, "Where to Go, What to Fight?", 94-97.

Tokyo's New Breed, 1988.

Kuma y Satoko Shinohara entre otros. Sejima destacaría entre todos ellos no sólo por el carácter experimental de su trabajo sino por el hecho de haber generado "Escuela", más allá incluso de las fronteras niponas.

La versión japonesa de la revista publicó un cuestionario bajo el título "Now", realizado a cincuenta arquitectos de aquella generación. Mientras que sus coetáneos explicaban ampliamente las teorías que informaban su temprana arquitectura, Sejima utilizaba principalmente un silencio mayúsculo e incluso onomatopeyas que insinuaban un proceso proyectual intuitivo, el cual comenzaba con su propio cuerpo. A la pregunta: "Al diseñar una casa, ¿tiene actividades diarias particulares o un sentido de la realidad que prioriza?", Sejima respondió: "Que los residentes pueden vivir libres y sin límites".[34] Lo cual es una aspiración que encontramos a lo largo de toda su obra sin excepción, representa un contrapunto a los proyectos Pao de Ito y supone el punto de partida de su revolución sutil.

Revolución desde el interior doméstico

A finales de los años ochenta, Sejima inició una revolución sutil que tuvo su origen en sus prototipos Petite, cuyas raíces experimentales provenían de la equivalencia entre arquitectura y mobiliario. En la "Edad de oro del diseño japonés", el consumo de diseño interior se potenció vertiginosamente. Desde principios de los ochenta, los arquitectos, en colaboración con influyentes diseñadores de interiores, comenzaron a repensar el espacio doméstico asociándolo a nuevos estilos de vida. En este contexto, Sejima fue capaz de aunar un conocimiento transversal y transnacional para abrir un nuevo camino arquitectónico, sin necesidad de proponer una teoría escrita.

Hacia la mitad de tal década, el consumo favoreció el desarrollo de nuevos conceptos domésticos vinculados con el disfrute del tiempo libre, cuya innovación arquitectónica se inspiró inicialmente en el trabajo experimental de los diseñadores de interiores de mediados de los setenta. Destacó entre ellos Kuramata, especialmente desde el diseño de sus muebles de cristal en 1976. Con formación parcial como arquitecto, diseñó la famosa Silla de Cristal[35] como suma de planos, de acuerdo a su concepto de "ironía funcional".

---

[34] Kazuyo Sejima, "Now", *Shinkenchiku* (nov.-dic. 1988).
[35] Kuramata sugirió que diseñó la Silla de Cristal tras ver la película de Stanley Kubrick *2001: Una Odisea en el Espacio* (1968). A él le gustó mucho la película, pero se sintió un poco decepcionado por la forma en que los escenarios retrataban las estaciones espaciales del futuro. En lugar de pensar en algo realmente nuevo, Kubrick había utilizado mesas de 1956 de Eero Saarinen y las sillas rojas de Olivier Mourgue. Kuramata pensó acerca de qué tipo de mobiliario hubiese diseñado él. Por lo que apuntó que la silla fue el resultado de aquella especulación.
Para más información, consultar: Sudjic, *Shiro Kuramata: Essays and Writings*, 92.

How High is the Moon, dibujo, Shiro Kuramata, 1986.

La Silla de Cristal tiene una relación ambigua con su contexto, quizá es menos un objeto y más un elemento arquitectónico [...].[36]

A mediados de los años ochenta, la noción de desintegración estructural, visual y funcional se hizo aún más presente en el trabajo de Kuramata. How High is the Moon (1986) representó una evolución en este sentido, gracias al uso de la malla metálica que creó la ilusión de flotar en el espacio. Desde los setenta, la aspiración de Kurama era diseñar el futuro, y la malla metálica parecía conseguirlo, junto al hecho de cuestionar el carácter utilitario del objeto

Estos conceptos de inmaterialidad, idea de movimiento o flotación, confusión de escala, ambigüedad funcional y carácter inacabado —ensayados por Kuaramata— fueron muy influyentes en el trabajo de Toyo Ito y de Itsuko Hasegawa; pero más aún inspiraron a Sejima, quien ha llevado

---

[36] Sudjic, Shiro Kuramata: Essays & Writings, 92.

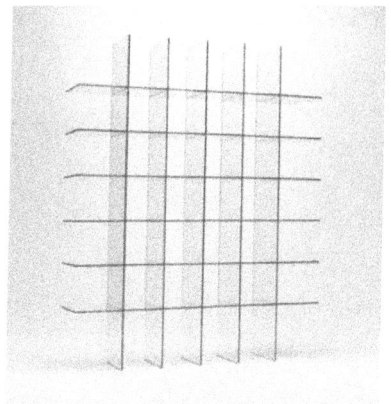
Estantería de Vidrio, Shiro Kuramata, 1976.

a los materiales a su límite constructivo y estructural, como por ejemplo en su Casa en el Huerto de Ciruelos (2003).

Kuramata diseñó su mobiliario como si estuviese proyectando un edificio, mientras que Sejima ha proyectado edificios como si estuviese diseñando mobiliario. Ambos han equiparado a la arquitectura y al mobiliario; han experimentado con la ambigüedad de escala y función, la precisión en el detalle y la sofisticación material impregna sus diseños de inusual cualidad "decorativa". A su vez, tanto Kuramata como Sejima se han referido a cualidades como la transparencia experiencial que sugiere una continuidad visual, física y sensorial; creando profundidad por la suma de planos transparentes que se convierten en translúcidos, configurando la ilusión experiencial de espacio infinito. Esta cualidad es esencial a la hora de entender tanto el trabajo de Sejima como el de SANAA, con ejemplos elocuentes como el Pabellón de cristal en el Museo de Arte de Toledo en Ohio (2001-2006), que parecen haber expandido la Estantería de Vidrio (1976) de Kuramata.

Otro diseñador importante para entender el trabajo de Sejima es Teruaki Ohashi (1938-1992). Al igual que Kuramata, Ohashi también estudió arquitectura e incluso fue investigador en el Laboratorio de Arquitectura de Shinohara, en el Instituto de Tecnología de Tokio; después dio un giro profesional hacia el diseño de mobiliario y comenzó a enseñar en la Uni-

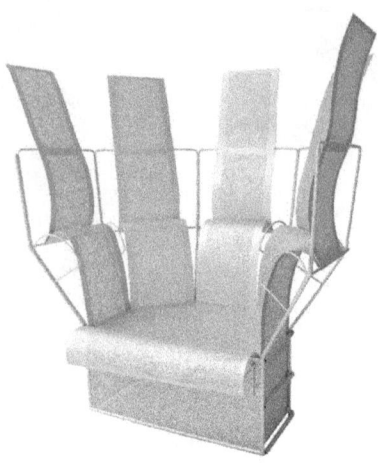
Silla de Gran Tamaño, Teruaki Ohashi, 1985.

versidad de Zokei en 1969. Ohashi colaboró principalmente con Toyo Ito y Kazunari Sakamoto. Sejima y Ohashi coincidieron cuando éste concibió el mobiliario de la Casa Hanakoganei y de la Silver Hut de Toyo Ito.

Algunas estrategias presentes en el trabajo de Ohashi como el uso del círculo, los aros metálicos y sobre todo una cualidad barroca y de desenfado aparecen en la obra de Sejima. También ha incluido en su trabajo el carácter lúdico, material y espacial, de objetos como la Silla de Gran Tamaño (1985), construida con aluminio perforado y lacado y destinada fundamentalmente al deleite visual. Tanto Sejima como Ohashi han llevado los materiales al límite en cuanto a su espesor —una mezcla de extrema finura y delicadeza con la finalidad de cuestionar la funcionalidad tradicional del objeto— y han utilizado curvas voluptuosas y refinamiento hedonista. Más aún, la obra de Sejima, descrita a menudo como "minimalista", comparte con la de Ohashi el hecho de responder al lema "más en menos".[37]

---

[37] No "menos es más, sino más en menos. Japón está avanzado en eso", entrevista a Marta Rodríguez Fernández por Winifred Bird, "Japanese Architecture and The West", *ArchiExpo e-magazine* 16 (19 de enero de 2016), http://emag.archiexpo.com/article-long/4899/

Aun así, el trabajo de Sejima es más ligero, elegante y sobre todo "más libre" que el de Ohashi, lirado del dogma imperante, esto es, la "postmodernidad japonizada". De hecho, Sejima revolucionó de manera sutil su disciplina arquitectónica, comenzando por sus proyectos Petite, como superación de los ideales modernos y postmodernos. Su trabajo desdibujó las fronteras entre inmueble (*immobilis*) y mueble (*mobilis*) y cuestionó las implicaciones de la monumentalidad y la inspiración tecnológica como vía principal para la innovación arquitectónica.

Arquitectura Petite en Japón

> Las sillas siempre han sido las pioneras de cambio [...].[38] Alison y Peter Smithson

Desde mediados de la década de 1970, el diseño de la silla marcó tendencias experimentales que influyeron en la renovación arquitectónica que tuvo lugar en Japón a finales de los ochenta; de modo muy similar a lo que había ocurrido medio siglo antes en Europa y en particular en Francia, cuando los nuevos prototipos de sillas desarrollados a finales de los años veinte influyeron sustancialmente en la experimentación arquitectónica de finales de la década de 1930.

Tanto Perriand como Sejima aprovecharon la oportunidad que sus jefes les ofrecieron de repensar el espacio doméstico y lo convirtieron en una vía para revolucionar la disciplina proyectando desde dentro hacia afuera: de la silla a la ciudad. Así desarrollaron un nuevo paradigma arquitectónico que denomino Arquitectura Petite (建築プチ): mobiliario habitable diseñado desde el interior y con capacidad experimental para proponer una transformación urbana. Petite es la arquitectura mueble que comienza con el cuerpo; su precisión va más allá de su dimensión e incluye el gasto económico, energético y la huella ecológica.

---

[38] Alison Smithson y Peter Smithson, *Changing the Art of Inhabitation* (Londres: Artemis, 1994), 72.

San Jerónimo en su estudio (1456-1460), Antonello da Messina

La Arquitectura Petite permanece dentro de límites específicos de dimensión, tiempo, energía, economía, consumo material e impacto ambiental. Cuestiona la monumentalidad, ofrece una alternativa viable al concepto de Bigness[39] (1994) y propone una transformación urbana comienza a escala corporal. "La arquitectura como monumento se está quedando reducida a un vestigio".[40] Se trata de una arquitectura temporal y ligera que reivindica "lo mueble" frente a "lo inmueble", porque "El hombre es pequeño, por eso lo pequeño es hermoso".[41]

---

[39] Rem Koolhaas, "Bigness (or the Problem of Large)", en *S, M, L, XL*, ed. por *Rem* Koolhaas, Bruce Mau y Hans Werlemann (New York: The Monacelli Press, 1998), 495-516.
[40] Ito, "Una cortina del siglo XXI. Teoría de la Arquitectura Fluida", 71.
[41] "No tengo dudas de que es posible dar una nueva dirección al desarrollo tecnológico,

El concepto se inspiró en el famoso cuadro de Antonello da Messina, San Jerónimo en su estudio (1456-1460)[42], donde un espacio mueble introducía la escala humana en un espacio monumental "abierto a la naturaleza salvaje". Se trataba de un mueble habitable o un mueble que creaba un espacio habitable, germen del concepto de Arquitectura Petite.

La precisión dimensional y el ingenio espacial en Petite abre el debate entre el espacio y la forma en la arquitectura. Su capacidad multifuncional y adaptable, sin lugar para almacenar, sugiere una existencia nómada. Lleva el hábitat humano a una era dinámica del cuerpo en movimiento que Paul Virilio llamó "circulación habitable", en respuesta a la filosofía de los nómadas de la nueva era. Petite es una arquitectura que comienza con el cuerpo y explora el potencial técnico y formal de nuevos materiales importados de otras industrias.

Petite evidencia las infinitas posibilidades arquitectónicas usando libremente el concepto de cambio de escala. Comprende no sólo una revolución sutil, que se da de lo pequeño a lo grande, sino también implica un diseño de dentro hacia fuera, el cual cuestiona el concepto de Bigness como único catalizador de sinergias urbanas, más allá de la ciudad como proyecto. De hecho, la razón por la que "Tokio se convirtió en el óptimo laboratorio urbano y por definición, experimental"[43] radica en la escala de Petite. En última instancia, sus cualidades evidencian rasgos propios de la arquitectura doméstica contemporánea japonesa y es en sí misma transnacional.

---

una dirección que lo llevará de regreso a las necesidades reales del hombre, y eso también significa: al tamaño real del hombre. El hombre es pequeño y, por lo tanto, lo pequeño es hermoso. Ir por el gigantismo es ir por la autodestrucción". Este es el argumento principal de Schumacher en su famoso libro *Lo pequeño es hermoso*. Schumacher, *Small is Beautiful. A Study of Economics as if People Mattered*, 117.

[42] Alison Smithson escribió un artículo "Saint Jerome: The Desert... The Study" que publicó en Teca, en 1991, quien lo describía como "posiblemente, el estudio más famoso, meticuloso y misteriosamente formado" en Alison Smithson, *Alison & Peter Smithson: From the House of the Future to a House for Today*, ed. por Dirk van den Heuvel and Max Risselada (Rotterdam: 010 Uitgeverij, 2004): 225-230. En Nieves Fernández Villalobos, *Utopías domésticas: La casa del Futuro de Alison y Peter Smithson* (Barcelona: Fundación Caja de Arquitectos, 2012): 165.

[43] Eleni Gigantes, "Lifestyle Superpower: Urban Japan as Laboratory of the Limits of Reality", *Telescope* (winter, 1993): 165.

Se enfrenta al desmantelamiento y desaparición de la arquitectura detectada por Rem Koolhaas a través de sus límites precisos. Petite es el reflejo de la crisis de la monumentalidad de la arquitectura, ¡todo es mueble!, porque lo pequeño es posible, y de lo pequeño sacamos conclusiones para lo grande.

Kazuyo Sejima y sus Plataformas

> Es cierto que mis proyectos de viviendas tienen que ver con tu concepto de Arquitectura Petite.[44] Kazuyo Sejima

Hacia mediados de la década de 1960 nació en Japón el concepto de disfrute del fin de semana, impulsado por el gobierno, con el objetivo de potenciar el uso del tren de alta velocidad construido a raíz de las Olimpiadas de 1964. La nueva sociedad, cada vez más urbanita, comenzó a hacer excursiones de fin de semana a lugares alejados de la ciudad, lo cual impulsó a Kisho Kurokawa a experimentar durante los setenta con un concepto de "casa del futuro" asociado al deleite del tiempo libre. Sus propuestas seguían cautivas bajo "el síndrome de Le Corbusier" y la utilización de la tecnología como única referencia para la evolución arquitectónica.

Sin embargo, el momento más álgido en el ensayo de viviendas destinadas al disfrute del tiempo libre se dio a finales de la década de 1980, motivado por la confianza económica y una sociedad cada vez más individualista. Dado que el consumo creció, la inversión también comenzó a aumentar, especialmente entre 1987 y 1990. Por tanto, se proyectaron casas de fin de semana para el ocio del nuevo urbanita japonés, que abandonaba la ciudad por cortos periodos de tiempo. En pleno despegue de este nuevo concepto, Kazuyo Sejima inició su trayectoria profesional independiente en 1987.

> La más radical entre los arquitectos jóvenes fue una diseñadora ex asistente de Ito, Kazuyo Sejima. En sus primeros trabajos, la serie Casa Plataforma, se esforzó en una concepción y construcción totalmente inmaterial.[45]

---

[44] Kazuyo Sejima, entrevista con la autora, Tokio, 25 de diciembre de 2012.
[45] Bognar: *Beyond the Bubble. The New Japanese Architecture,* 40.

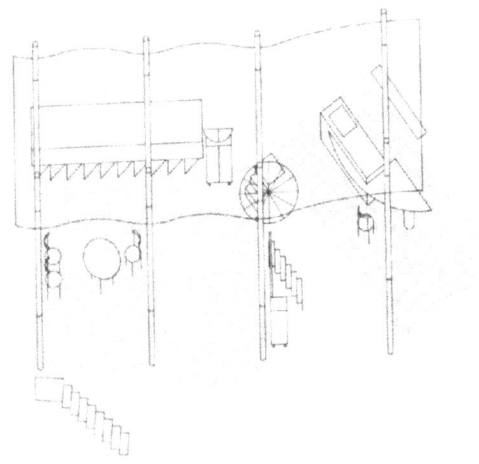

Plataforma I, © Kazuyo Sejima & Associates, 1988.

La "radicalidad" de Sejima estribaba en el hecho de equiparar lo inmueble a lo mueble, la casa y la silla. Hizo su debut como arquitecta con una serie de casas a las que denominó Plataformas: Plataforma I (1987-1988), Plataforma II (1988-1990) y Plataforma III (1989-1990). Estos experimentos a medio camino entre casa y mueble, buscaban "liberar al ser humano de las ataduras de la arquitectura del pasado". Sus dibujos, sin jerarquía en las líneas —donde el mismo grosor de línea dibujaba una mesa, un habitáculo o una cubrición— evidenciaban esa condición ambigua desde el punto de vista material, funcional y de límite.

En 1988 se publicaron las fotografías de Plataforma I, y los dibujos y las maquetas de Plataforma II junto al mobiliario Dai Dai/MIRA, diseñado por Kazuyo Sejima; mostrando el trasvase de ideas entre mobiliario y edificio, donde vemos cómo el asiento de Dai Dai/MIRA había crecido hasta convertirse en la cubierta de Plataforma I o viceversa. La curva sinuosa, resultado de la aproximación de círculos, dibujaba ambos proyectos, que también compartían similitudes estructurales. Se creaba así un método proyectual de dentro hacia fuera que explica tanto el éxito de Sejima como el de sus "discípulos".

Las Plataformas eran prototipos Petite: arquitectura que comenzaba con el cuerpo, muebles que habían crecido para hacerse habitables y

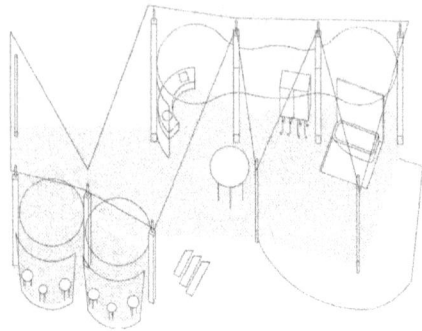

Plataforma II, © Kazuyo Sejima & Associates, 1988-1990.

liberar al ser humano, gracias a la confección de un espacio "infinito", elaborado a su medida y destinado al placer. De hecho, la sofisticación en el diseño, tanto material como formal, de esta arquitectura mueble la convertía en objetos de deseo.

> Para mí es lo mismo diseñar una casa que diseñar mobiliario.[46] Kazuyo Sejima

En 1989, Sejima concibió un mobiliario titulado Danza, como parte del diseño de un espacio interior titulado Art of Life (1989), para la empresa de material de construcción INAX. Formaban parte de la instalación unos asientos futuristas con prótesis tecnológicas. Aquellas sillas incorporaban colores vivos a través del uso lúdico de la tela y a modo de esculturas animadas configuraban un espacio para la mujer: un tocador de señoras. El mismo baile de círculos que confeccionaba el mobiliario Danza (1989) creaba el proyecto de la Casa Plataforma II (1988-1990), evidenciando como la equivalencia entre arquitectura y mobiliario es la generadora del concepto Petite. En ambos diseños (Danza y Plataforma II), Sejima argumentó que no estaba concibiendo ni muebles ni arquitectura, sino una atmósfera.

[46] Kazuyo Sejima, entrevista con la autora, Tokio, 25 de diciembre de 2012.

Aquellos primeros proyectos experimentales diseñados por Sejima superaban las limitaciones de la alianza entre arquitectura y tecnología, como única vía para la innovación arquitectónica y, en su lugar, se centraban en la relación entre la arquitectura y el cuerpo.

Sejima se enfocó en el ser humano y su cuerpo, su escala, movimiento y experiencia, así como su estilo de vida informal, motivo por el que eligió experimentar en la frontera entre la arquitectura y el mueble. Las Plataformas aunaron elocuentemente todas las cualidades de la Arquitectura Petite, tanto de Sejima como de sus "sucesores": ligereza, capacidad de montaje y desmontaje, experimentación con materiales novedosos y búsqueda de placer físico y sensorial.

Casa en un Huerto de Ciruelos (2001-2003)

> Todas las viviendas que he hecho ilustran mi biografía arquitectónica, mi evolución como arquitecta.[47] Kazuyo Sejima.

La misma complicidad entre el mobiliario y la arquitectura, presente en el trabajo de Sejima a finales de la década de 1980, se ha manifestado en toda su trayectoria profesional posterior. Su Casa en un Huerto de Ciruelos (2003) fue un elocuente prototipo Petite, que incluyó una amplia innovación material, técnica, formal y espacial. Un mueble que se expandió hasta el punto de hacerse habitable por un grupo de cinco personas. Su materialidad, importada de la industria naval, transformaba completamente la relación entre espacios adyacentes. Las particiones, hechas de chapa de acero, perseguían una delgadez extrema y el rápido montaje, con la ayuda de una grúa, la convertían en un hogar temporal.

Estructura, subestructura, cerramiento y divisiones interiores se resolvían de igual forma, mediante paneles de acero de 16 mm. Su pequeño espesor contribuía a dar una sensación de ligereza y continuidad espacial, como finos planos de "cartulina" listos para recortar y soldar.

---

[47] Zabalbeascoa, "Entrevista: Kazuyo Sejima, Camino hacia la extrema sencillez".

Casa en un Huerto de Ciruelos, © Kazuyo Sejima & Associates, 2003.

La equivalencia entre arquitectura y mobiliario en la obra de Sejima demanda experimentación material, estructural, espacial, funcional y de límite. En la Casa en un Huerto de Ciruelos, las particiones eran de chapa de acero extremadamente fina, montada en poco tiempo, lo cual evidenciaba su condición de mueble habitable, donde una cama se transformaba en habitación y un escritorio se convertía en oficina.

La relación ambigua que existía entre la vivienda y el exterior se trasladaba también a las estancias interiores. Un volumen de espacio único y fluido, donde convivían 17 habitáculos en torno al vacío central que generaba la escalera. Todos los espacios se conectaban sin necesidad de puertas. Moverse por el edificio significaba pasar directamente de una estancia a otra.[48] Los umbrales se reducían a recortes en la chapa.

---

[48] Marta Rodríguez Fernández, "Casa entre ciruelos: Magia blanca", en *Casas en Japón*, ed. por Ruiz Cabrero y Martín Blas (Madrid: Mairea Libros, 2008), 73.

Dependiendo de la altura y proporciones de estos "lienzos suspendidos", se conseguían distintos grados de privacidad e intimidad.

Por otro lado, esta casa reflejaba la influencia de Ryue Nishizawa en la obra de la arquitecta, en particular, a través de su participación en el diseño del Teatro y Centro Cultural De Kunstlinie (1998-2006) en Almere. Proyecto que incluía un aspecto lúdico en el proceso de diseño: un juego de "mobiliario tipo caja" que se apilaba y se montaba en un único edificio.

En última instancia, Sejima, al igual que Perriand medio siglo antes, había dirigido su energía hacia Petite: una arquitectura que comienza con el cuerpo, su escala, movimiento y conciencia. Sejima, como Perriand, proyectó la arquitectura de igual manera que diseñó muebles, a lo que se unió un renovado enfoque humanista que la llevó a superar "el Síndrome de Le Corbusier".[49] Al comenzar con Petite, Sejima revolucionó de manera sutil la disciplina arquitectónica, superando principios dogmáticos como el formalismo, la monumentalidad y el utilitarismo, y contrarrestado los ideales mecanicistas de Le Corbusier y el manifiesto Bigness de Koolhaas.

La Arquitectura Petite de Sejima nos lleva al País de las Maravillas de Alicia.[50]

Ito, al igual que el Metabolismo, se inspiró en los avances tecnológicos del momento, así como en las ideas de Le Corbusier para proyectar lo que llamó su "nueva arquitectura". En cambio, Sejima se centró en el ser humano y así indujo una revolución sutil que comenzó con la equivalencia entre arquitectura y mobiliario. Más aún, las cualidades de sus proyectos Petite explican muchas de las características de lo que hoy entendemos como arquitectura japonesa contemporánea.

---

[49] Fumihiko Maki, "The Le Corbusier Syndrome: On the development of Modern Architecture in Japan", en *Nurturing Dreams: Collected Essays on Architecture and the City*, ed. por Mark Mulligan (Cambridge Massachusetts: mit Press, 2008).
[50] Pedro Luis Gallego, jurado de la lectura de tesis de la autora, etsam, Madrid, 2013.

ARQUITECTURA Y CUERPO:
A TRAVÉS DEL ESPEJO DE SEJIMA

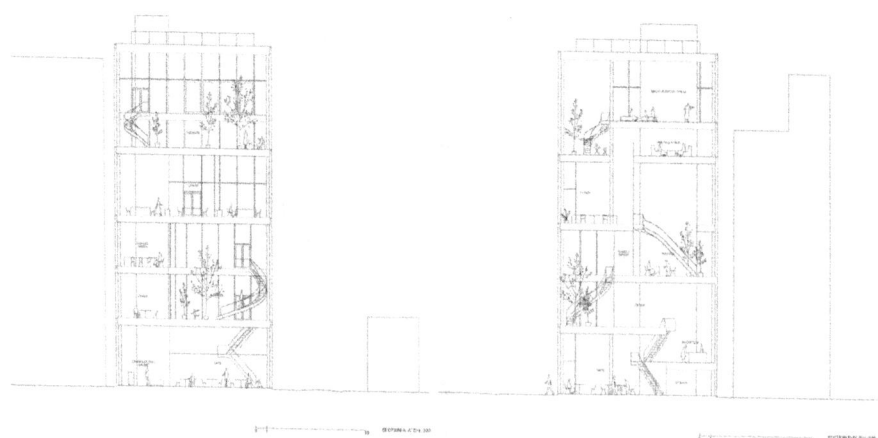

Edificio de Oficinas en Shibaura, © Kazuyo Sejima & Associates, 2011.

Si la rebeldía de Perriand fue frente al dogma representado por la modernidad, en el caso de Sejima lo ha sido en cuanto la sumisión frente a la historia. Con la simple ambición de "hacer algo distinto" y utilizando referentes transnacionales e interdisciplinares, Sejima ha motivado una revolución sutil que cuestiona la tradición, la modernidad y la postmodernidad arquitectónica al mismo tiempo.

Sejima "nos recuerda" que la casa no es una máquina para vivir ni una obra de arte, sino un escenario abierto para que la vida suceda. Ella ha concebido una arquitectura que libera al individuo. A diferencia de sus predecesores, que la proyectaron para un período o una era —de la máquina, espacial o electrónica—, Sejima ha operado desde el simple paradigma del cuerpo —comenzando con el suyo propio— como generador de sus proyectos. Su "estrategia Petite" ha implicado un diseño de dentro hacia fuera enfocado en el ser humano, el cual conlleva tres elementos esenciales que definen su obra: la continuidad, la ambivalencia de escala y la conciencia corporal. Los tres provienen de la equivalencia entre edificio y mueble —comenzando con la equiparación entre casa y silla— y se reconocen también en el trabajo de una serie de arquitectos "sucesores" de Sejima.

Kazuyo Sejima, "un nuevo tipo de arquitecto" transnacional

Kazuyo Sejima es un nuevo tipo de arquitecto. Y nos damos cuenta de cuán original es, quizá porque su concepto de arquitectura difiere totalmente del de los arquitectos anteriores. En la forma en la que ella concibe la arquitectura no hay ningún sentido de continuidad histórica.[51] Toyo Ito

---

[51] Toyo Ito, "Arquitectura diagrama", en *El Croquis 77 I - Kazuyo Sejima 1988-1996,* ed. por Fernando Márquez Cecilia y Richard Levene (Madrid: El Croquis Editorial, 1996), 18-24, https://elcroquis.es/products/n-77-kazuyo-sejima-archivo-digital

Toyo Ito comenzó con estas palabras su artículo "Arquitectura diagrama" (1996), publicado en una monografía que recogía la trayectoria independiente de Sejima durante casi una década. En el texto trataba de discernir las claves de la obra de la arquitecta y argumentaba que el proceso conocido como "proyectar" era inexistente en su trabajo. Ito explicaba que, sin proceso de diseño aparente, Sejima era capaz de construir un diagrama programático literalmente. De alguna manera, él sugería implícitamente que quizás el hacer de Sejima era más el de un carpintero que el de un arquitecto.

Ito nos desvelaba que el concepto clásico de arquitectura desaparecía en Sejima, quien construía "espacios tan insustanciales como un diagrama". Con su "frescura", Sejima ha sido capaz de hacer realidad sus dibujos abstractos y así cuestionar la historia de la arquitectura como imposición dogmática. Ella "crea una relación totalmente nueva entre el espacio y el cuerpo". Ito comparaba la originalidad de su arquitectura con la de Shinohara. Sin embargo, "este último sigue citando y teniendo en cuenta la historia", o lo que Ito denominó "el cosmos conocido como arquitectura", mientras que Sejima la ha descartado por completo.

En la misma publicación monográfica, Toji Taki cuestionaba el hacer proyectual de Sejima, mientras la entrevistaba.[52] Con intención interrogante, Taki argumentaba el rechazo de Sejima por la historia y la tradición y su limitación exclusiva al presente. Ella respondía ágilmente explicando que su propósito era replantear los supuestos arquitectónicos comúnmente aceptados.

    Yo vivo en el presente.[53] Kazuyo Sejima

Sejima propone una nueva vía desde una aceptación de la realidad y una mayor sintonía con las necesidades y aspiraciones del individuo, que comienzan por las suyas propias, especialmente desde un punto de

---

[52] Taki, "Conversación con Kazuyo Sejima", 22-27.
[53] Taki, "Conversación con Kazuyo Sejima", 22-27.

vista corporal. Crea desde de una posición situada en el presente y de acuerdo a sus propias necesidades, desconectada de la historia pasada y futura. Cuestiona el dogma establecido, que se apoya firmemente en el respeto por la tradición, así como en las referencias modernas y postmodernas.

Ella introduce el tiempo presente como cuarta dimensión en su arquitectura,[54] poniendo en duda ciertas posturas de sus predecesores, localizadas habitualmente en el pasado o en el futuro, con la intención de reafirmar la identidad nacional. El pasado representaba la identidad de lo japonés y el futuro se relacionaba con los avances tecnológicos como una vía para proponer arquitectura *avant-garde* que trascendiese las fronteras niponas.[55]

En la mayoría de sus entrevistas, Sejima suele rehusar a contestar preguntas que se refieren a las influencias de la tradición japonesa en su obra; con lo que parece sugerir, "soy una arquitecta global"[56] o, mejor dicho, una "arquitecta transnacional". Sin embargo, no ocurrió esto cuando la entrevisté en diciembre de 2012, preguntándole acerca de la conexión de su trabajo con la obra de Charlotte Perriand y Eileen Gray. Entonces, su complacencia la hizo pasar del japonés al inglés para facilitar nuestro diálogo, demostrando su entusiasmo a la hora de desvelar las raíces francesas —en los márgenes de la modernidad— de su obra.

---

[54] "Todo gran arquitecto es, necesariamente, un gran poeta. Debe ser un gran intérprete original de su tiempo, su día, su edad", Frank Lloyd Wright, *An Organic Architecture: The Architecture of Democracy* (London: Lund Humphries, 1970).
[55] Incluso, hoy en día, arquitectos más jóvenes que Sejima como Sou Fujimoto —quien comenzó su carrera con la Casa del Futuro Primitivo (2001)— siguen utilizando la referencia de la Dom-Ino de Le Corbusier para proponer sus avances.
[56] "Sejima creció en una casa suburbana construida en un polígono industrial, sin ninguna experiencia de alojamiento en una casa tradicional japonesa" en Kanako Akagi, *Vision and mission through the eyes of Kazuyo Sejima: career and works of a female Japanese architect* (tesis de máster, Universidad de Auckland, 2005), 8.

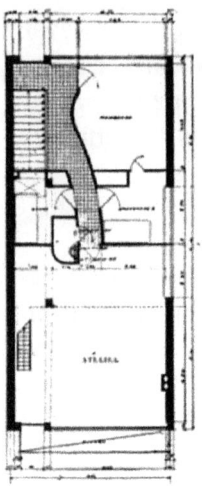

Dibujo de la planta de la *Casa Guiette*, Le Corbusier, 1926.

Sejima presentó su tesis de fin de carrera en 1979, con el título "La Línea Curva en Le Corbusier: Método y Significado"[57]; trabajo que realizó en colaboración con Yuriko Tsukada y bajo la supervisión de Yuzuru Tominaga. El escrito tenía dos partes, la primera trataba sobre la vivienda y presentaba un análisis de 25 casas de Le Corbusier; y la segunda, de otros 19 edificios de éste. Sejima y Tsukada estudiaron la curva en aquellas 44 edificaciones y copiaron las plantas de todos los proyectos, entre los que se encontraban la Villa Meyer y la Maison Guiette.

---

[57] Kazuaki Hattori, entrevista con la autora, Tokio, 26 de diciembre de 2012.

A Sejima le interesó el efecto que la curva producía en el entorno, así como la atmósfera que generaba.[58]

Sejima y Tsukada concluyeron que Le Corbusier empleó la curva en un principio en sus proyectos pequeños y a escala de mobiliario. Más tarde, la utilizó en propuestas de mayor escala. No obstante, su uso era reducido y se asociaba a lugares donde existía movimiento de gente.

En lugar de enfocarse en las preocupaciones propias de la modernidad —vinculadas a la tecnología del momento que impulsaron a Le Corbusier a proponer su nueva arquitectura—, Sejima y Tsukada se fijaron en la curva y su relación con el cuerpo humano, como generadora de movimiento y confort. En concreto, a Sejima no le interesó la condición puramente formal de la curva o sus asociaciones simbólicas, sino su papel como un elemento de diálogo entre edificio y cuerpo, facilitando el movimiento o generando ambigüedad de límite.

Sejima estuvo muy interesada en Eileen Gray. Ella me transmitió aquel interés, e incluso escribió acerca de la arquitecta francesa en sus días de universidad.[59] Nagisa Kidosaki

En aquel entonces, Sejima también se interesó por la cualidad cinética presente en la obra de Eileen Gray. Fue el propio Yuzuru Tominaga quien, además de familiarizar a Sejima con la obra de Le Corbusier, le brindó la oportunidad de estudiar el trabajo de Eileen Gray y Charlotte Perriand.[60]

---

[58] Kazuyo Sejima & Yuriko Tsukada, *Curve line in Le Corbusier. The method and the meaning* (Tokio: Japan's Woman University, 1979), en Kazuaki Hattori, "Kazuyo Sejima's Works and Thoughts: From Furniture to Architecture" (Tesis de máster, Tokio, 2009), 44.
[59] Nagisa Kidosaki, entrevista con la autora, UC Berkeley, 10 de agosto de 2012. Coincidí con Kidosaki en el Workshop "Architecture Energy Japan 2012", organizado por la profesora Dana Buntrock en el College of Environmental Design, UC Berkeley, en agosto de 2012, durante la estancia como Visiting Scholar en el Centro de Estudios Japoneses, UC Berkeley (julio 2011-junio 2013).
[60] Hajime Yatsuka y Kiwa Matsushita, entrevista con la autora, Tokio, 21 de diciembre de 2012.

Casa Tanikawa, Kazuo Shinohara, Naganohara, 1974 (izquierda).

Casa en Musashi-Shinjo, Yuzuru Tominaga, 1979-1980 (derecha).

Tras finalizar su colaboración con Kikutake, Tominaga[61] estableció su oficina en 1972, en la cual desarrolló una arquitectura principalmente residencial, alejada del posicionamiento ideológico del Movimiento Metabolista. Sus diseños combinaban una sensibilidad moderna, austera en el exterior, con el uso de elementos surrealistas en los interiores, influencia de Shinohara. Uno de los grandes legados de este último

---

[61] Tominaga publicó numerosos artículos acerca de la obra de Le Corbusier, en especial en relación con sus proyectos de vivienda, durante su etapa como profesor en la Universidad de Mujeres de Japón: "Redescubrimiento de la Vivienda Moderna. Villa Garches, 1927" (1975-1978), "Arquitectura japonesa y Le Corbusier" (1977), "El contraste y conflicto en la obra de Le Corbusier" (1978), "Geometría del arquitecto paisajista: Le Corbusier" (1979). Más tarde, Tominaga publicó "Le Corbusier – Venutre of the Pen – The Monastery of La Tourette" (1986), muy influyente en Japón a finales de los años ochenta. En 2011 Tadao Ando publicó *Le Corbusier: Houses* (Tokio: TOTO Shuppan, 2001), entre sus contenidos se destacó un apartado: "Dialogue: Toward the New Architecture from Le Corbusier's Houses. Yuzuru Tominaga vs Kazuyo Sejima", 384.

fue su personal traducción del postmodernismo en una especie de surrealismo doméstico, que atrajo la atención nacional e internacional. Sejima incorporó aquel "delirio doméstico"[62] en sus primeros proyectos, que, en combinación con una cualidad humanista de origen femenino francés, la convertirían en "un nuevo tipo de arquitecta", capaz de revolucionar de manera sutil la disciplina más allá de las fronteras niponas.

En 1988 se publicó la Casa Plataforma I, descrita posteriormente por su autora como "futurista",[63] caracterización que la desvincula de toda resonancia tradicional o moderna. La Plataforma I era en realidad un proyecto transnacional, resultado de la fusión del arquetipo de casa tradicional japonesa con el concepto de mueble occidental.

Se trataba de una vivienda para disfrutar del tiempo de ocio, que introducía el espacio exterior natural como parte del interior doméstico, cualidad propia de la casa japonesa. A su vez, incorporaba aspectos occidentales y cuasi barrocos, ya que, concebida para estar de pie, usa mobiliario occidental, y, ángulos —en lugar de líneas rectas— confeccionan su forma como si se tratase de una estructura cubista.

Más tarde, en 1991, la Casa Plataforma II apareció en la portada de uno de los números de la revista *The Architectural Review*, junto a un artículo titulado "A subtle interweaving of Eastern and Western influences" ("Un sutil entramado de influencias orientales y occidentales"). En el texto, se comparaba la casa de Sejima con la arquitectura californiana y, en particular, con la Casa Eames (1945-1949), explicando las influencias de lo japonés en los arquitectos Charles and Ray Eames. En otras palabras, el artículo ponía en evidencia el importante carácter transnacional de la Casa Plataforma II.

---

[62] Marta Rodríguez Fernández, "Experimental Japanese Architecture: From Shinohara to Ishigami" (conferencia presentada en "Japan Studies Association 2019 Twenty-fifth Annual Conference", Hawaii, 23 de abril de 2018).
[63] Kazuyo Sejima, "Platform I", en *El Croquis 77 I - Kazuyo Sejima 1988-1996*, ed. por Fernando Márquez Cecilia y Richard Levene (Madrid: El Croquis Editorial, 1996), 26, https://elcroquis.es/products/n-77-kazuyo-sejima-archivo-digital

Charles and Ray Eames con Charles Chaplin durante una fiesta japonesa en la Casa Eames en 1951.

Esta pequeña casa [Plataforma II] en medio del hermoso campo japonés es en cierto modo no más que una plataforma desde la que apreciar la naturaleza. Sin embargo, está llena de sutileza, y tiene a la vez resonancias con la tradición antigua japonesa y con la arquitectura moderna de California [...] La Plataforma II nos recuerda a las Case Study Houses californianas en muchos sentidos: principalmente en el uso de componentes y materiales de construcción estándares de catálogo comercial y en cuanto a su apertura (tanto interior como exterior). Edificios como la Casa Eames estaban muy influenciados por la arquitectura tradicional japonesa. La Plataforma II no sólo se basa en eso, sino que añade una nueva sensibilidad para crear un edificio que, con múltiples capas culturales, es una realidad física.[64]

La "nueva sensibilidad" referida en el artículo es la sensibilidad transnacional. Lo que tiene la Plataforma II de Japón es en realidad una reinterpretación de lo que Occidente entendió como casa japonesa, mezclada con lo occidental visto desde la perspectiva de una arquitecta nipona. La Plataforma II fue premiada por la revista The Japan Architect —de difusión internacio-

---

[64] Kazuyo Sejima, "Platform Soul", *The Architectural Review* 189, no. 1134 (1991): 39-42.

nal— en octubre de 1989: "JA House 6th Yoshioka Award to Kazuyo Sejima's Platform"[65], lo cual favoreció la proyección internacional de Sejima.

La Plataforma I y la Plataforma II compartieron los siguientes rasgos transnacionales: ambas se abrían al paisaje de acuerdo al más puro estilo japonés tradicional pero, desde una posición occidental, de pie o sentado en una silla; combinaban la simplicidad nipona con una gestualidad exuberante, donde ángulos y curvas generaban un paisaje surrealista; eran casas de fin de semana temporales, a la vez que objetos lujosos; y operaban como plataformas para contemplar la naturaleza, que utilizaban la curva sinuosa para crear ambigüedad funcional y de límite.

Adicionalmente, en la Casa Plataforma II (1988-1990) se desvela una conexión transnacional con la obra de Eileen Gray; quien fue tempranamente influida por el *japonismo*, gracias al estudio de la técnica de las lacas orientales con Sougawara en 1907.[66] Se reconocen importantes similitudes formales y conceptuales entre la Casa Plataforma II y el Apartamento Ru Châteaubriand (1929-1931), que Eileen Gray diseñó para Jean Badovici en París. Ambos espacios, de reducidas dimensiones, compaginaban la función de estudio con la de dormitorio en una especie de habitación única y compartían la misma sensibilidad en cuanto al uso de formas, materiales y texturas. En particular, la curva estriada móvil de Gray parecía solidificarse en la Plataforma II.

> El enfoque de Gray en cuanto al potencial cinético, táctil y sensual de la arquitectura y el mobiliario —tanto en la E. 1027 como en el Apartamento de París que renovó para Badovici (1929-1931)— no tiene precedentes en el discurso del Movimiento Moderno. Se deriva de su interés por la fusión de una cierta aspiración por el lujo asociado con las artes decorativas francesas, junto al rechazo de los valores burgueses defendidos por la vanguardia arquitectónica.[67]

---

[65] El jurado que premió la Casa *Plataforma* de Sejima estaba integrado por Kisho Kurokawa, Yasufumi Kijima y Riken Yamamoto, *The Japan Architect* 390 (octubre de 1989): 4.
[66] Martin Eidelberg & William. R. Johnston, "Japonisme and French Decorative Arts", en *Japonisme: Japanese influence on French art 1854-1910* 59, no. 3 (1977): 154.
[67] Constant, *Eileen Gray*, 7.

Apartamento Ru Châteaubriand, Eileen Gray, 1929-1931.

A pesar de su pequeño tamaño —unos cincuenta metros cuadrados en el caso de Plataforma II frente a cuarenta metros cuadrados en el caso del Apartamento para Badovici—, ambos estudios estaban previstos para dar cabida a la variedad de necesidades del usuario con ingenio y sofisticación. La delicadeza material y el enfoque en los detalles, así como una cualidad sensorial que impregnaba el conjunto, los hacía huir de todo minimalismo. La curva, creada a partir del círculo, era el elemento orquestador de ambos proyectos e introducía un componente de riqueza en un espacio limitado. Incluso ambas arquitectas jugaban a "desplazar el techo": donde Gray escondía un espacio destinado al almacenamiento, Sejima permitía la entrada inesperada de luz que hacía "flotar" a la cubierta.

Los ideales de Gray manifiestos en su afirmación "una casa no es una máquina para vivir, sino la cáscara del hombre, su extensión, su libertad, su emanación espiritual",[68] se hacían palpables en ambos proyectos que, con medios mínimos, proporcionaban dinamismo y sofisticación, mos-

---

[68] Adam, *Eileen Gray: Architect/Designer*, 216.

 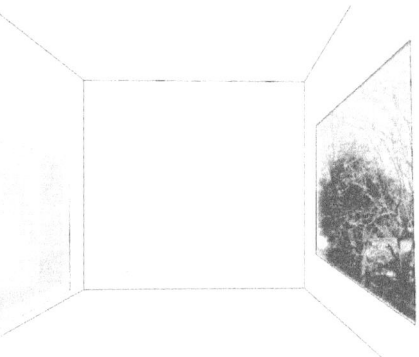

Beistegui Apartment, external terrace on the 4th and last floor, Le Corbusier & Pierre Jeanneret, 1929-1931.

Casa en un Huerto de Ciruelos, Kazuyo Sejima & Associates, 2003. Dibujo de la autora.

trando su enfoque en el cuerpo. Gray y Sejima se apoyaron en la textura del material para enriquecer la experiencia vital del habitante, como se evidencia en las estrías de las cortinas que invitaban al movimiento y sugerían el retorno a ideales propios de las artes decorativas.

Un proyecto posterior de Sejima que certifica el carácter transnacional de su obra, a lo largo del tiempo, es la Casa en un Huerto de Ciruelos (2003), donde una sucesión de habitaciones, propia de la casa japonesa, se combina con una terraza jardín en la cubierta. No existe el concepto de espacio intermedio o pasillo, es decir, se pasa de una habitación a otra a través de agujeros en la chapa. La sucesión de los habitáculos es propia de la arquitectura doméstica tradicional japonesa, pero el movimiento físico es vertical y la continuidad visual diagonal. Todas las particiones son estructurales y la estructura también hace de cerramiento, como en la casa tradicional; sin embargo, presenta una cubierta plana, sin voladizo, que anula toda posibilidad de *engawa*.[69] El espacio exterior

---

[69] "El *engawa* es un corredor exterior utilizado en casi todas las casas tradicionales japonesas, pero en ninguna otra arquitectura en el mundo. Como regla general, se traduce como 'veranda,' pero dado que el concepto en sí es exclusivo de Japón, no hay una palabra realmente adecuada en los otros idiomas", *The Japan Architect* (junio de 1960): 89-91.

se introduce en la vivienda a través de recortes en la chapa que hace de fachada. Los espacios se apilan y se conectan a través de huecos, y la casa se rompe en la cubierta a través de un gesto occidental y moderno: una habitación descubierta o jardín elevado, al estilo de la Villa Savoye.

> Más que como arquitecto, Kazuyo Sejima trabaja como alguien que vive en la época moderna, quizás el primer "arquitecto" que de verdad tiene un mensaje para los otros arquitectos. Un mensaje que, como en el de *El traje nuevo del Emperador*, es recto y veraz.[70] Toyo Ito

Ito concluyó el análisis de la obra de Sejima con esta afirmación cargada de sagacidad. El astuto "maestro" dejó las puertas abiertas a toda posibilidad, tanto a que la obra de Sejima pudiese acabar marchitándose por tratarse de una tendencia temporal, como a sugerir que quizás ella albergaba la respuesta a un nuevo rumbo arquitectónico, tal y como ha sucedido.

Arquitectura y cuerpo: continuidad

> La forma en la que ella [Sejima] crea sus proyectos emerge de su deseo personal de crear y de su ser físico situado en la realidad con libertad.[71] Toyo Ito

La intención inicial de Sejima fue la de "liberar al individuo", esto significó proyectar arquitectura "como una especie de escenario abierto para facilitar la libertad de movimientos",[72] favoreciendo una continuidad no sólo física, sino también visual y sensorial, dentro del edificio y más allá de sus límites. Esta idea de continuidad estuvo presente de manera elocuente en sus primeros trabajos, las Plataformas —refugios transitorios para actividades humanas placenteras—, donde la libertad física y visual era el motor del proyecto.

---

[70] Ito, "Arquitectura diagrama", 18-24.
[71] Ito, "Arquitectura diagrama", 18-24.
[72] Taki, "Conversación con Kazuyo Sejima", 6-17.

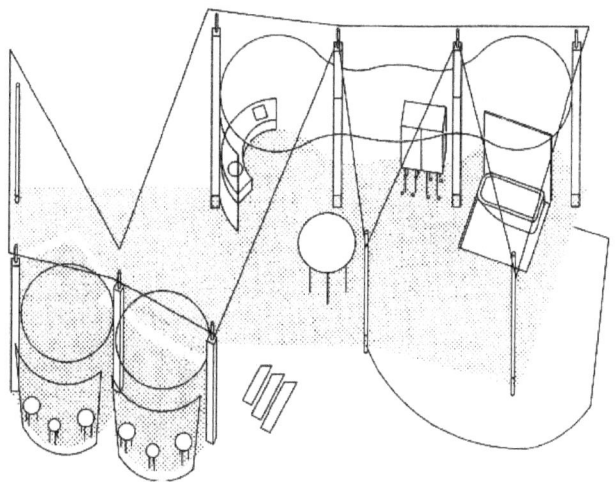

Casa Plataforma II, © Kazuyo Sejima & Associates, 1988-1990.

La aspiración de continuidad liberó a la arquitectura de Sejima de la simbiosis entre forma y función. Las Plataformas eran construcciones que se abrían a la naturaleza circundante y también en su interior. En particular, la Casa Plataforma II se desplegaba para incluir al exterior, y en su interior un único espacio se cubría con un techo lúdico, donde incluso el área de la bañera formase parte del salón. Conceptualmente las Plataformas representaban una "oposición" a Pao, ya que configuraban un escenario abierto que Sejima describía como "un espacio con funciones ilimitadas".[73]

En estas viviendas, Sejima usó por vez primera la curva sinuosa, la cual amplificaba la continuidad y contribuía a la ambigüedad de límites. La curva se generaba como resultado de la aproximación de una serie de círculos y configuraba un espacio dinámico y fluido. Posteriormente, Sejima desarrollaría una curva más libre, sin las ataduras de la geometría, que se ha convertido en un elemento recurrente y característico, tanto en su obra independiente como en la arquitectura de SANAA.

---

[73] Kazuyo Sejima, "Platform II", *The Japan Architect* 403/404 (1990): 188-190.

La autora en la Tienda Carina de Kazuyo Sejima & Associates en 2012.

Otro elemento recurrente ha sido la escalera de caracol, que Sejima ha utilizado principalmente en entornos urbanos densos, para enfatizar una continuidad vertical. En su Casa Pequeña (1999), por ejemplo, gracias a la escalera de caracol ubicada en el centro del edificio, el habitante puede moverse verticalmente de un espacio habitable a otro, sin límites ni puertas. Cada planta responde a una función y apiladas configuran un espacio único que culmina con el baño en la zona más alta. Sejima construyó la casa como si se tratase de una silla, convirtiendo el edificio en un escenario abierto. Todos los espacios, diseñados con calculada precisión, tanto material como espacial, incorporan el entorno y ofrecen una experiencia visual casi infinita. La Casa Pequeña, como "el traje del emperador", satisface las necesidades y aspiraciones de una familia japonesa acomodada, a modo de un vestido casi transparente.

Una escalera central también conecta los espacios en la Casa en un Huerto de Ciruelos (2003); aunque aquí la continuidad es esencialmente diagonal, gracias a las visuales y vínculos creados por los recortes en las paredes de chapa, que contribuyen a una relación interior-interior e in-

Centro de Estudios Rolex, © SANAA, 2010.

terior-exterior. A su vez, la extrema finura de las particiones y del cerramiento disuelven el concepto de límite y amplifican la conexión sensorial entre las distintas áreas.

Sejima aplicó la estrategia de apertura y permeabilidad con el exterior, de una manera un tanto diferente, en la Tienda Carina (2009), situada en Minami-Aoyama, una zona urbana de Tokio. Este edificio se disuelve en la ciudad a través de un cerramiento de pantalla translúcida, posibilitando una continuidad experiencial máxima. En palabras de la arquitecta, su fachada se diluye y posibilita un concepto de "transparencia sensorial", asemejándose a un atuendo elegante y con aspecto inmaterial. Sejima volvió a utilizar una escalera de caracol central, que permite una movilidad física sin obstáculos.

Este concepto de continuidad, tanto física como visual y sensorial, ha sido un elemento notorio también en el trabajo de SANAA. Una maniobra que comenzó con los experimentos Petite se ha trasladado a la gran escala, en proyectos como el Museo de Arte Contemporáneo del Siglo XXI (2004) o el Centro de Estudios Rolex (2010). Por ejemplo, en el museo en Kanazawa existe un contacto permanente con el exterior gracias a una serie de patios interiores que permiten tener una constante visual exterior en la deriva a lo largo de la edificación. Además de un cerramiento transparente continuo, su planta circular invalida toda jerarquía de fachada y maximiza la ambigüedad entre el exterior y el interior. Sin embargo, en el Centro de Estudios en Lausanne, es el propio edificio el que se convierte en un jardín, cuya topografía aspira a facilitar, en este caso, "que la gente se encuentre".[74] El exterior también se lleva al interior gracias a la apertura de la fachada y a través de patios ovalados, que aspiran a crear una fluidez ilimitada.

En síntesis, la misma idea de continuidad está presente en ambos proyectos —libertad de movimiento del ser humano, sin puertas o habitáculos cerrados— y también igual aspiración de expansión desde dentro hacia fuera. La flexibilidad de uso y la libertad de elección se muestra incluso en la manera en la que se accede al edificio: "por todas partes". A su vez, la falta de jerarquía en las fachadas contribuye a la disolución de toda cualidad monumental. Esta condición es elocuente en otro proyecto reciente de Sejima, el Edificio de Oficinas en Shibaura (2011) donde, en un entorno urbano denso, la condición de escenario abierto se hace vertical y crea una flexibilidad basada en la oferta de múltiples experiencias espaciales.

Esta idea de continuidad, desarrollada por Sejima, ya desde finales de los años ochenta, cuestiona el utilitarismo asociado a la arquitectura, con propuestas que ponen en entredicho asuntos como la privacidad. En cambio, plantea nuevas ideas de flexibilidad y adaptabilidad basadas en la ambigüedad funcional, inspirando a las generaciones posteriores.

Siguiendo "la estela de Sejima", otros arquitectos japoneses han implementado un concepto similar al de continuidad. Un ejemplo emblemático es la Casa Coil, proyectada en 2012 por Akihisa Hirata en Tokio. La casa se asemeja a una escalera "infinita", cuyos peldaños se convierten en

---

[74] *People Meet in Architecture* es el catálogo oficial de la 12ª Bienal Internacional de Arquitectura. La idea de Kazuyo Sejima para esta Bienal fue reiniciar la discusión sobre la arquitectura y su papel en la civilización, apoyando así a las personas a relacionarse con la arquitectura, mientras ayuda a la arquitectura a relacionarse con las personas y a las personas a relacionarse consigo mismas. En Kazuyo Sejima, *People Meet in Architecture: Biennale Architettura 2010: La Biennale di Venezia, Official Catalog* (Italia: Marsilio, 2010).

Casa Coil, Akihisa Hirata 2012.

salas de estar. En una secuencia experiencial continua, como la vida misma, los espacios habitables se escalonan gradualmente.

Otros dos proyectos representativos en este sentido son la Guardería Fuji (2007) de Tezuka Architects en Tokio y la Casa abierta a la Ciudad (2014) del Studio Velocity, los cuales configuran *living environments* en lugar de funciones específicas. En la guardería, la forma circular favorece la circulación infinita de los niños en la cubierta; además, las pocas divisiones interiores —que no llegan a tocar el techo— ayudan a la sensación espacial ilimitada en el interior. Por su parte, los tres puentes arqueados de la Casa abierta a la Ciudad muestran una idea semejante de continuidad lúdica, un camino constante de vida en movimiento, que maximiza la percepción del espacio.

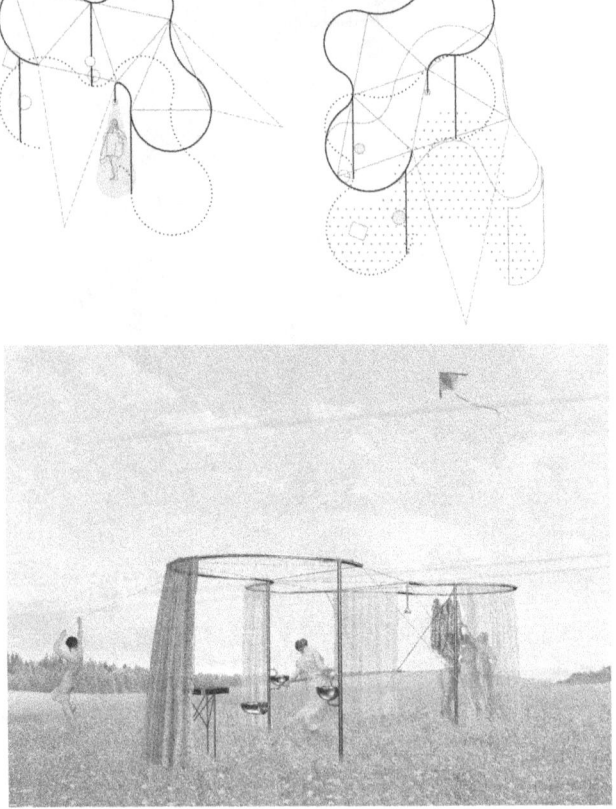

Prototipo Ludens, HABITABLE studio, 2020.

Más allá de las fronteras niponas, mi estudio HABITABLE implementa el concepto de continuidad física y sensorial para crear sus proyectos. Un ejemplo paradigmático es el Prototipo Ludens que presenté, junto a Michael Lindemann, en el concurso de arquitectura The 47th Nisshin Kogyo "Living upon the PLAY" en 2020. El Prototipo Ludens lleva el concepto de apertura y fluidez de la Casa Plataforma I de Sejima al extremo, a la vez que utiliza el mismo tipo de curvas para configurar un espacio dinámico donde la libertad del individuo es máxima. La arquitectura literalmente desaparece, reduciéndose a tuberías, cables y telas, transformando así el espacio exterior en habitable.

Vivienda Colectiva Adaptable, HABITABLE studio, 2020-2021.

Se trata de una propuesta Petite donde el hogar se convierte en un vehículo de deseo. El estilo de vida del Ludens[75] de HABITABLE no está limitado por la arquitectura tradicional; éste es libre de participar en los placeres de la naturaleza: vivir es jugar en el jardín donde las personas disfrutan de las delicias de la nueva era del arte.

La continuidad espacial también se aprecia en un proyecto de Vivienda Colectiva Adaptable que estamos desarrollando en el Área de la Bahía en California. La porosidad es la cualidad que caracteriza la propuesta; con visuales que se multiplican a través de interiores y exteriores, incrementando la cualidad espacial de apartamentos de reducidas dimensiones. El clima californiano permite el uso de materiales asequibles como el policarbonato reciclado que, a su vez, favorecen la transparencia experiencial. En la planta baja, viviendas accesibles, espacios comunes —área de *co-working*, sala de yoga, guardería y cafetería— y espacio abierto conviven en un ambiente permeable, el cual invita a una vida en comunidad saludable.

---

[75] En *Homo Ludens* (1938), Johan Huizinga define el juego como la actividad central de las sociedades florecientes; jugar es sinónimo de libertad.

Arquitectura y cuerpo: ambivalencia de escala

El elemento que genera los edificios de Sejima es el cuerpo, de manera tan simple como informa una silla. Si tenemos en cuenta la forma y la dimensión del cuerpo, la silla es el lugar donde comenzar, a continuación, la arquitectura se expande para dar la bienvenida a los múltiples cuerpos. Esta complicidad entre mobiliario y arquitectura ha estado presente en el trabajo de Sejima desde el comienzo de su carrera. De hecho, como ya se señaló, la misma idea que generó su banco ondulado DaiDai, informó la curva sinuosa del techo de la Plataforma I, ilustrando las posibilidades experimentales del concepto de ambivalencia de escala, que es la esencia de Petite.

Un ejemplo más reciente, en este sentido, es el proyecto S-Art House (2009-2013) —parte del Proyecto Inujima Art House— donde Sejima "hizo habitable" la *Miss Blanche* (1988) de Shiro Kuramata. Como un mueble que se expande para hacerse arquitectura, en la S-Art House no sólo se utilizó la misma técnica material que en la silla de Kuramata, sino también un patrón decorativo similar: rosas artificiales flotantes. El tratamiento cuidadoso de los detalles, así como su condición decorativa convierten al edificio en un objeto de deseo, que se encuentra marcado por la experiencia de un ser sensual.

Sejima también ha utilizado el concepto de ambivalencia de escala para concebir edificios de gran tamaño, como en el Teatro y Centro Cultural De Kunstlinie (1998-2006); el cual ofrece una flexibilidad basada en la libertad de elección, donde el mismo concepto espacial se cambia de escala y cohabita con el resto. Sejima empleó una malla "rígida", "cuyo interés reside en la adyacencia de espacios y en la multiplicidad de relaciones entre los mismos", que paradójicamente amplía la posibilidad de elección y cuestiona la formalidad como dogma. La idea generadora de este proyecto nos recuerda a conceptos ensayados por Kuramata en su mobiliario, como en su Cajonera Progetti Compiuti_PC_12, diseñada en 1970, con 49 cajones en disposición asimétrica. En ambos proyectos, los espacios se multiplican, así como sus proporciones, a pesar de que todos ellos forman parte de una malla ortogonal.

Miss Blanche, Shiro Kuramata, 1988. Inujima "Art House Project", A-Art House © Kazuyo Sejima & Associates, "reflectwo" courtesy: Haruka Kojin (SCAI THE BATHHOUSE), 2009-2013.

En esa ocasión [De Kunstlinie], mi idea era dar al proyecto una libertad, no de forma, sino de conexiones entre módulos. Tener libertad es siempre muy importante para mí, y a veces una malla muy rígida da libertad, aunque la forma no sea libre.[76] Kazuyo Sejima

Siguiendo la vía experimental iniciada por Sejima, otros arquitectos japoneses han llevado este concepto aún más lejos, entre ellos Sou Fujimoto. Por ejemplo, en su Casa de Madera (2008) la ambivalencia de escala se apoya en una condición modular. Fujimoto utilizó un único elemento, un bloque de cedro, que no sólo modula la casa, sino que también informa todo el edificio. Estos bloques pueden ser una silla, una mesa, una cama, etcétera.

---

[76] Juan Antonio Cortés, "Una conversación con Kazuyo Sejima y Ryue Nishizawa", en *El Croquis* 139 *SANAA. Kazuyo Sejima, Ryue Nishizawa, 2004-2008: Topología arquitectónica*, ed. por Fernando Márquez Cecilia y Richard Levene (Madrid: El Croquis Editorial, 2008), 17.

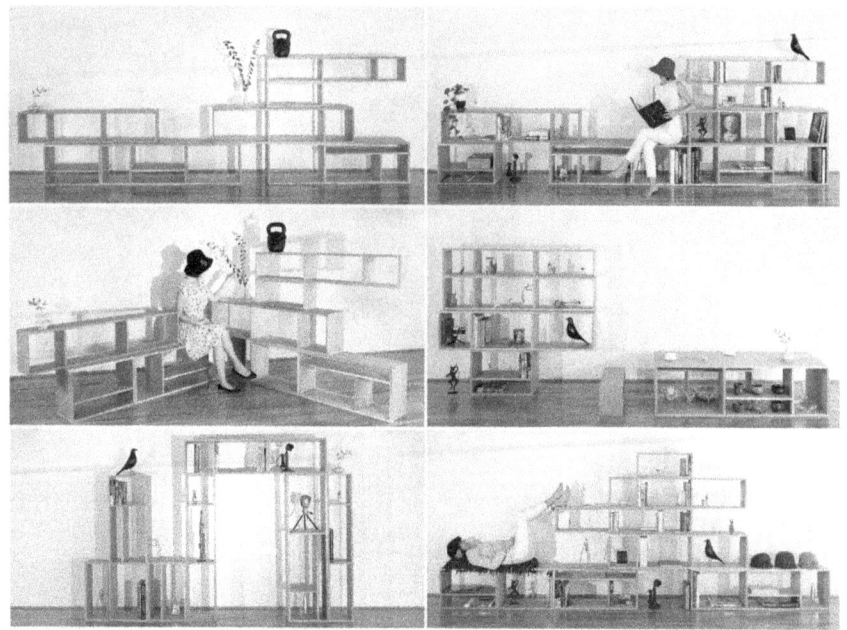

H-shelves, HABITABLE studio, 2021.

Inspirada por esta "táctica Petite", diseñé H-shelves (2020); un mueble habitable portátil que configura, reinventa y cualifica el espacio. Consta de siete módulos únicos que crean un sinfín de posibilidades y configuraciones vivas. La pieza está concebida como un nuevo "equipamiento", adecuado para cualquier casa, oficina, museo, tienda o taller. Interpreté la idea de "libertad de conexión entre módulos" de los edificios de Sejima y los transformé en mobiliario habitable, lo cual revela la fertilidad proyectual del concepto de ambivalencia de escala. A su vez, H-shelves involucra nuestro lado más lúdico dado que las estanterías se transforman en bancos, sillas o mesas de té a capricho del habitante.

Utilizando una estrategia similar, diseñé, junto con Lindemann, el Mobiliario Bai-Bai (2021). Se trata de una mesa para *co-working* "infinita" y sinuosa, cuya condición modular la hace asequible, a la vez que permite innumerables configuraciones para trabajar en pequeños o grandes

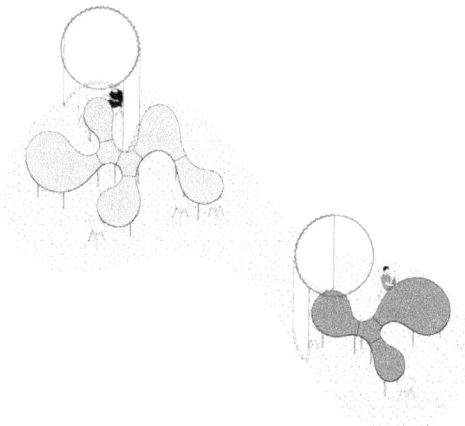 

Mobiliario Bai-Bai, HABITABLE studio, 2021.

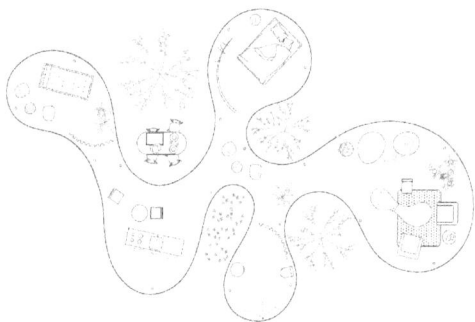

Casa Hua, HABITABLE studio, 2021.

grupos. Unas cortinas —inspiradas en el Café Samt & Seide (1927) de Ludwig Mies van der Rohe y Lilly Reich— hacen posible los momentos de privacidad. El sistema se traslada a la arquitectura en la Casa Hua (2021) casi de una manera literal. La confusión entre mobiliario y edificio —cualidad definitoria de la Arquitectura Petite— es total y la estrategia de cambio de escala permite a un mismo concepto funcionar como mueble o inmueble.

Junya Ishigami, ha utilizado el componente de cambio de escala de manera reiterada en su trabajo, lo cual le llevó a publicar *Another Scale for Architecture* en 2010. En el texto, Ishigami añade la escala del espacio natural a la arquitectura, abogando por la disolución formal y la concepción de edificios como "new environments". Ishigami reta a la arquitectura en cuanto a su límite formal y consigue disolverla en un magma de vegetación, sostenida únicamente por su cualidad artística o "decorativa". No sólo pone en entredicho la cualidad monumental, formal y funcional de la arquitectura —ideas ya implícitas en el trabajo de Sejima— sino que da un paso más y cuestiona incluso el aspecto estructural de la misma; diseñando edificios que apenas se sostienen, como su instalación *Architecture as Air,* que se mostró en la Bienal de Arquitectura de Venecia en 2011.

Además de disolver la forma, Ishigami desafía la idea de espacio. Así, en su lugar de trabajo para el Kanagawa Institute of Technology KAI (2005-2008), la arquitectura no es forma o espacio, sino el resultado de la ausencia o presencia de estructura, esto es, las funciones ocurren en los claros de un bosque estructural.

Ishigami trata a la arquitectura como piezas de mobiliario en sus "rascacielos de papel"; y al mobiliario como arquitectura, en su Mesa Mágica (2006). La mesa de 9,5 m x 2,6 m de dimensión y de 3 mm de espesor fue el resultado de un gran ingenio estructural, en el que se fabricó un objeto como una única lámina de aluminio o acero pretensado. Para garantizar la estabilidad estructural, la mesa se expuso a las cargas aplicadas de muchos objetos en ubicaciones precisas sobre su superficie. Esta mesa transciende el concepto de mobiliario y se convierte en un espacio en sí misma.

Arquitectura y cuerpo: conciencia corporal

La arquitectura de Sejima ha sido capaz de traer al ser humano al presente, gracias a brindarle oportunidades para tener una mayor conciencia corporal. Se trata de un tipo de arquitectura que requiere de una atención sensorial plena y ofrece una oportunidad de aprendizaje a través de la experiencia del edificio. Un caso significativo en este sentido es la Casa en un Huerto de Ciruelos (Tokio, 2003), donde no hay puertas, pero el usua-

Casa en un Huerto de Ciruelos, Kazuyo Sejima & Associates, 2003. Collage de la autora.

rio necesita tomar conciencia del cuerpo para realizar su vida cotidiana. La extrema delgadez de los elementos divisorios —donde la solución material de cerramiento, particiones y estructura es la misma— no sólo evidencia la falta de jerarquía entre elementos muebles e inmuebles, sino que amplifica la conciencia corporal a lo largo del edificio.

La relación del individuo con el objeto precisa de atención corporal, dado que, para pasar de una habitación a otra, a menudo, es necesario saltar; o para interactuar entre espacios contiguos se requiere introducir parte del cuerpo, sin necesidad de acceder. El proyecto surgió de un enfoque específico en la experiencia del individuo y, en particular, de un anhelo deliberado por despertar la conciencia corporal de sus habitantes. En este sentido, la Casa en un Huerto de Ciruelos representa un caso elocuente de diseño desde dentro hacia fuera.

Adicionalmente, las aberturas en la fachada incorporan el exterior a modo de lienzos suspendidos, lo cual se traslada al interior, donde fragmentos de habitaciones se presentan como "pinturas animadas" y los cuerpos se convierten en actores de una *performance* vital. Asimismo,

Vivienda Colectiva Adaptable, HABITABLE studio, 2020-2021.

capas de espacios se superponen y alinean diagonalmente componiendo una obra Superflat, en la cual la porción que se muestra de los cuerpos se incorpora como parte de la obra y la fluidez espacial es máxima.

Años más tarde, Ryue Nishizawa descompuso este concepto en "sus pedazos" en la Casa Moriyama (2005). Desintegró la casa en sus diferentes áreas de vivir e incorporó el jardín en el medio, como parte de la experiencia corporal y sensorial. Los habitáculos se dispersan a lo largo de la parcela, de tal manera que, por ejemplo, el individuo necesita salir al exterior para acceder al baño. Al caminar por estos senderos el habitante de la Casa Moriyama percibe la temperatura exterior y toma conciencia de su cuerpo, a la vez que armoniza con la naturaleza y sus estaciones.

En el proyecto de Vivienda Colectiva Adaptable mencionado con anterioridad, HABITABLE propone espacios que se multiplican secuencialmente gracias a visuales "tipo superflat"; donde los cuerpos se vuelven actores a través del jardín.

Casa Moriyama, Ryue Nishizawa, 2010.

La conciencia corporal también tiene que ver con la ligereza de los materiales. Por ejemplo, en una construcción ligera el ser humano se siente menos confinado y, por lo tanto, más seguro e integrado con el exterior ya que los materiales livianos ofrecen más confort sensorial al individuo, que experimenta menos miedo frente al colapso en caso de terremoto.

Sejima ha experimentado con nuevos materiales, utilizándolos de forma novedosa, ha desafiado su delgadez y su límite estructural. Así, Terence Riley utilizó una fotografía interior de la Residencia de Mujeres Saishunkan Seiyaku (1990-1991), proyectada por Sejima, como portada de su libro titulado *Light Construction* (1995). En esta arquitectura ligera, los edificios se vuelven intangibles, las estructuras pierden peso, las fachadas se disuelven y el cuerpo humano se transforma en el protagonista; como ocurre de manera elocuente en el Edificio de Oficinas en Shibaura.

Edificio de Oficinas en Shibaura, © Kazuyo Sejima & Associates, 2011.

La falta de continuidad histórica que Taki atribuía a Sejima en su entrevista de 1996, sugiriendo de manera implícita el carácter frívolo de su obra, es en realidad el resultado de la suma de una apuesta transnacional e interdisciplinar y, en última instancia, libre de convenciones históricas. En otras palabras, Sejima es una "arquitecta diferente" porque además del carácter multidisciplinar de su obra, éste se mezcla con elementos transculturales que no respetan el orden histórico establecido. Partiendo de su interés inicial de "liberar al ser humano", Sejima no sigue protocolos dogmáticos o basa su innovación como un peldaño más que sostiene el monumento de la historia, ni moderna ni tradicional. Es precisamente esta actitud libre, pero bien informada, la que la ha convertido en artífice de un cambio histórico en la arquitectura japonesa. Ella ha propuesto una nueva manera de concebir, de dibujar, de experimentar, de construir y de innovar. Lo cual, a su vez, explica muchas de las características de la arquitectura que se ha hecho en Japón desde finales de los años ochenta.

EPÍLOGO

En tiempos y lugares distantes, Charlotte Perriand y Kazuyo Sejima han destacado como pioneras a la hora de innovar, partiendo de la relación íntima entre cuerpo y edificio en el momento del diseño. Gracias a la equiparación entre arquitectura y mueble, motivaron una evolución dinámica, capaz de integrar culturas y disciplinas, a la vez que introdujeron el tiempo presente como cuarta dimensión. Desde la equivalencia entre edificio y mueble, ambas incorporan el cuerpo humano—su escala, movimiento y confort—como generador de sus proyectos; concebidos para atender a las aspiraciones del individuo en su momento presente, partiendo de sus propios intereses y para su propia liberación como mujeres.

Sus primeros proyectos disolvieron la frontera entre casa y silla. El elemento que daba forma a los edificios de Perriand y Sejima era el cuerpo, de manera tan simple como lo hace con una silla. Las dos arquitectas coincidieron en cuestionar el dogma de sus mentores, enfocándose en el ser humano como motor de innovación dinámica. En la arquitectura de Perriand y Sejima, las consignas del pasado ya no tienen sentido, el individuo es el contexto. Ellas dan origen a un paradigma alternativo: mediante un proceso de proyecto de dentro a afuera, invitan a retar los límites estructurales y constructivos de ciertos materiales, cuestionan el carácter funcional asociado a lo utilitario, y ponen en entredicho el espíritu formal y monumental del objeto arquitectónico.

Sejima proyectó sus primeras obras residenciales como muebles habitables, bajo el supuesto de que "lo que entendemos como casa son asunciones arbitrarias que no se basan en la realidad". Se inspiró en "la vida de creación" de Perriand para avivar su propia transformación: liberar al individuo. Sejima nos recuerda que la casa no es una máquina para vivir ni una obra de arte, sino un escenario abierto para que la vida suceda. A diferencia de sus predecesores, que diseñaban para un periodo o una era —de la máquina, espacial o electrónica—, Sejima ha operado desde el simple paradigma del cuerpo.

Si la rebeldía de Perriand fue contra el dogma representado por la modernidad, en el caso de Sejima lo ha sido ante el respeto por la historia. Con la simple ambición de "hacer algo diferente" y utilizando referentes transnacionales e interdisciplinares, Sejima ha impulsado una revolución sutil que cuestiona la tradición, la modernidad y la postmodernidad arquitectónica al mismo tiempo. Continuando la estela de Perriand, ella se ha posicionado en el presente y ha proyectado arquitectura desde su propia experiencia física y existencial. Así es como Sejima nos traslada al otro lado del espejo: nos lleva al futuro al traernos al presente.

En la actualidad, cuando a nivel global la arquitectura se decanta por soluciones que priorizan la forma, y los retos medioambientales y sociales necesitan ser atendidos, enfoques sutiles y humanistas como los de Perriand y Sejima parecen una opción razonable para un planeta saturado de dinosaurios arquitectónicos. La Arquitectura Petite ofrece un proyecto alternativo de ciudad, concebido desde el interior y con espacios de dimensión precisa y funcionalidad híbrida, en concordancia con un confort ecológico.

El éxito del trabajo de Perriand y Sejima se basa en la atención al individuo, sus necesidades y anhelos, sus placeres físicos y mentales, más allá de asectos fenomenológicos. Nos recuerda que no hay una vía única para la innovación arquitectónica. Mientras que la tecnología dirige su mirada únicamente hacia el futuro, la arquitectura, como la filosofía, necesita revisar el pasado para reinventarse; precisa de una evolución dinámica y, de alguna manera, cíclica. Tiene sentido, por tanto, que su principal fuente de inspiración sea el ser humano a quien va destinada.

Nos dirigimos hacia un planeta sobrepoblado, reducir la huella arquitectónica y proyectar entornos eficientes resulta deseable. El análisis comparado de la obra de estas dos precursoras nos exhorta a reducir la huella arquitectónica y crear entornos saludables y ciudades más conectadas. Más aún, nos interpela: ¿Es necesario construir más y más grande, o menos en más y dirigido a una existencia nómada? ¿Cuáles son las alternativas proyectuales si entendemos el edificio como interfaz entre individuo y espacio natural?

Enfocarse en el individuo comprende incorporar una nueva sensibilidad medioambiental, capaz de ofrecer soluciones responsables a la hora de poner nuestra atención en el ámbito rural como hábitat inmediato. Esto requiere la inclusión del tiempo como el componente que la triada de

Vitruvio[1] —*firmitas, utilitas y venustas*— no consideró, dado que éste conecta a la arquitectura con el ser humano y su entorno, y por tanto integra la ecología[2].

Más allá de los nuevos edificios concebidos para robots, la inteligencia artificial nos desafiará a rediseñar nuestro propio trabajo. La responsabilidad social y medioambiental reclama la creación de entornos habitables, tanto desde el punto de vista doméstico como urbano y rural. Esto es, entendiendo como habitables, aquellos espacios listos para ser vivibles; espacios precisos en sus dimensiones que invitan a una multiplicidad de usos; beneficiosos desde el punto de vista energético y con incorporación rigurosa de luz natural; así como exactos en cuanto a sus proporciones en armonía con el cuerpo, que favorecen el juego y la creatividad. Todo lo anterior, en definitiva, proporcionará más en menos.

---

[1] Los atributos originales de la arquitectura, conocidos como la Tríada de Vitruvio: firmitas, utilitas, venustas. La arquitectura debe exhibir las tres cualidades, es decir, debe ser sólida, útil y hermosa al mismo tiempo y en proporciones iguales. Marco Lucio Vitruvio, *Los diez libros de arquitectura*.

[2] Marta Rodríguez: "My Commitment to Innovation in Architecture through Ethics and Elegance," (Conferencia presentada en "Creative Mornings", Houston, 25 de mayo de 2018).

BIBLIOGRAFÍA

Adam, P. *Eileen Gray: Architect/Designer.* Harry N. Abrams, 1987.

Akagi, K. *Vision and mission through the eyes of Kazuyo Sejima: career and works of a female Japanese architect.* Tesis de master, Universidad de Auckland, 2005.

Altherr, A. *Three Japanese Architects Mayekawa-Tange-Sakakura.* Arthur Niggli, 1968.

Barsac, J. *Charlotte Perriand: un art d'habiter, 1903-1959.* Norma, 2005.

Barsac, J. (ed.). *Charlotte Perriand et le Japon.* Norma, 2008.

Barsac, Jacques, Paquement, A., Cheval, F. & Chazal, G. *Charlotte Perriand and Photography: A Wide-Angle Eye.* 5 Continents Editions, 2011.

Bayer, P. & Hardy, A.-R. *Art deco interiors: decoration and design classics of the 1920s and 1930s.* Thames and Hudson, 1990.

Benton, T. *Les Villas de Le Corbusier 1920-1930.* Phillipe Sers, 1984.

Bird, A. *Encyclopedia of Japanese business and management.* Routledge, 2002.

Bognar, B. *Beyond the bubble. The New Japanese Architecture.* Phaidon Press, 2008.

Borowitz, H. O. *Japonisme: Japanese influence on French art 1854-1910.* Cleveland Museum of Art, 1975.

Brownell, Blaine. *Matter in the Floating World. Conversations with Leading Japanese Architects and Designers.* Princeton Architectural Press, 2011.

Buntrock, D. *Japanese Architecture as a Collaborative Process. Opportunities in a flexible construction culture.* Taylor & Francis Group, 2002.

Buntrock, D. *Materials and meaning in contemporary Japanese architecture: Tradition and today.* Routledge, 2010.

Chermayeft, S. *Kazuyo Sejima + Ryue Nishizawa: casas.* Actar, 2007.

Colomina, Beatriz. *Privacy and Publicity. Modern Architecture as Mass Media.* Cambridge, MIT Press, 1994.

Colomina, B. & Bloomer, J. *Sexuality & Spac.* Princeton Architectural Press, 1992.

Conor, L. *The spectacular modern woman: feminine visibility in the 1920s.* Indiana University Press, 2004.

Constant, Caroline. *Eileen Gray.* Phaidon Press, 2000.

Corbusier, L. *L'Art décoratif d'aujourd'hui.* Éditions G. Crès, 1925.

Corbusier, L. *Précisions sur un état présent de l'architecture et de l'urbanisme.* G. Crès et Cie, 1930.

Corbusier, L. *Towards a new architecture.* Praeger Publishers, 1960.

Corbusier, L. *Vers une architecture.* G. Cres, *1923.*

Cortés, J. A. *Nueva consistencia: estrategias formales y materiales en la arquitectura de la última década del siglo XX.* Universidad de Valladolid, 2003.

Cram, R. A. *Impressions of Japanese architecture and the allied arts.* The Baker & Taylor company, 1905.

Curtis, W. J. *La arquitectura moderna desde 1900.* Phaidon Press, 2006.

Dachs, S., Muga, P. D., Perriand, C. & Hintze, L. *Charlotte Perriand: Objects and Furniture Design.* Ediciones Poligrafa, 2011.

Daniell, T. "The Fugitive", en Toyo Ito, *Tarzans in the Media Forest.* Architectural Association, 2010.

De Dampierre, F. *Chairs: a history.* Abrams, 2006.

Sudjic, D. *Shiro Kuramata: Essays & Writings.* Phaidon Press, 2013.

Drexler, A. *The architecture of Japan.* Arno Press, 1955.

Dunn, C. J. *Every Life in Traditional Japan.* Charles E. Tuttle Company, 1969.

Elisabeth F, N. P., *Soetsu Yanagi And Sori Yanagi Mingei: the living tradition in Japanese arts.* Kodansha International, 1991.

Eidelberg, M, & Johnston, W. R. "Japonisme and French Decorative Arts". *Japonisme: Japanese influence on French art 1854-1910* 59, no. 3, 1977.

Engel, H. *The Japanese house: A tradition for contemporary architecture.* CE Tuttle Company, 1964.

Espegel, C. *Charlotte Perriand 1903-1999. Heroínas del Espacio.* Nobuko, 2007.

Fernández Villalobos, N. *La casa del futuro: utopías domésticas en la arquitectura de Alison & Peter Smithson.* Fundación Caja de Arquitectos, 2007.

Findling, J. E. & Pelle, K. D. *Encyclopaedia of World's Fairs and Expositions.* McFarland, 2008.

Fischer, V. *The LC4 Chaise Longue by Le Corbusier, Pierre Jeanneret and Charlotte Perriand.* Verlag form, 1999.

Frampton, K. *Le Corbusier*. Thames & Hudson Inc., 2001

Gossot, A & Barsac, J. "Encounter and Resonances". En *Charlotte Perriand et le Japon*. Editado por Jacques Barsac, 276-278. Norma, 2008.

Gropius, W. & Tange, K. *Katsura: tradición y la creación de la arquitectura japonesa*. Yale University Press, 1972.

Hasegawa, Y. *Kazuyo Sejima + Ryue Nishizawa: SANAA*. Electa architecture, 2006.

Koolhaas, R. "Bigness or the Problem of Large", *S, M, L, XL*. Monacelli Press, 1994.

Philadelphia Museum of Art & Felice F. *Japanese Design. A survey since 1950*. Editado por Kathryn. B. Hiesinger & Felice Fischer, 33. Harry N Abrams Inc, 1995.

Huizinga, J. & Ludens, H. *Homo Ludens: A study of the play element in culture*. Beacon Press, 1955.

Ishimoto, Y., Tange, K., Gropius, W., Terry, C. S. & Bayer, H. 1972. *Katsura: Tradition and Creation in Japanese Architecture*. Yale University Press.

Isozaki, A. & Stewart, D. B. *Japan-ness in Architecture*. The MIT Press, 2006.

Ito, T. *Tarzan in the Media Forest*. AA Publications, 2010 o 2011.

Ito, T. "Towards a post-ephemeral architecture. Interview with Toyo Ito by Sophie Roulet and Sophie Soulié". En *Toyo Ito: architecture of the ephemeral*. Editado por Sophie Roulet & Sophie Soulié, 88-105. Ed. du Moniteur, 1991.

Ito, T. *Toyo Ito 1971-2001*. TOTO Publishing, 2013.

Ito, T. "Líneas simples para Le Corbusier". En José María Torres Nadal (ed.), *Toyo Ito, Escritos* (Colegio Oficial de Aparejadores y Arquitectos Técnicos Librería Yerba, 2000), 151-160.

Ito, T. "Una arquitectura que pide un cuerpo androide". En José María Torres Nadal (ed.), *Toyo Ito, Escritos* (Colegio Oficial de Aparejadores y Arquitectos Técnicos Librería Yerba, 2000), 45-65.

Iwao, S. *The Japanese Woman. Traditional Image and Changing Reality*. Free Press, 1993.

Kirsch, K. & Kirsch, G. *The Weissenhofsiedlung: experimental housing built for the Deutscher Werkbund, Stuttgart, 1927*. Deutsche Verlags-Anstalt, 1994.

Koolhaas, R, Mau, B. & Werlemann, Hans. *S, M, L, XL*. The Monacelli Press, 1998.

Koolhaas, R. "Bigness (or the Problem of Large)". En *S, M, L, XL*. Editado por Rem Koolhaas, Bruce Mau y Hans Werlemann, 495-516. The Monacelli Press, 1998.

Koolhaas, R, Obrist, H. U. *Project Japan: Metabolism Talks...* Taschen, 2011.

Kurokawa, K. *Intercultural Architecture: the Philosophy of Symbiosis*. Van Nostrand Reinhold Company, 1985.

Maffei, A. *Toyo Ito: Works, projects, writing*. Phaidon Press, 2006.

Maki, F. "Making Architecture in Japan", en Buntrock, Dana. *Japanese Architecture as a Collaborative Process. Opportunities in a Flexible Construction Culture* (Taylor and Francis Group, 2002), XIII.

Maki, F. "The Le Corbusier Syndrome: On the Development of Modern Architecture in Japan", en *Nurturing Dreams: Collected Essays on Architecture and the City*. The MIT Press, 2015.

Matsukuma, H. "Expectations in Modern Architecture –Things that Crystallized through the Exchange between Charlotte Perriand and Postwar Japanese Architecture". En *Charlotte Perriand et le Japon*. Editado por Jacques Barsac, 269-272. Norma, 2008.

Mcleod, M. *Charlotte Perriand. An art of living*. Harry N. Abrams in association with the Architectural League of New York, 2003.

Melgarejo, M. *La arquitectura desde el interior, 1925-1937. Lilly Reich y Charlotte Perriand*. Fundación Caja de Arquitectos, 2011.

Miho, H. *The Feudalism of Japanese Houses*. Sogami Shobo, 1949.

Monnier, G. *Le Corbusier et le Japon*. Picard, 2007.

Morse, E. S. *Japanese homes and their surroundings*. Harper, 1885.

Muñoz, M. T. *La Desintegración Estilística de la Arquitectura Contemporánea*. Molly Editorial, 1998.

Pernice, R. *Metabolist Movement between Tokyo Bay Planning and Urban Utopias in the Years of Rapid Economic Growth 1958-1964*. Waseda University, 2007.

Perriand, C. *Charlotte Perriand. A Life of Creation: An Autobiography*. Monacelli Press 2003.

Pommer, R. & Otto, C. F. *Weissenhof 1927 and the modern movement in architecture*. University of Chicago Press, 1991.

Ren, X. *Building Globalization: Transnational Architecture Production in Urban China*. University of Chicago Press, 2011.

Reynolds, J. M. *Maekawa Kunio and the Emergence of the Japanese Modernist Architecture.* University of California Press, 2001.

Riley, T. & Art, M. O. M. *Light construction.* Museum of Modern Art, 1995.

Ross, M. F. *Beyond Metabolism: The New Japanese Architecture.* Architectural Record Books, 1978.

Roulet, S. & Soulié, S. *Toyo Ito: architecture of the ephemeral.* Editions du Moniteur, 1991.

Rodríguez, M. "Casa entre ciruelos: Magia blanca". En *Casas en Japón.* Editado por Ruiz Cabrero. Mairea Libros, 2008.

Rodríguez, M. "Charlotte Perriand. Un mestizaje Europa-Japón", en Pilar Garcés y Lourdes Terrón, *Itinerarios, viajes y contactos Japón-Europa* (Peter Lang Publishing Group, 2013), 775-785.

Rodríguez, M. "Arquitectura *Petite*: Charlotte Perriand & Kazuyo Sejima. Una Historia Transnacional", (Universidad Politécnica de Madrid, ETSAM, 2013). (Tesis doctoral)

Rodríguez, M. "Petite Architecture", en Denna Jones (ed.), *Architecture: The Whole Story* (Thames & Hudson, 2014), 460-461.

Ruiz Cabrero, G. *Casas en Japón.* Mairea libros, 2008.

Schumacher, E. F. *Small is Beautiful. A Study of Economics as if People Mattered.* Harper & Row, 1973.

Sejima, K. *Kazuyo Sejima in Gifu: Metropolitan Housing Studies: Metropolitan Housing Studies.* Actar, 2001.

Shinohara, K, & Schaarschmidt-Richter, I. *Kazuo Shinohara.* Ernst & Sohn, 1994.

Smithson, A & Smithson, P. *Changing the Art of Inhabitation.* Artemesis, 1994.

Stewart, D. B. *The making of a modern Japanese architecture: 1868 to the present.* Kodansha International Tokyo, 1987.

Taki, K. "Towards an open text. On the work and thought of Toyo Ito". En *Toyo Ito: architecture of the ephemeral.* Editado por Sophie Roulet & Sophie Soulié, 6-17. Editions du Moniteur, 1991.

Tanizaki, J. *El elogio de la sombra.* Traducido por Julia Escobar. Siruela, 1994.

Taut, B. *House and People of Japan.* Sanseido Co., 1958.

Van V, A. *Jean Prouvé. The Poetics of the Technical Object.* Vitra Design Museum, 2006.

Chéry, F. "Houses like Cars?". En *Jean Prouvé. The Poetics of the Technical Object*. Editado por Alexander Von Vegesack, Cathrine Dumont D'Ayot & Bruno Reichlin, 272-277. Vitra Design Museum, 2013.

Uzanne, O. *La femme à París, nos contemporaines*. Libraires-Imprimeries Réunies, 1894.

Virilio, P. *Esthétique de la disparition*. Balland, 1980.

Vogel, E. F. *Japan as number one: Lessons for America*. Harvard University Press, 1979.

Weisberg, G. P., Cate, P. D., Needham, G., Eidelberg, M. & Johnston, W. R. *Japonisme: Japanese influence on French art, 1854-1910*. The Cleveland Museum of Art, 1976.

Willis, D. B. & Murphy-Shigematsu, S. *Transcultural Japan: at the borderlands of race, gender and identity*. Routledge, 2008.

REVISTAS

Almazán, J. "Lógica difusa: la casa en un huerto de ciruelos de Kazuyo Sejima". *Pasajes de Arquitectura y Crítica* (2004): 32.

Benton, C. 1990. "Le Corbusier: Furniture and the Interior". *Journal of Design History*, no. 2/3 (1990): 103-124. http://www.jstor.org/stable/1315681

Benton, C. "From Tubular Steel to Bamboo: Charlotte Perriand, the Migrating Chaise-longue and Japan". *Journal of Design History* (1998): 11, 31-58.

Bird, W. "Japanese Architecture and The West", *ArchiExpo e-magazine* 16 (19 de enero de 2016), http://emag.archiexpo.com/article-long/4899/

Blanco, M. C. "Transnacionalismo. Emergencia y fundamentos de una nueva perspectiva migratoria". *Papers: revista de sociología* (2007): 13-29.

Bognar, B. "What Goes Up, Must Come Down". *Harvard Design Magazine / Durability and Ephemerality, plus Books on History and Theory*, no. 3 (1997). http://www.harvarddesignmagazine.org/issues/3

Buntrock, D. "Collaborative Production: Building Opportunities in Japan", *Journal of Architectural Education (1984-)*, vol. 50, núm. 4, (1997), 219-229.

Buntrock, D. "Architecture-Modern Japan". *Encyclopedia of Modern Asia* 1 (2002): 145-148.

Campbell, M. 1999. "From Cure Chair to Chaise Longue: Medical Treatment and the Form of the Modern Recliner". *Journal of Design History* 12, no. 4 (1999): 327-343.

Chandler, A. "The Art Deco Exposition", *World's Fair magazine,* vol. VIII, núm. 3, disponible en: http://www.arthurchandler.com/1925-art-deco-exposition.

Clifford, M. 2003. Working with Fashion: The Role of Art, Taste, and Consumerism in Women's Professional Culture, 1920-1940. *American Studies,* 44, 59-84.

Cook, Peter. "Unbuilt England (Project designs by various architects including Rem Koolhaas)", *A+U: Architecture and Urbanism* núm. 10 (1977), 3-123.

Cortés, J. A. "Una conversación con Kazuyo Sejima y Ryue Nishizawa". *El Croquis 139* (2007): 6-31.

Futagawa, Y. "Charlotte Perriand. Apartment in Paris, France". *Global Architecture Houses* (1984):15.

Gigantes, E. "Lifestyle Superpower: Urban Japan as Laboratory of the Limits of Reality". *Telescope* (Winter, 1993): 165.

Gropius, W. "Architecture in Japan". *Perspecta* (1955): 9-80.

Guarnizo, L. E., Portes, A. & Haller, W. "Assimilation and Transnationalism: Determinants of Transnational Political Action among Contemporary Migrants1". *American Journal of Sociology* (2003) 108, 1211-1248.

Herreros, J. 1994. "Espacio doméstico y sistema de objetos". *Exit* (1994): 83-99.

Ito, T. "Adèle's Dream; Architects: Toyo Ito, Architect and Associates", *Japan Architect* vol. 59, núm. 323 (marzo de 1984), 49-54.

Ito, T. "Arquitectura diagrama". *El Croquis 77 I Kazuyo Sejima 1988 1996,* (1996): 18-24.

Kahn, E. M. 2006. "Top girl in a boys' club: a Perriand retrospective opens at the Pompidou". *ID: magazine of international design*, 53, 23.

Koji, T. "Conversación con Kazuyo Sejima". *El Croquis 77 I Kazuyo Sejima 1988-1996* (1996): 9.

Kobayashi, Ka. "Where to Go, What to Fight?". *The Japan Architect* 8811/12 (1988): 94-97.

Lavrentiev, A. "Experimental Furniture Design in the 1920s". *The Journal of Decorative and Propaganda Arts* 11 (1989): 142-167. http://www.jstor.org/stable/1503987

McNeil, P. "Myths of Modernism: Japanese Architecture, Interior Design and the West, c. 1920-1940", *Journal of Design History* vol. 5, núm. 4 (1992), 281-294.

Miyake, R. "Farewell to the Post-war Syndrome", en *The Japan Architect: Tokyo's New Breed* 379/380 (1988), 8-11.

McNeil, P. "Myths of Modernism: Japanese Architecture, Interior Design and the West, c. 1920-1940". *Journal of Design History* 5, no. 4 (1992): 281-294.

Pekarik, A. "Japanese Design: A Survey Since 1950 Review". *Design Issues* 11, no. 2 (1995): 71-84. doi:10.2307/1511760.

Perriand, C. "L'habitation familiale, son développement économique et social". *L'Architecture d'aujourd'hui* año 6, Serie 5, no. 1 (enero 1935): 26-32.

Portes, G. y Landolt, *Ethnic and Racial Studies*, en 1999. En Cristina Blanco: "Transnacionalismo. Emergencia y fundamentos de una nueva perspectiva migratoria", *Papers* 85 (2007), 13-19.

Rodríguez, M. "Arquitectura Metabolista *petite*: Las raíces francesas de las cápsulas móviles de Ekuan", en *Pasajes Arquitectura y Crítica* 124 (2012), 74-77.

Rubino, S. 2010. "Bodies, chairs, necklaces: Charlotte Perriand and Lina Bo Bardi". *Cadernos Pagu, Campinas*, 2, 0-0 no. 34 (junio 2010): 331-362.

Sanderson, W. "Kazuo Shinohara's" Savage Machine" and the Place of Tradition in the Modern Japanese Residence". *The Journal of the Society of Architectural Historians* (1984): 109-118.

Sejima, K. en Koji Taki: "Conversación con Kazuyo Sejima". *El Croquis 77 / Kazuyo Sejima 1988-1996*, 9.

Sejima, K. "Platform I". *El Croquis 77 / Kazuyo Sejima 1988 1996* (1996): 26.

Sejima, K. "Platform II". *The Japan Architect* 403/404 (1990): 188-190.

Shinohara, K. "The New Movement in Residential Architecture", en Kazuo Shinohara, Makoto Suzuki & Yasuyoshi Hayashi, *JA 145, The Japan Architect*. International Edition of Shinkenchiku (1968): 83-90.

CONFERENCIAS

Ito, Toyo. My personal History in Architecture. Conferencia presentada en el Círculo de Bellas Artes de Madrid, 12 de noviembre de 2009, en Madrid.

Rodríguez, Marta. Petite Architecture: Charlotte Perriand and Kazuyo Sejima. Conferencia presentada en "PechaKucha" en Parsons School of Design, 3 de abril de 2015, New York.

ENTREVISTAS

Tomohiko Yamanashi, entrevista con la autora, Berkeley, 9 de agosto de 2012.

Nagisa Kidosaki, entrevista con la autora, Berkeley, 10 de agosto de 2012.

Hajime Yatsuka, entrevista con la autora vía correspondencia Berkeley-Tokio, noviembre y diciembre de 2012.

Toyo Ito, entrevista con la autora, Tokio, 20 de diciembre de 2012.

Kiyoshi Sey Takeyama, entrevista con la autora, Tokio, 20 de diciembre de 2012.

Hajime Yatsuka, entrevista con la autora, Tokio, 21 de diciembre de 2012.

Hajime Yatsuka y Kiwa Matsushita, entrevista con la autora, Tokio, 21 de diciembre de 2012.

Kazuyo Sejima, entrevista con la autora, Tokio, 25 de diciembre de 2012.

Kazuaki Hattori, entrevista con la autora, Tokio, 26 de diciembre de 2012.

Yasushi Zenno, entrevista con la autora, Tokio, 27 de diciembre de 2012.

Pedro Luis Gallego, lectura de la tesis doctoral de la autora, ETSAM, Madrid, 2013.

VÍDEOS

Rodríguez, Marta. "Charlotte Perriand: Pioneer of Petite Architecture", vídeo presentado en la Exposición "Charlotte Perriand: A Modernist Pioneer", Houston, 29 de octubre de 2014.

www.ingramcontent.com/pod-product-compliance
Lightning Source LLC
Chambersburg PA
CBHW031315160426
43196CB00007B/543